"थाने में हमें गिरफ्तारी का नया आदेश दिया गया। गृह मंत्रालय के उपसचिव श्री ए०जी० सेन के हस्ताक्षरों से आंसुका के तहत हमें गिरफ्तार किया गया था। हमें दिए गए एक अन्य दस्तावेज में कहा गया था कि 'आपातस्थिति को प्रभावी ढंग से लागू करने' के लिए हमारी गिरफ्तारी जरूरी थी। पहले की गिरफ्तारी रद्द करने और दोनों नए आदेशों पर 16 जुलाई की तारीख थी। इस तरह गिरफ्तारी का नया आदेश तब जारी किया गया था जब हम पहले से ही गिरफ्तार हो चुके थे। आंसुका की धारा 16 अ के अंतर्गत हमें गिरफ्तारी का कारण बताना सरकार के लिए अनिवार्य नहीं था।"

—श्री आडवाणी

नये भारत के निर्माता

लाल कृष्ण आडवाणी

महेश शर्मा

डायमंड बुक्स

प्रकाशक : डायमंड पॉकेट बुक्स (प्रा.) लि.
X-30 ओखला इंडस्ट्रियल एरिया, फेज-II
नई दिल्ली-110020
फोन : 011-40712200
ई-मेल : sales@dpb.in
वेबसाइट : www.diamondbook.in

Naye Bharat Ke Nirmata Lal Krishan Advani
By : Mahesh Sharma

अपनी बात

"भारत को महाशक्ति बनाने के लिए नियति ने ही भाजपा का चुनाव किया है और हम इस काम को अवश्य पूरा करेंगे।"

श्री लाल कृष्ण आडवाणी के उपर्युक्त शब्द उनकी विराट परिकल्पना के परिचायक हैं। भारत को एक नई चमक के साथ उदय होते देखना उनका एक चिर प्रतीक्षित स्वप्न है जो शनैः शनैः साकार हो चला है। उनके अथक प्रयासों से भारत को आज हम उन्नति के पथ पर अग्रसर होते देख रहे हैं। 'फील गुड' से आश्वस्त हो रहे हैं।

श्री आडवाणी की जीवन यात्रा कराची से आरम्भ हुई। स्वतंत्रता के बाद कराची पाकिस्तान में चला गया और आडवाणी विभाजित भारत में आ बसे। विभाजन का दर्द उन्होंने प्रत्यक्ष अनुभव किया। उस दर्द का अहसास उनमें आज भी टीस उत्पन्न कर देता है।

श्री आडवाणी सादगी, विनम्रता और निर्मलता की साक्षात् मूर्ति हैं। बाह्य आडंबरों से उन्हें घोर घृणा है। राष्ट्रवाद की भावना उनमें कूट-कूट कर भरी है। इस राष्ट्रवाद में सभी धर्म और संप्रदाय के मानने वाले लोगों के लिए बराबर का स्थान है। किसी की आज़ादी छीनना उन्हें बिलकुल पसंद नहीं है। उन्होंने बचपन में अपने अध्यापक से इस संबंध में एक प्रश्न भी किया था कि "एक देश दूसरे देश की स्वतंत्रता क्यों छीन लेता है? अंग्रेज लोग भारत पर राज्य क्यों कर रहे हैं; जबकि वे भारत को एक गरीब देश कहते हैं। फिर उन्हें यहाँ से क्या मिल सकता है?" तब अध्यापक ने जवाब दिया था कि "भारत पहले 'सोने की चिड़िया' था लेकिन बाहर के लोगों ने इसे लूट-लूट कर कंगाल कर दिया है।"

यह बात सुनकर श्री आडवाणी ने उसी क्षण यह निश्चय कर लिया था कि वे भारत को पुनः एक महान राष्ट्र बनाएँगे। वे उसी क्षण से अपने उद्देश्य की प्रतिपूर्ति हेतु प्राण-पण से जुट गए।

17-18 वर्ष की उम्र में वे राष्ट्रीय स्वयंसेवक संघ से जुड़े। कराची में कार्य करते हुए वे राजस्थान पहुँचे और फिर दिल्ली आ गए। यहाँ वे जनसंघ से जुड़े और सक्रिय राजनीति में कूद पड़े। श्री आडवाणी की मुखर राजनीति ने अनेक लोगों को उनका धुर विरोधी बना दिया। 26 जून, 1975 से 17 जनवरी,

1977 तक वे बंगलौर और रोहतक जेल में नज़रबंद रहे। उसके बाद हुए चुनाव में नव गठित जनता पार्टी विजयी हुई। उसकी सरकार में श्री आडवाणी को सूचना और प्रसारण मंत्री का पद दिया गया। इस पद पर रहते हुए उन्होंने लोकहित के अनेक कार्य किए।

भ्रष्टाचार, अपराधीकरण, जातिवाद और सांप्रदायिकता को श्री आडवाणी कैंसर से भी भयानक मानते हैं और ये चारों ही शब्द कैंसर की तरह अंग्रेजी के 'सी' अक्षर से आरंभ होते हैं। उन्होंने इन कैंसरों को जड़ से कुचलने का बीड़ा उठाया है। अपनी रथ यात्राओं में भी उन्होंने इसी बात पर ज़ोर दिया।

गृह मंत्री और उप-प्रधानमंत्री बनकर श्री आडवाणी ने भारत को सुपर पावर और विकसित राष्ट्र बनाने का प्रण किया है। उनकी सरकार ने अपने कार्यकाल में इस दिशा में बेहतर कार्य किया और भारत को भारत उदय तक पहुँचा दिया।

इस पुस्तक में श्री आडवाणी की जन्म से लेकर अब तक की घटनाओं का संक्षिप्त लेखा-जोखा प्रस्तुत किया गया है। श्री आडवाणी पर यह अपनी तरह का पहला समग्र प्रयास है, ऐसा मेरा विश्वास है। इसके लिए विभिन्न पत्र, पत्रिकाओं, पुस्तकों, इंटरनेट और व्यक्तिगत सम्पर्कों को माध्यम बनाया गया; मैं उन सभी के प्रति हार्दिक आभार प्रकट करता हूँ।

आशा है, खोजी पाठकों को यह पुस्तक पसंद आएगी। श्री आडवाणी के साथ बिताए अंतरंग क्षण यदि आप इस पुस्तक में सम्मिलित करवाना चाहें तो अवश्य लिखें। साथ ही अपने सुझावों से भी अवगत् कराएँ।

विनीत

– महेश शर्मा

जी बी-3, डब्ल्यू ज़ेड-313 बी
जी ब्लॉक, हरि नगर एक्सटेंशन
नई दिल्ली-110064
फोन : 011-25499114
मो० : 9810394495
ई-मेल : wwwmdswriter@yahoo.co.in.

लेखक परिचय

महेश शर्मा हिन्दी भाषा के एक प्रतिष्ठित रचनाकार हैं। भारत की अनेक प्रमुख हिन्दी पत्र–पत्रिकाओं में आपकी तीन हज़ार से अधिक विविध विषयी रचनाएँ प्रकाशित हो चुकी हैं। आपका लेखन कार्य सन् 1983 से आरंभ हुआ जब आप हाई स्कूल में अध्ययनरत थे। बुंदेलखण्ड विश्वविद्यालय, झाँसी से आपने 1989 में हिन्दी में एम०ए० किया। उसके बाद कुछ वर्षों तक विभिन्न पत्र–पत्रिकाओं के लिए संवाददाता, सम्पादक और प्रतिनिधि के रूप में कार्य किया।

आपने विभिन्न विषयों पर अधिकारपूर्वक कलम चलाई और इस समय आपकी लिखी व सम्पादित की चार सौ से अधिक पुस्तकें बाज़ार में उपलब्ध हैं।

हिन्दी लेखन के क्षेत्र में उल्लेखनीय योगदान के लिए आपने अनेक पुरस्कार भी अर्जित किए; जिनमें प्रमुख हैं—नटराज कला संस्थान, झाँसी द्वारा लेखन के क्षेत्र में 'यूथ अवार्ड', हिन्दी अकादमी, दिल्ली द्वारा 'प्रशंसा पुरस्कार', अंतर्धारा समाचार व फीचर सेवा, दिल्ली द्वारा 'लेखक रत्न' पुरस्कार आदि।

संप्रति : स्वतंत्र पत्रकार व लेखक।

—प्रकाशक

विषय-सूची

1 जीवन के मुख्य बिंदु

पूरा नाम	: लाल कृष्ण आडवाणी
जन्मतिथि	: 08-11-1927
जन्म स्थान	: कराची (अब पाकिस्तान में)
पिता का नाम	: श्री किशनचंद डी॰ आडवाणी
माता का नाम	: श्रीमती ज्ञानी देवी
प्रारंभिक शिक्षा	: (i) सैंट पैट्रिक हाई स्कूल, कराची (ii) डी॰जी॰ नेशनल कॉलेज, हैदराबाद (सिंध, पाकिस्तान)
उच्च शिक्षा	: एल॰एल॰बी॰, गवर्नमेंट लॉ कॉलेज, मुम्बई विश्वविद्यालय से
वैवाहिक स्थिति	: विवाहित (25 फरवरी, 1965)
पत्नी का नाम	: श्रीमती कमला आडवाणी
संतान	: (i) जयंत आडवाणी (पुत्र) (ii) प्रतिभा आडवाणी (पुत्री)

विभाजन से पूर्व तक श्री आडवाणी कराची शहर में आरएसएस (राष्ट्रीय स्वयंसेवक संघ) के सचिव रहे।

1951 में डॉ॰ श्यामाप्रसाद मुखर्जी ने जनसंघ की स्थापना की तो श्री आडवाणी को राजस्थान का राज्य सचिव बनाया गया जहाँ वे 1957 तक कार्यरत रहे।

1957 के बाद से श्री आडवाणी जनसंघ की दिल्ली इकाई के सचिव रहे। इस दौरान वे जनसंघ संसदीय दल के भी सचिव रहे।

1970 से 1988 तक आप राज्यसभा के सांसद रहे।

1973 से 1977 तक जनसंघ के राष्ट्रीय अध्यक्ष और विपक्ष के नेता रहे।

26 जून, 1975 से 18 जनवरी, 1977 तक आपातकाल के दौरान मीसा में नज़रबंद रहे।

1977 में जनता पार्टी के गठन में महत्त्वपूर्ण भूमिका निभाई।

1977 से 79 तक जनता पार्टी की सरकार में केन्द्रीय सूचना व प्रसारण मंत्री रहे। आपने प्रेस की स्वतंत्रता के लिए महत्त्वपूर्ण कार्य किए।

1980 में भारतीय जनता पार्टी का गठन। आप इसके पहले महासचिव बने और 1986 तक इस पद पर रहे।

1986 से जनवरी 1991 और पुन: 1993 से 1998 तक आप भारतीय जनता पार्टी के राष्ट्रीय अध्यक्ष रहे।

1989 में पहली बार लोकसभा के लिए चुने गए।

1998-1999 में केन्द्रीय गृह मंत्री बने।

1 जुलाई, 2002 को उप-प्रधानमंत्री बनाए गए।

चर्चित यात्राएँ

राम रथ यात्रा : यह यात्रा 25 सितम्बर, 1990 को सोमनाथ, गुजरात से आरंभ हुई। इसे 30 अक्टूबर, 1990 को अयोध्या पहुँचना था लेकिन श्री आडवाणी को 23 अक्टूबर को समस्तीपुर, बिहार में गिरफ्तार कर लिया गया।

जनादेश यात्रा : यह यात्रा 11 सितम्बर, 1993 को भारत के चार कोनों से आरंभ हुई। इसमें सर्वश्री आडवाणी दक्षिण में मैसूर से, कल्याण सिंह पूर्व में कोलकाता से, भैरो सिंह शेखावत उत्तर में जम्मू से और मुरली मनोहर जोशी पश्चिम में पोरबंदर से रवाना हुए। इनकी यात्रा 25 सितम्बर, 1993 को भोपाल में सम्पन्न हुई।

सुराज यात्रा : श्री आडवाणी की यह यात्रा 9 मार्च 1996 को इरनाकुलम, केरल से आरंभ होकर 26 मई, 1996 को लखनऊ में समाप्त हुई।

स्वर्ण जयंती यात्रा : यह चर्चित रथ यात्रा 18 मई, 1997 को अगस्त क्रांति मैदान मुम्बई से आरंभ हुई। 59 दिनों तक चली यह यात्रा 22 राज्यों से होकर गुज़री और 15 जुलाई 1977 को नई दिल्ली में सम्पन्न हुई।

भारत उदय यात्रा : उप प्रधानमंत्री लालकृष्ण आडवाणी ने लोकसभा चुनाव में पार्टी और एन॰डी॰ए॰ के समर्थन में जनादेश हासिल करने के उद्देश्य से 10 मार्च को कन्याकुमारी से राष्ट्रव्यापी 'भारत उदय यात्रा' के लिए कूच किया। यात्रा के पहले चरण में वे तमिलनाडु, केरल, कर्नाटक, महाराष्ट्र, आंध्र प्रदेश, मध्य प्रदेश, उत्तर प्रदेश, राजस्थान, हरियाणा और पंजाब से होकर गुजरे। पंजाब में उन्होंने प्रधानमंत्री वाजपेयी के साथ जाकर स्वर्ण मंदिर में मत्था टेका और जलियाँवाला बाग

जाकर शहीदों को श्रद्धांजलि दी। यात्रा के दूसरे चरण में वे पोरबंदर (गुजरात) से राजस्थान, उत्तर प्रदेश, बिहार, झारखंड और छत्तीसगढ़ होते हुए उड़ीसा में 14 अप्रैल, 2004 को जगन्नाथ पुरी पहुँचे जहाँ उनकी यात्रा सम्पन्न हुई।

विदेश यात्राएँ

(i) जून और जुलाई, 1972 में संसदीय प्रतिनिधिमंडल के सदस्य के रूप में यू॰के॰, चेकोस्लोवाकिया, फ्रांस, यू॰एस॰एस॰आर॰, योगोस्लाविया, ऑस्ट्रिया, स्विटज़रलैंड और इटली की यात्रा।

(ii) जून-जुलाई, 1974 में संसदीय प्रतिनिधिमंडल के सदस्य के रूप में ऑस्ट्रेलिया की यात्रा।

(iii) ओटावा, कनाडा में; सितम्बर, 1985 में आयोजित अंतर संसदीय संघ सम्मेलन में भाग लेने के लिए भारतीय संसदीय प्रतिनिधिमंडल के सदस्य के रूप में यात्रा।

(iv) थाईलैंड, हाँगकाँग, जापान, फिलिपींस, सिंगापुर, मलेशिया, हंगरी, पाकिस्तान, इजरायल, यूएसए, जर्मनी, यूएई और स्पेन की यात्राएँ।

प्रकाशित पुस्तकें

श्री आडवाणी पेशे से पत्रकार रहे हैं। वे समय-समय पर पत्र-पत्रिकाओं के लिए लिखते रहते हैं। उनकी लिखित कुछ प्रमुख पुस्तकें हैं :

(i) 'ए प्रिजनर्स स्क्रेप बुक' (हिन्दी अनुवाद—नज़रबंद लोकतंत्र)। यह पुस्तक 1975 से 1977 में आपातकाल में नज़रबंदी के दौरान लिखी गई, जिसमें प्रतिदिन की घटनाओं का सरल शब्दों में ब्योरा है।

(ii) 'दि पिपुल बिट्रेड' (इस पुस्तक में श्री मोरारजी देसाई के नेतृत्व में जनता पार्टी की बनी सरकार के उत्थान और पतन का ब्योरा दिया गया है।

विशेष रूझान और पसंद

चुनाव सुधार

पुस्तकें इकट्ठी करना और पढ़ना, थियेटर, सिनेमा, खेल और संगीत।

'ज्योति कलश छलके' गीत; गज़लें; ओमपुरी, नसीरुद्दीन शाह और स्मिता पाटिल का अभिनय; शबाना आज़मी प्रिय कलाकार।

2 बचपन, शिक्षा, व्यक्तित्व

जन्म

नवम्बर की सुहावनी सर्दी का मौसम। कराची शहर के लोग अभी जागे ही थे और रोज़मर्रा के कामकाज निबटाने में लगे थे। इसी शहर के निवासी किशनचंद जी अपने घर के बरामदे में बेचैनी से टहल रहे थे। रह-रहकर उनकी निगाहें दीवार पर टँगी घड़ी की ओर उठ जाती थीं। तभी पीछे से एक आवाज़ आई—"आपको पुत्र हुआ है।" सुनकर किशनचंद जी की खुशी का कोई ठिकाना न रहा। उनकी सारी बेचैनी काफूर हो गई। उन्होंने आस-पड़ोस में मिठाइयां बँटवाई।

यह एक असाधारण बालक के जन्म की साधारण घटना थी। तब किसी को कहाँ मालूम था कि बड़ा होकर यही बालक विश्व के सबसे बड़े लोकतंत्र का उप-प्रधानमंत्री बनेगा।

यह 8 नवम्बर, 1927 का दिन था। इसी दिन प्रात: 09 बजकर 13 मिनट पर श्री लाल कृष्ण आडवाणी का जन्म हुआ था। कराची उन दिनों भारत का ही अंग था। विभाजन के बाद यह पाकिस्तान में चला गया।

माता-पिता

श्री लाल कृष्ण आडवाणी के पिता का नाम किशनचंद आडवाणी और माता का नाम श्रीमती ज्ञानी देवी था। श्री लाल कृष्ण जी बचपन से ही कुशाग्र बुद्धि के बालक थे। वे सदा सत्य और स्पष्ट बोलते थे। उनकी प्रारंभिक शिक्षा कराची के ही सैंट पेट्रिक स्कूल में हुई। बाद में, देश के विभाजन के बाद आप खंडित भारत में आ बसे। मुम्बई विश्वविद्यालय से आपने कानून की स्नातक उपाधि हासिल की। कानून की डिग्री हासिल करके भी आपने वकालत नहीं की और देश सेवा के कार्य में लगे रहे।

'सादा जीवन और उच्च विचार' को उन्होंने जीवन में इस प्रकार रचा-बसा

लिया है कि वे उनकी साक्षात् प्रतिमूर्ति नज़र आते हैं। उनके सादगीपूर्ण जीवनयापन में उनके सादे जीवन से सार्वजनिक वक्तव्यों में उनके उच्च विचारों के दर्शन होते हैं।

सुलझे हुए वक्ता श्री आडवाणी विषम परिस्थितियों में भी धैर्य नहीं खोते और बड़ी-से-बड़ी विपरीत घटना का सामना साहसपूर्वक करते हैं। जिस व्यक्ति ने देश का विभाजन देखा हो, देश के विभाजन का दर्द महसूस किया हो, उससे हम इस प्रकार के धैर्य की आशा कर सकते हैं।

ईमानदारी और अंतरतम की निर्मलता आडवाणी के नैसर्गिक गुण हैं। राजनीति की काल-कोठरी में भी वे ईमानदारी की धवल आभा से दैदिप्यमान रहे हैं। दूरदृष्टि, सहृदयता, दृढ़ता और स्पष्टवादिता के गुण उन्हें उच्च कोटि के नेता के साथ-साथ एक संवेदनशील इंसान भी बनाते हैं।

लौह पुरुष

श्री आडवाणी अपने विचारों को हमेशा पूरी दृढ़ता से प्रकट करते हैं। उनकी यही दृढ़ता उन्हें लौह पुरुष बनाती है। वैसे भी वे, लौह पुरुष सरदार वल्लभ भाई पटेल को अपना आदर्श मानते हैं।

उप-प्रधानमंत्री की कुर्सी तक की उनकी जीवन यात्रा अनेक रास्तों से होकर गुज़री है। जहाँ कभी नुकीले काँटे मिले हैं तो कहीं रास्ता ही नज़रों से ओझल हो गया। लेकिन जो व्यक्ति हर परिस्थिति का धैर्यपूर्वक मुकाबला करता है, अंततोगत्वा मंज़िल को पा ही लेता है। यह, इस तरह का जीवट लाल कृष्ण आडवाणी में ही हो सकता है।

राजनीति से पूर्व श्री आडवाणी पत्रकारिता करते थे। उनके भाषण और वक्तव्यों में इसकी स्पष्ट झलक आज भी दिखाई देती है। उनके तर्क अकाट्य होते हैं। कड़वी से कड़वी बात को भी वे हजम कर सकते हैं और साफ शब्दों में बयां भी कर सकते हैं।

3 संघ से जनसंघ तक

देशभक्ति, समाज सेवा और मानवता के प्रति समर्पण की भावनाएँ आडवाणी के मन में बचपन में ही जड़ें पकड़ चुकी थीं। ब्रिटिश शासन में अंग्रेजों के अनीतिपूर्ण साम्राज्य के प्रति जब जन-जन के हृदय में आक्रोश के ज्वालामुखी सुलग रही थी, इस ज्वालामुखी की आग ने लाल कृष्ण को भी लाल करके रख दिया था। रही-सही कसर भारत के बँटवारे ने पूरी कर दी। आडवाणी भारत को हमेशा से अखंड देखना चाहते थे। बँटवारे का दर्द उन्हें आज भी सालता है।

एक बार अपने विद्यार्थी जीवन में उन्होंने अपने अध्यापक से पूछा कि, "अंग्रेज यह जानते हुए भी भारत क्यों आते हैं कि यह एक गरीब और पिछड़ा देश है? भारत जैसे देश में शासन करके वे क्या पाते हैं?" इस पर उनके अध्यापक ने जवाब दिया, "अरे भाई, भारत पहले गरीब देश नहीं था। यहाँ पहले भूख और अभाव की स्थिति नहीं थी। यहाँ के लोग धनवान और बहुत सुसंस्कृत थे। वे विभिन्न कलाओं में पारंगत थे। यहाँ पूरे देश में शिक्षा प्रदान करने के अच्छे स्थान थे। यह तो विदेशी शासकों ने सारी व्यवस्था ध्वस्त कर दी और हमारे राष्ट्रीय जीवन को गिरा दिया। एक बार और अंग्रेजों को भारत छोड़कर जाने दो, बहुत कम समय में भूख और पिछड़ापन भी भारत से चला जाएगा।"

स्वयंसेवक बने

राष्ट्रीय स्वयंसेवक संघ की नीतियों से श्री आडवाणी बेहद प्रभावित थे। इसकी राष्ट्रवादी नीतियों ने उन्हें इसका स्वयंसेवक बनाया। उन्होंने 1942 में संघ में प्रवेश किया और इसका कार्य आगे बढ़ाया। बँटवारे के समय वे कराची में राष्ट्रीय स्वयंसेवक संघ के स्थानीय संगठनकर्ता थे और उन्होंने संघ का एक मजबूत जनाधार खड़ा कर लिया था। लेकिन बँटवारे के बाद आपका परिवार सीमा के इस पार आ गया। बाद के अनेक वर्षों तक आप राजस्थान में स्वयंसेवक के रूप में सक्रिय रहे और इसके लिए उल्लेखनीय कार्य किए।

राष्ट्रीय स्वयंसेवक संघ : संक्षिप्त परिचय

राष्ट्रीय स्वयंसेवक संघ की स्थापना डॉ० केशवराव बलिराम हेडगेवार ने की। राष्ट्रीय स्वयंसेवक संघ आज देश का ही नहीं अपितु विश्व का सबसे बड़ा सामाजिक-सांस्कृतिक संगठन है। परंतु, जो लोग अभी उसके प्रत्यक्ष या परोक्ष सम्पर्क में नहीं आए हैं उन्हें उसके बारे में वास्तविक जानकारी अधिक नहीं है। उल्टे, अनेक लोगों के मन में भी संघ के बारे में भ्रम फैले हुए हैं। इसके दो कारण हैं : एक तो संघ की कार्य-पद्धति बृहत् प्रचार और जनान्दोलन की न होकर व्यक्ति-व्यक्ति को, एक-एक करके, व्यक्तिगत सम्पर्क और मित्रता के द्वारा होने वाली सहज-स्वाभाविक जानकारी के साथ संगठन से जोड़ने की रही है जिससे संगठन से जुड़ने अथवा उसके सम्पर्क में आने वाले व्यक्ति ही उसे भली-भाँति जान पाते थे। दूसरे, संघ के सदस्यों की निरंतर बढ़ती विशाल संख्या को देखकर उसकी शक्ति को अपने लिए सम्भावित संकट मानने वाले राजनीतिज्ञ जानबूझकर उसके बारे में अनेक असत्य बातें गढ़कर विरोध-अभियान चलाते रहे। ऋषि-मुनियों को भी बड़ी तपस्या करते देखकर इन्द्र को जैसे अपना इन्द्रासन चले जाने का भय होता था, वैसी ही पृथ्वी के राजसत्ताधारियों की भी गति रही है। इस प्रकार स्वयंसेवक संघ द्वारा अपने बारे में चिल्ला-चिल्ला कर प्रचार न किए जाने और मिथ्या आशंका से ग्रस्त होकर विरोधी बने राजनीतिक लोगों द्वारा उसके विरुद्ध दुष्प्रचार अभियान चलते रहने से अपरिचय, अल्प परिचय अथवा भ्रम की ऐसी स्थिति बनी जिसमें जनसामान्य को वास्तविकता का पता तभी चल पाता था जब वे इस संगठन को निकट से देखते या इसके सम्पर्क में आते थे।

शाखा और स्वयंसेवक

संघ-कार्य की इकाई उसकी शाखा अर्थात् दैनिक मिलन का कार्यक्रम है। संघ की गतिविधियों में निष्ठापूर्वक भाग लेने वाला प्रत्येक सदस्य स्वयंसेवक कहलाता है। स्वयंसेवक से यह अपेक्षा की जाती है कि वह अपनी सामान्य दिनचर्या में से प्रतिदिन कम-से-कम एक घंटा संघ-शाखा में जाने के लिए निकाले। शाखा नित्य नियम से एक नियत स्थान पर, जिसे संघ-स्थान कहते हैं, नियत समय पर लगाई जाती है। वहाँ कोई बहुत असामान्य गतिविधि नहीं होती। किसी मैदान अथवा अन्य सुविधाजनक स्थान पर प्रतिदिन प्रात:काल या सायंकाल (परिस्थिति को देखते हुए कहीं रात्रि में भी) आसपास के स्वयंसेवक एकत्र होते हैं, भगवा ध्वज का आरोहण कर उसका वंदन और फिर कुछ व्यायाम या शारीरिक प्रशिक्षण, खेल, राष्ट्र

अथवा समाज से संबंधित कोई चर्चा, प्रश्नोत्तर अथवा देशभक्ति-गीत का सस्वर गायन इत्यादि सहज भाव से किंतु अनुशासनपूर्वक सम्पन्न होते हैं और अंत में मातृभूमि तथा ईश्वर की वंदना करते हुए प्रार्थना करके शाखा का विसर्जन होता है। राष्ट्र-कार्य में सहभागी बनने के लिए यह न्यूनतम है जिसकी स्वयंसेवक से अपेक्षा की जाती है।

यहाँ ख़ेल-खेल में और सहज चर्चाओं में ही संगठन, अनुशासन और देशभक्ति के पाठ तो स्वयंसेवक सहजता से सीख ही जाता है, साथ ही आदर्श नागरिक के जो संस्कार उसके मन पर पड़ते हैं उनसे उसका मनोबौद्धिक स्तर भी उन्नत, परिष्कृत और उदात्त बनता चला जाता है। स्वदेश के लिए मातृभूमि (माता) का भाव और साथी स्वयंसेवकों के प्रति बंधुभाव एवं प्रेम उसके हृदय में अंकुरित होता है। उनके तथा उनके परिवारों के सुख-दु:ख में सहभागी होने, समूचे संगठन और पूरे राष्ट्रीय समाज को अपना बड़ा परिवार अनुभव करने तथा अपने राष्ट्र पर सब कुछ न्योछावर कर देने के लिए तत्पर रहने का जो स्वभाव उसमें इस विशिष्ट संगति के परिणामस्वरूप विकसित होता है, उससे वह मानो एक नया ही व्यक्ति बनकर उभरता है। उसके जीवन को एक उच्च ध्येय प्राप्त हो जाता है। यही संघ द्वारा व्यक्ति-निर्माण अथवा चरित्र-निर्माण की प्रक्रिया है।

स्वयंसेवकों में स्वावलम्बी स्वभाव निर्मित करने और समानता का भाव जगाने के लिए उन्हें अपना काम स्वयं करने की आदत डाली जाती है। शिविरों या शिक्षा-वर्गों में वे भोजन बनाने और परोसने जैसे कार्यों में बारी-बारी से हाथ बँटाते हैं तथा अपने जूठे बर्तन स्वयं माँजते हैं। इससे सामूहिक रूप से कार्य करने का अभ्यास तो पड़ता ही है, समय पड़ने पर स्वयंसेवक किसी भी काम से भागते नहीं हैं और न ही मिथ्या बड़प्पन दिखाते हैं।

धनवान हो या निर्धन, उच्चाधिकारी हो या जन-साधारण, स्वयंसेवकों का प्रेमपूर्वक एक ही पंक्ति में बैठकर भोजन करना संघ में नित्य-व्यवहार की सामान्य बात है। जाति या वर्ण के भेद की तो यहाँ किसी को कल्पना तक नहीं आती। यही देखकर महात्मा गाँधी ने उद्‌गार व्यक्त किया था, ''मैं जो करना चाहता था वह संघ ने चुपचाप कर दिखाया है।'' डॉ॰ भीमराव अंबेडकर भी इसी कारण संघ की ओर आशा भरी दृष्टि से देखते थे।

समाज-सेवा के कार्यों में संघ-स्वयंसेवक सदैव अग्रणी रहे हैं, परंतु इससे यदि किन्हीं राजनीतिक दलों के नेताओं को कभी यह भ्रम हो गया कि ये उनके सभा-सम्मेलनों में दरी या मेज-कुर्सी बिछाने के लिए उनके 'वालंटियर' बन सकते

हैं तो उन्हें निराशा ही हाथ लगी। डॉ॰ हेडगेवार ऐसी माँग करने वाले नेताओं को स्पष्ट शब्दों में 'नहीं' कह देते थे। इस प्रकार संघ-स्वयंसेवकत्व को उन्होंने आरंभ से ही राष्ट्रीय कार्य की गरिमा प्रदान की।

संघ-प्रवेश

जैसे शाखा की कार्य-पद्धति सरल है, वैसे ही स्वयंसेवक बनना भी बहुत सरल है। संघ में प्रवेश के लिए सदस्यता की कोई जटिल प्रक्रिया नहीं है। यदि आप भारत को अपनी मातृभूमि, पितृभूमि और पुण्यभूमि मानते हैं तथा भारतीय संस्कृति में आस्था रखते हैं तो शाखा के समय निस्संकोच संघ-स्थान पर (जहाँ शाखा लगती है) चले जाइए और वहाँ के अनुशासन एवं निर्देशों का पालन करते हुए शाखा के कार्यक्रमों में भाग लीजिए। इसमें कोई बाधा नहीं है।

कार्यकर्ता

प्रतिदिन एक घंटा राष्ट्र-कार्य के लिए देने की आवश्यकता न्यूनतम है, संपूर्ण नहीं। वांछनीय तो यह है कि धीरे-धीरे जीवन-पद्धति ही संगठनमयी बनती चली जाए। समाज-संगठन कोई तदर्थ कार्य नहीं है कि कुछ दिन जैसे-तैसे चला लिया। यदि संसार में अजेय राष्ट्र बनकर जीना है तो हमें संगठित रहने का स्वभाव ही बना लेना पड़ेगा।

राष्ट्रीय स्वयंसेवक संघ अन्य बहुत से संगठनों की भाँति समाज के अंदर एक संगठन नहीं है क्योंकि संघ का उद्देश्य संपूर्ण समाज को संगठित करना है, समाज के अंदर एक और संगठन बनाना नहीं। अब इतना बड़ा कार्य तभी पूरा हो सकता है जब उसे जीवन-कार्य के रूप में लिया जाए। संघ-कार्य इतना आगे बढ़ सका है तो इसलिए कि उसमें पूरी शक्ति से अधिकतम और अन्य दायित्वों का भी निर्वाह करते हुए यथासम्भव अधिक कार्य करने वाले कार्यकर्ताओं की कमी नहीं रही है। यह परम्परा संघ-संस्थापक डॉ॰ हेडगेवार ने ही स्थापित कर दी थी जिन्होंने अपने शरीर का कण-कण और जीवन का क्षण-क्षण संघ-कार्य में ही होम कर दिया। यही कारण है कि उनके पारस-स्पर्श से उन्हीं की अनुकृति-समान बने कार्यकर्ताओं के अथक परिश्रम से उनका स्वप्न साकार होने की ओर निरंतर आगे बढ़ता रहा है और आज उसका प्रभाव राष्ट्र-जीवन के प्रत्येक क्षेत्र में दृष्टिगोचर हो रहा है।

प्रशिक्षण

शाखा में व्यायाम, खेल, योगासन, लाठीचालन, पथ-संचलन इत्यादि विविध

प्रकार के शारीरिक प्रशिक्षण और चर्चा, प्रश्नोत्तर इत्यादि के माध्यम से बौद्धिक प्रशिक्षण तो स्वयंसेवकों को प्राप्त होता ही है, कुछ अधिक दक्षता के लिए तीन दिन से लेकर अधिकतम एक सप्ताह तक के प्राथमिक शिक्षा वर्ग भी लगाए जाते हैं। किंतु सघन प्रशिक्षण द्वारा विशेष प्रशिक्षित कार्यकर्ता तैयार करने के लिए प्रतिवर्ष ग्रीष्म ऋतु में लगभग एक माह की अवधि (अब घटाकर 20 दिन) के संघ-शिक्षा-वर्ग आयोजित किए जाते हैं जिनमें शिक्षार्थियों को उस पूरी अवधि में वहीं रहना होता है।

प्रशिक्षणोपरांत शारीरिक और बौद्धिक—दोनों प्रकार की परीक्षाएँ भी ली जाती हैं। उत्तरोतर प्रथम वर्ष, द्वितीय वर्ष और तृतीय वर्ष का प्रशिक्षण सफलतापूर्वक पूरा कर लेने पर कार्यकर्ता पूर्ण प्रशिक्षित माना जाता है। तृतीय वर्ष शिक्षित कार्यकर्ता शिक्षा-वर्गों में शिक्षक का कार्य भी करते हैं।

संगठन-तंत्र

राष्ट्रीय स्वयंसेवक संघ का संगठन-तंत्र त्रिवेणी में गुँथा हुआ है जिसमें एक धारा शाखा-कार्यवाह और मुख्य शिक्षक से प्रारंभ करके उत्तरोत्तर कार्यवाहों की है, दूसरी प्रचारकों की तथा तीसरी संघचालकों की, किंतु शीर्ष पर सभी का त्रिवेणी-संगम हो जाता है।

भगवा ध्वज और गुरु दक्षिणा

यज्ञ-वेदी की अग्नि-ज्वाला के रंग का भगवा ध्वज अर्पण (आहुति देने) अर्थात् त्याग का प्रतीक है। इसी कारण यह युग-युग से भारतीय संस्कृति के उच्च आदर्शों का प्रतीक रहा है। भगवा ध्वज की इस महत्ता को देखते हुए संघ में उसे गुरु का स्थान दिया गया है और प्रतिवर्ष व्यास-पूर्णिमा के दिन उसकी पूजा की जाती है। उस दिन स्वयंसेवक श्रद्धापूर्वक अपनी भेंट ध्वज के आगे अर्पित करते हैं। इसे गुरु-दक्षिणा कहा जाता है।

राष्ट्र-जीवन में संघ की भूमिका

राष्ट्रीय स्वयंसेवक संघ की दैनिक गतिविधियों से समाज में संगठन, एकता, प्रेम, बंधुभाव, देशभक्ति, अनुशासन और समरसता का संचार तो हुआ ही है, इसके साथ-साथ बालों, किशोरों और तरुणों के व्यक्तिगत जीवन में उन्नत चरित्र के संस्कारों का बीजारोपण एवं अंकुरण-पल्लवन भी हुआ है। किंतु यह सब तो संघ-कार्य का समाज पर पड़ने वाला सहज प्रभाव अथवा नित्य परिणाम है। इसके

अतिरिक्त भी संघ की स्थापना के एक-दो वर्ष पश्चात् से ही उसके स्वयंसेवकों ने समाज-जीवन में ऊर्ध्वगामी परिवर्तन की कुछ नैमित्तिक अर्थात् अवसर विशेष पर प्रकट होने वाली भूमिकाएँ भी निभानी प्रारम्भ कर दीं जिनमें से कुछ का उल्लेख दृष्टान्तस्वरूप यहाँ करना समीचीन होगा।

स्वतंत्रता आंदोलन में योगदान

संगठन के रूप में तो संघ कोई भी आंदोलन करता नहीं था (आगे चलकर केवल प्रतिबंध के समय ही इसका अपवाद हुआ), किंतु व्यक्तिगत रूप से डॉ॰ केशवराव हेडगेवार सहित बहुत से संघ-स्वयंसेवकों ने गाँधी जी द्वारा चलाए गए स्वातंत्र्य आंदोलनों में सदैव सहयोग किया। संघ-स्थापना के पश्चात् 1931-32 के सविनय अवज्ञा आंदोलन में डॉक्टर हेडगेवार सहित अनेक स्वयंसेवक सत्याग्रह करके कारावास में भी रहे। 1942 के 'भारत छोड़ो' आंदोलन में भी न केवल स्वयंसेवक सम्मिलित हुए अपितु, विभिन्न विचारधाराओं के लोग जैसे श्री साने गुरु जी, जयप्रकाश नारायण, अरुणा आसफ अली इत्यादि जैसे अनेक बड़े-बड़े भूमिगत नेताओं के गुप्तवास की व्यवस्था भी संघ के अधिकारियों ने की।

देश-विभाजन के समय राष्ट्र-बांधवों की रक्षा

1947 में भारत माता का अंग-भंग करके पाकिस्तान बनाने की दुष्प्रक्रिया और मुस्लिम लीग द्वारा नियोजित नर-संहार के समय पाकिस्तान में पड़ने वाले पंजाब, सिंध आदि प्रान्तों में जहाँ संघ का कार्य प्रभावशाली था, स्वयंसेवकों ने अपने प्राणों की बाजी लगाकर, वहाँ फँसे बंधुओं को स्त्रियों और बच्चों सहित उस भयानक मार-काट और दुराचार के बीच से यथासम्भव सुरक्षित निकाल लाने और भारत पहुँचाने का कार्य दिन-रात किया। उस प्रचण्ड प्रयास में अनेक स्वयंसेवकों को वीरगति प्राप्त हुई, किंतु वे अपने कर्तव्य से पीछे नहीं हटे। पूर्वी बंगाल में संघ का प्रभावी संगठन होने के कारण ही वहाँ आततायियों को पूरे उन्मादपूर्वक खेलने का अवसर मिला। विभाजन के पश्चात् भारत आए विस्थापितों की सेवा-सहायता भी स्वयंसेवकों ने सामर्थ्य भर और मनोयोग से की।

कश्मीर की रक्षा में योगदान

1947 में देश की स्वतंत्रता और निन्दनीय विभाजन के समय पाकिस्तानी दबाव के कारण असमंजस में पड़े कश्मीर-नरेश को द्विविधा त्यागकर भारत में विलय के लिए प्रेरित करने का संघ-कार्यकर्ताओं ने पूरा प्रयास किया और पाकिस्तान-

समर्थकों द्वारा जम्मू-कश्मीर के कुछ भागों में लगाए गए पाकिस्तानी झंडे उतारे तथा भारतीय तिरंगे फहराकर लोगों का मनोबल बनाए रखा। आक्रमण की पाकिस्तानी योजना की गुप्त सूचना भी प्राप्त करके जम्मू-कश्मीर के सेना-प्रमुख को दी। कबाइली वेश में पाकिस्तानी आक्रमण के आसन्न संकट के समय तत्कालीन सरसंघ चालक श्री माधवराव सदाशिव गोलवलकर जी ने ही 17 अक्टूबर को श्रीनगर पहुँचकर महाराजा हरिसिंह को भारत के साथ विलय-पत्र पर हस्ताक्षर करने के लिए मानसिक रूप से तैयार किया। 19 अक्टूबर को नई दिल्ली लौटकर उन्होंने सरदार पटेल को महाराजा की स्वीकृति की सूचना दी।

27 अक्टूबर को भारत में विलय की प्रक्रिया पूरी हो जाने के पश्चात् भारतीय सेनाओं को बड़े वायुयानों से श्रीनगर वायुपत्तन पर उतारने के लिए हिमपात से ढकी और ऊबड़-खाबड़ पड़ी उड़ान-पट्टी को तुरंत सुधारना आवश्यक था। तब संघ के 200 स्वयंसेवकों ने दिन-रात पारियों में काम करके दो दिन में वह कठिन कार्य पूरा कर दिखाया और 29 अक्टूबर को सेना का प्रथम जत्था वहाँ उतरकर कश्मीर को मुक्त कराने में जुट गया। उस समय पाकिस्तानी सेना उस वायुपत्तन से कुछ ही दूर रह गई थी।

यही नहीं, प्रत्यक्ष युद्ध के बीच भी स्वयंसेवक सेना की सहायता में जुटे रहे। उदाहरणार्थ कोटली में वायुसेना द्वारा गिराई गई गोला-बारूद की 20 पेटियाँ एक ढलान से नीचे ऐसे स्थान पर जा गिरीं जो शत्रु सैनिकों की मार के अंतर्गत था। वहाँ जाना मृत्यु को निमंत्रण देना था और इधर हमारी सैनिक टुकड़ी का गोला-बारूद समाप्त हो गया था। ऐसे में स्वयंसेवक प्राण हथेली पर रखकर उनमें से 17 पेटियाँ उठा लाने में सफल हो गए, यद्यपि उस कार्य में 6 स्वयंसेवकों को प्राणों की आहुति देनी पड़ी। यह तो केवल एक उदाहरण है, संघ-स्वयंसेवकों के शौर्य की ऐसी कितनी ही घटनाएँ हैं।

एक सेनाधिकारी ने श्री गुरु जी (गोलवलकर जी) से पूछा कि आप नियमित सैनिकों से भी दुर्लभ, ऐसा जीवट स्वयंसेवकों में कैसे उत्पन्न कर देते हैं? तो श्री गुरु जी का उत्तर था कि हम तो उनको केवल कबड्डी खेलने के लिए कहते हैं और खेल-खेल में ही शाखा के संस्कारप्रद वातावरण में देशभक्ति, अनुशासन, संगठन, त्याग और सच्चरित्रता के संस्कार उनमें अपने आप आ जाते हैं।

दादरा, नगर हवेली की मुक्ति और गोवा सत्याग्रह

शेष भारत के स्वतंत्र हो जाने पर भी गोवा, दमन, दीव और दादरा-नगर

हवेली पर पुर्तगाली आधिपत्य बना रह गया था। 2 अगस्त 1954 के दिन केवल 100 संघ-स्वयंसेवकों ने अकस्मात् कार्यवाही करके दादरा और नगर-हवेली की बस्तियों को मुक्त करा लिया तथा केन्द्र-सरकार को सौंप दिया। गोवा के स्वातन्त्र्य-संघर्ष में भी संघ और जनसंघ के कार्यकर्ताओं ने बढ़-चढ़कर भाग लिया जिनमें से कुछ ने प्राण न्योछावर किए तो कुछ ने विदेशी पुलिस की यातनाएँ सहीं या लिस्बन (पुर्तगाल) के कारागार में दीर्घ कारावास भोगा।

चीन के साथ युद्ध के समय

1962 के चीनी आक्रमण के समय राष्ट्रीय स्वयंसेवक संघ ने देश की सरकार के साथ पूर्ण सहकार और एकजुटता रखकर उसके बाह्य एवं आन्तरिक सुरक्षा-प्रयासों को पूरा सहयोग एवं समर्थन प्रदान किया। वैचारिक कारणों से चीन की सरकार से सहानुभूति रखने वाले किसी प्रकार की तोड़-फोड़ या गड़बड़ न कर दें, इसकी सतर्कता विशेषत: श्रमिक-क्षेत्र से जुड़े स्वयंसेवकों ने रखी। स्वयंसेवकों ने जनता का मनोबल ऊँचा उठाते हुए सेना के लिए जन-समर्थन जुटाया। संकटकाल में संघ का यह व्यवहार देखकर पं० जवाहरलाल नेहरू जैसे परम्परागत संघ-विरोध ी का भी हृदय इतना परिवर्तित हो उठा कि उन्होंने 26 जनवरी, 1963 की गणतंत्र-दिवस परेड में भाग लेने के लिए संघ को भी आदरपूर्वक आमंत्रित किया जिसमें सहस्राधिक स्वयंसेवकों ने पूर्ण गणवेश में पथ-संचलन किया।

पाकिस्तान के साथ युद्धों में भूमिका

1964 के युद्ध के समय प्रधानमंत्री लाल बहादुर शास्त्री ने श्री गुरु जी को सर्वदलीय बैठक में विचार-विमर्श के लिए आमंत्रित किया और बाद में दिल्ली की पुलिस को अन्य कार्यों से मुक्त करने के उद्देश्य से युद्ध के दिनों में राजधानी की यातायात-व्यवस्था संघ के स्वयंसेवकों को सौंप दी। अग्रिम रणक्षेत्र (मोर्चों) में आग उगलते गोलों की परवाह न करते हुए स्वयंसेवकों ने युद्धरत सैनिकों तक भोजन और अन्य सामग्री पहुँचाने का कार्य किया।

आधी रात के समय दिल्ली संघ-कार्यालय को, आहत सैनिकों के लिए रक्त की कमी की सूचना सैनिक अधिकारियों ने दूरभाष से दी तो प्रात:काल तक 500 स्वयंसेवक रक्तदान करने सैनिक अस्पताल पहुँच गए।

इसी प्रकार 1971 के युद्ध के समय भी राष्ट्रीय स्वयंसेवक संघ ने प्रत्येक क्षेत्र में और विशेषत: राजस्थान, पंजाब, जम्मू-कश्मीर, उत्तर प्रदेश, बिहार तथा बंगाल में अपनी सेवाएँ अर्पित कीं तथा अनेक प्रकार की भूमिकाएँ निभाईं।

आपातकाल में लोकतंत्र-रक्षा का संघर्ष

1975 में जब श्रीमती इंदिरा गाँधी ने, न्यायालय द्वारा अयोग्य घोषित कर दिए जाने पर पदत्याग करने के स्थान पर देश में आपात स्थिति लागू कर दी, सहस्रों लोगों को अकारण कारागार में डाल दिया तथा लोकतंत्र का गला घोंट दिया तो आंदोलनों में भाग न लेने का नियम अपवादस्वरूप छोड़कर संघ—लोकतंत्र-रक्षा के आंदोलन में कूद पड़ा। एक ओर जहाँ लक्षाधिक स्वयंसेवकों ने सत्याग्रह किया, यातनाएँ सहीं और सहस्रों की संख्या में (44,000 से अधिक) कारागार गए, वहीं लगभग 40,000 ने भूमिगत रहकर आंदोलन चलाया और अधिनायकवाद को घुटने टेकने पर विवश कर दिया। श्रीमती गाँधी को बाध्य होकर चुनाव की घोषणा करनी पड़ी जिससे अंततः सारा परिदृश्य ही बदल गया।

प्राकृतिक आपदाओं में संघ की भूमिका

मानव-निर्मित विपत्तियों के अतिरिक्त प्राकृतिक आपदाओं या दुर्घटनाओं के समय भी संघ के स्वयंसेवक आपद्ग्रस्त बंधुओं की सहायता करने में सबसे आगे रहते हैं। इनमें बिहार और कर्नाटक का सूखा, आन्ध्र और तमिलनाडु का समुद्री चक्रवात (तूफान), गुजरात में मच्छू बाँध (मोर्वी) टूटने से आयी बाढ़ तथा महाराष्ट्र में लातूर और उत्तर प्रदेश में उत्तरकाशी के भूकम्पों की त्रासदियाँ प्रमुख हैं।

1966 में बिहार में पड़े भयंकर सूखे और अकाल के कारण वहाँ मानव-जीवन और पशुधन के जीवन पर आए भीषण संकट के समय संघ-स्वयंसेवक विपद्ग्रस्तों की सेवा-सहायता में दत्तचित्त होकर जुटे। उन्हें निःस्वार्थभाव और सच्ची लगन से सेवा-कार्य में लगे देखकर तभी से श्री जयप्रकाश नारायण के मन में संघ के प्रति विशेष सद्भाव जागा। उससे पूर्व वे भी संघ के बारे में फैलाए गए भ्रम के शिकार थे। बाद में तो विशेषतः आपातकाल और उसके पूर्व एवं पश्चात् संघ-परिवार की संस्थाओं विद्यार्थी परिषद् और जनसंघ के कार्यकर्ताओं का भी लोकनायक के साथ घनिष्ठ सहकार रहा। 1973 और 1985 में कर्नाटक में पड़े सूखे और अकाल के समय भी स्वयंसेवकों ने विपदा में पड़े बंधुओं की सेवा-सहायता की।

नवम्बर 1977 में आन्ध्र प्रदेश के तटवर्ती क्षेत्रों में भीषण समुद्री चक्रवात से दूर-दूर तक महाविनाश का दृश्य उपस्थित हो गया। उन स्थानों में संघ के स्वयंसेवक ही सर्वप्रथम पहुँचकर सेवा-सहायता और मृतकों के अंतिम संस्कार में जुटे। बाद में पुनर्निर्माण के कार्य में भी वे सबसे अग्रणी रहे। संघ की उस भूमिका की विरोधियों को भी सराहना करनी पड़ी। उसी समय तमिलनाडु में भी उस चक्रवात से विनाश हुआ था। स्वयंसेवकों ने वहाँ भी लगन से सेवा-कार्य किए।

1977 और 1979 में राजस्थान में, 1978 में दिल्ली में और 1987 में बंगाल में आई भीषण बाढ़ में भी संघ-स्वयंसेवकों ने समाज के प्रति अपनी कर्त्तव्यपरायणता का उसी प्रकार परिचय दिया।

1979 में गुजरात में मोर्वी के पास बाँध टूट जाने से उत्पन्न हुई भीषण त्रासदी के बीच भी जो दुष्कर कार्य और कोई न कर सके, वे संघ-स्वयंसेवकों ने सम्पन्न किया और नर-सेवा के व्रत को पूरा किया।

भोपाल (म०प्र०) के गैस-पीड़ितों लातूर (महाराष्ट्र) और उत्तरकाशी (उ०प्र०) के भूकम्प-पीड़ितों की सेवा-सहायता में भी स्वयंसेवक सदा की भाँति अग्रणी रहे।

इनके अतिरिक्त भी यदि कहीं वायुयान अथवा रेलगाड़ी की दुर्घटना हो जाती है अथवा अन्य किसी भी प्रकार की आपदा आ पड़ती है तो निकटवर्ती स्थानों के स्वयंसेवक अपने अधिकारियों के आदेशों की प्रतीक्षा में बैठे न रहकर, संघ से प्राप्त संस्कारों के कारण सहज प्रेरणा से ही तुरंत सहायता करने चल पड़ते हैं और टोली बनाकर सेवा-कार्य में जुट जाते हैं।

जन अभियान

आंदोलनकारी कार्य-पद्धति न होते हुए भी संघ ने कुछ ऐसे अभियान अवश्य चलाए या उनमें सहभागिता की जिनका संबंध किसी तात्कालिक घटना से न होकर ऐसी बड़ी राष्ट्रीय या सामाजिक समस्या से था जिसका समाधान आवश्यक हो। यहाँ ऐसे कुछ अभियानों को भी स्मरण कर लेना उचित होगा।

गोहत्या निषेध

1952 में राष्ट्रीय स्वयंसेवक संघ के आह्वान पर गोपाष्टमी के दिन से देश में गोहत्या पर प्रतिबंध लगाने की माँग करते हुए जन-सभाएँ आयोजित की गईं और इस माँग के समर्थन में देश के गाँव-गाँव, नगर-नगर से हस्ताक्षर एकत्रित किए गए। केवल एक माह की अवधि में ही पौने दो करोड़ हस्ताक्षर लेकर 8 दिसम्बर के दिन सरसंघचालक श्री गुरुजी के हाथों राष्ट्रपति डॉ० राजेन्द्र प्रसाद को समर्पित किए गए।

सामाजिक समरसता की स्थापना

संघ के स्वयंसेवक तो किसी भी प्रकार का जातिगत ऊँच-नीच या छुआछूत का भेदभाव मानते नहीं हैं और परस्पर प्रेमपूर्ण बंधुभाव रखते हैं, किंतु सारे समाज में ऐसी समरसता अभी स्थापित नहीं हो पाई है। अत: राष्ट्रीय स्तर पर समरसता का एक अभियान चलाया गया।

एकात्मक-रथ यात्रा

कश्मीर से लेकर कन्याकुमारी तक और कच्छ से कामरूप तक सम्पूर्ण देश की जनता में एकता का भाव जागृत करने के लिए भारत माता के भव्य बड़े चित्र और गंगाजल के विशाल कलश लेकर 1983 में तीन बड़ी एकात्मता-रथ यात्राएँ और अनेक उपयात्राएँ आयोजित की गईं।

देश भर में करोड़ों लोगों ने इस यात्रा के अपने नगर अथवा गाँव में पहुँचने पर भारत माता और गंगा माता की पूजा की तथा गंगा जल का प्रसाद पाया। लोगों का लाया हुआ देश भर की नदियों का पवित्र जल दूसरे कलश (जलकुम्भ) में एकत्रित किया गया।

राष्ट्रीय मान बिन्दुओं की रक्षा और पुनरुद्धार हेतु

धर्मध्वंसी आक्रमणकारियों ने हमारे राष्ट्रीय मान-बिन्दुओं का अपमान करके हमारे मनोबल और आस्था को कुचलने के लिए हमारे अनेकानेक आस्था केन्द्रों को ध्वस्त कर उन पर मस्जिद जैसे ढाँचे या कब्रिस्तान बना दिए। संघ इन आस्था केन्द्रों और इनमें से भी विशेष रूप से अयोध्या में श्रीराम-जन्मस्थान, मथुरा में श्रीकृष्ण जन्मस्थान और काशी में काशी-विश्वनाथ के स्थान की वापसी और उन्हें उनके महत्त्व के अनुरूप गरिमा प्रदान करने का प्रबल समर्थक रहा है। इस हेतु किए जाने वाले जन-जागरण अभियानों और न्यायपूर्ण प्रयासों में स्वयंसेवकों की सक्रिय सहभागिता रही है।

जनजीवन पर संघ का प्रभाव

संघ-कार्य का जैसे-जैसे विस्तार हुआ है, समाज में देशभक्ति, एकता की भावना, आत्मविश्वास और राष्ट्रीय गौरवबोध जैसे गुणों की वृद्धि हुई है, लेकिन अभी उनके लिए और अधिक परिश्रम करना होगा। फिर भी ये तो ऐसे गुण हैं जिनसे संघ-कार्य का सीधा संबंध है, किंतु रोचक बात यह है कि संघ के परोक्ष प्रभाव से समाज में नैतिक परिवर्तन आता भी स्पष्ट देखा जा सकता है।

राष्ट्र-जीवन के विविध क्षेत्रों में स्वयंसेवकों ने जो कार्य प्रारम्भ किए हैं उन्होंने तो उन-उन क्षेत्रों में न्यूनाधिक विचार-क्रांति ही ला दी है।

राष्ट्रीय स्वयं सेवक के उपर्युक्त कार्यों में लाल कृष्ण आडवाणी का भी समग्र योगदान रहा है।

जनसंघ का गठन

अब तक राष्ट्रीय स्वयंसेवक संघ का भारत भर में एक मजबूत जनाधार तैयार हो गया था। लेकिन देश की संसद में इसके प्रतिनिधि न होने के कारण राजनीतिक दृष्टि से इसे हेय समझा जाता था। अतः संघ के तत्कालीन अध्यक्ष गुरुजी माधवराव सदाशिव राव गोलवलकर व अन्य उच्च पदस्थ नेताओं ने मंत्रणा कर भारतीय जनसंघ नामक एक राजनीतिक दल का गठन किया। दक्षिण कोलकाता के प्रखर सांसद डॉ॰ श्यामाप्रसाद मुखर्जी को इसका प्रथम संस्थापक अध्यक्ष नियुक्त किया गया।

1951 में जनसंघ के गठन के बाद श्री लाल कृष्ण आडवाणी को इसका राजस्थान का राज्य सचिव बनाया गया। श्री आडवाणी 1957 तक यहाँ जनसंघ के सचिव रहे। इस दौरान आप पूरे राजस्थान में घूम-घूमकर लोगों को जनसंघ के उद्देश्यों से अवगत् कराते रहे। आपकी छवि शुरू से ही जुझारू रही है।

राजस्थान में आपकी मुखर जुझारू छवि के दर्शन हुए और अपने कार्यकाल के दौरान आपने जनसंघ का मजबूत आधार तैयार किया। इसी दौरान 23 जून, 1953 को जनसंघ के प्रथम अध्यक्ष डॉ॰ श्यामाप्रसाद मुखर्जी की जम्मू-कश्मीर में नज़रबंदी के दौरान रहस्यमय परिस्थितियों में मृत्यु हो गई। इस अवसर पर श्री आडवाणी ने उन्हें भावभीनी श्रद्धांजलि देते हुए श्रद्धा सुमन अर्पित किए और उनके बताए हुए मार्ग पर सतत् गतिशील रहे।

दिल्ली जनसंघ के अध्यक्ष

राजस्थान में श्री आडवाणी के कार्यों से प्रभावित होकर 1957 के बाद उन्हें दिल्ली राज्य जनसंघ इकाई का सचिव मनोनीत किया गया। इस दौरान उन्होंने जनसंघ संसदीय दल के सचिव का भी कार्यभार वहन किया।

इसी वर्ष देश के दूसरे आम चुनाव हुए थे जिसमें भारतीय जनसंघ को लोकसभा की चार सीटों पर विजय प्राप्त हुई। इन चार विजयी सांसदों में एक अटल बिहारी वाजपेयी थे। दिल्ली कार्यकाल के दौरान श्री आडवाणी की अटल जी से घनिष्ठता बढ़ी और यह घनिष्ठता शीघ्र ही गहरी दोस्ती में बदल गई। दोनों राष्ट्रवादी नेता अब कंधे-से-कंधा मिलाकर भारतवासियों के उत्थान की दिशा में सक्रिय हो गए।

श्री आडवाणी संसद के बाहर रहकर इस दिशा में कार्य कर रहे थे तो श्री अटल जी संसद के भीतर और बाहर—दोनों स्थानों पर जनसंघ और समाज निर्माण की आवाज़ बुलंद कर रहे थे।

विवाह

श्री आडवाणी की सामाजिक और राजनीतिक व्यस्तता का अनुमान इसी बात से लगाया जा सकता है कि उनका विवाह 37 वर्ष की आयु में 25 फरवरी 1965 को श्रीमती कमला जी के साथ हुआ। उन्हें विवाह के बारे में सोचने का जब भी अवसर मिलता, कोई-न-कोई आवश्यक कार्य आ जाता, इस प्रकार विवाह में विलम्ब होता चला गया। उनकी दो संतानें हैं; पुत्री—प्रतिभा और पुत्र—जयंत।

दिल्ली नगर महापालिका के अध्यक्ष

श्री आडवाणी ने बीस वर्ष तक जनसंघ के सक्रिय कार्यकर्ता के रूप में दिल्ली में रहकर कार्य किया। उनके मृदु और शालीन व्यवहार ने ज़मीनी लोगों को अपने साथ जोड़ने का कार्य किया। इस दौरान उन्होंने देशभर में यात्राएँ कीं और जनसंघ से जुड़े कार्यकर्ताओं का मार्गदर्शन कर उन्हें प्रोत्साहित करने का कार्य किया।

उनकी लोकप्रियता के चलते जनसंघ के मित्रों ने मार्च, 1967 में उन्हें दिल्ली महानगर पालिका परिषद् के चुनाव में उतारा जिसमें श्री आडवाणी ने शानदार जीत दर्ज की और उन्हें परिषद् का अध्यक्ष चयनित किया गया। दिल्ली महानगर पालिका के अध्यक्ष के रूप में आपने दिल्ली को सजाने-सँवारने का महत्ती कार्य किया। वे मार्च 1970 तक अपने पद पर बने रहे।

4 संसद की दहलीज़ पर

श्री आडवाणी का राजनीतिक सफर अब तक काफी परिपक्व हो चुका था। उनकी राजनीतिक यात्रा जनसंघ के स्वयंसेवक से आरम्भ हुई थी और 1970 के आते-आते उनकी छवि एक लोकप्रिय, जुझारू और राष्ट्रवादी राजनेता की बन गई थी। तत्कालीन प्रधानमंत्री श्रीमती इंदिरा गाँधी भी उनकी बढ़ती लोकप्रियता से खासी प्रभावित थीं। इसी वर्ष श्री आडवाणी को भारत के उच्च सदन राज्यसभा के लिए चुना गया।

फरवरी 1973 में श्री आडवाणी को जनसंघ का राष्ट्रीय अध्यक्ष मनोनीत किया गया। वे 1975 तक जनसंघ के राष्ट्रीय अध्यक्ष रहे।

इससे पूर्व 1970-72 में वे दिल्ली राज्य जनसंघ के अध्यक्ष रहे और 1965 से 1967 तक दिल्ली राज्य जनसंघ के उपाध्यक्ष रहे। 1958 से 1963 तक श्री आडवाणी दिल्ली राज्य जनसंघ के सचिव रहे। 1952 से 1957 तक वे राजस्थान के संयुक्त सचिव के रूप में कार्य करते रहे।

राज्यसभा के सदस्य के रूप में श्री आडवाणी लोकहित के मुद्दे उठाते रहे और तत्कालीन कांग्रेस सरकार को कठघरे में खड़ा करते रहे।

राज्यसभा के सांसद

श्री लाल कृष्ण आडवाणी पहली बार अप्रैल, 1970 में राज्यसभा के लिए चुने गए। राज्यसभा में वे अप्रैल 1988 तक, तीन कार्यकाल के लिए रहे। अपने 18 वर्ष के राज्यसभा के कार्यकाल में वे अनेक पड़ावों से गुजरे। इस दौरान वे आपातकाल में नज़रबंद भी रहे। बाद में सूचना और प्रसारण मंत्री भी बने और प्रेस की स्वतंत्रता, चुनाव सुधार और लोकहित के अन्य मुद्दों के लिए कार्य करते रहे।

चेकोस्लोवाकिया दौरा

जुलाई 1972 में श्री आडवाणी चेकोस्लोवाकिया गए। वहाँ की एक मज़ेदार

घटना उन्हीं के शब्दों में :

"यह घटना सन् 1972 के जुलाई महीने की है। मैं लोकसभा अध्यक्ष श्री गुरुदयाल सिंह ढिल्लों के नेतृत्व में चेकोस्लोवाकिया गए संसदीय प्रतिनिधि-मंडल का सदस्य था। प्राग में हमारे दूतावास द्वारा आयोजित रात्रिभोज के समय हमारे राजदूत श्री देसाई ने प्रसंगवश कहा कि करीब एक महीने पहले जब प्रधानमंत्री (इंदिरा गाँधी) वहाँ अपनी यात्रा पर आई थीं तो औपचारिक भोजन में शराब की बजाय पानी से 'टोस्ट' की रस्म-अदायगी की गई थी।

राजदूत के इस कथन पर हमारे साथी श्री बुद्धप्रिय मौर्य ने उपहासपूर्ण प्रतिक्रिया व्यक्त की। इन दिनों वे प्रधानमंत्री के खास विश्वस्त हैं। उन्होंने कहा, 'पानी से क्यों, शराब से क्यों नहीं?' राजदूत ने समझदारीपूर्वक चुप रहना बेहतर समझा। इस पर प्रतिनिधिमंडल की सदस्या कांग्रेस की ही श्रीमती पूरवी मुखर्जी ने कुछ उत्तेजित होकर कहा, 'सिर्फ इसलिए कि वे नहीं पीतीं।'

श्री मौर्य प्रभावित नहीं हुए और उन्होंने कहा, 'आपसे किसने कहा? मुझे उनके पीने पर कोई आपत्ति नहीं है। मैं स्वयं भी यदाकदा पी लेता हूँ। लेकिन मैं पानी के साथ 'टोस्ट' की रस्म पूरी करने जैसा ढोंग नहीं करता।"

1989 में श्री आडवाणी पहली बार लोकसभा के लिए निर्वाचित हुए। बाद में वे गृह मंत्री और उप-प्रधानमंत्री बनाए गए।

5 आपातकाल में नज़रबंद

तत्कालीन प्रधानमंत्री श्रीमती इंदिरा गाँधी ने पाँचवीं लोकसभा का चुनाव रायबरेली (उ॰प्र॰) से जीता था। श्री राजनारायण ने इस चुनाव के विरुद्ध इलाहाबाद उच्च न्यायालय में एक याचिका डाल रखी थी। इस याचिका पर जब न्यायालय का प्रतिकूल निर्णय आया और इंदिरा जी का निर्वाचन रद्द घोषित कर दिया गया तो इससे वे बौखला उठीं। उन्होंने इस निर्णय को 'षड्यंत्र' करार दे दिया और 25 जून, 1975 को देश पर आपातकाल थोप दिया। इसके फौरन बाद बंगलौर से अटल जी, आडवाणी, मधु दण्डवते आदि नेतागण को गिरफ्तार कर लिया गया जो वहाँ संसदीय समिति की एक बैठक में भाग लेने गए थे।

इस अवसर को अटल जी ने एक कविता के माध्यम से व्यक्त किया :

धरे गए बंगलौर में, अडवाणी के संग;
दिन-भर थाने में रहे, हो गई हुलिया तंग;
हो गई हुलिया तंग, श्याम बाबू भन्नाए;
'प्रात: पकड़े गए, न अब तक जेल पठाए?'
कह क़ैदी कविराय, पुराने मंत्री ठहरे;
हम तट पर ही रहे, मिश्र जी उतरे गहरे।

आपातकाल के उस दौर का पहला दिन—यानी 26 जून, 1975—श्रीं आडवाणी के लिए कैसा रहा—इसका वर्णन बाद में उन्होंने अपनी पुस्तक 'नज़रबंद लोकतंत्र' में किया। पाठक उसे अवश्य पढ़ना चाहेंगे। श्री आडवाणी के शब्दों में :

बृहस्पतिवार, 26 जून—बंगलौर

सुबह के करीब 7.30 बजे हैं। टेलीफोन की घंटी बजने लगी। श्री श्यामनंदन मिश्र, जिनके साथ मैं विधायक निवास की पहली मंज़िल के कमरे में साथ ही ठहरा हुआ हूँ, ने रिसीवर उठाया; किंतु-तुरंत ही यह कहते हुए कि 'फोन आपके लिए

है', रिसीवर मेरी तरफ बढ़ा दिया। हम लोग यहाँ कल संसद की संयुक्त प्रवर समिति की बैठक में भाग लेने आए थे। इसमें दल-बदल विरोधी विधेयक पर विचार होना है।

फोन स्थानीय जनसंघ कार्यालय से आया है। मेरे लिए दिल्ली से कोई अविलंब संदेश है। जनसंघ के एक सचिव श्री रामभाऊ गोडबोले ने प्रात: 3.30 के करीब यह कहला भेजा था कि श्री जयप्रकाश नारायण गिरफ्तार कर लिए गए। सर्वश्री मोरारजी भाई, राजनारायण, नानाजी देशमुख, चन्द्रशेखर, मोहन धारिया और रामधन भी गिरफ्तार कर लिए गए। इनमें से अंत के तीन कांग्रेस सांसद हैं। लेकिन यह संदेश दो लोगों के बारे में गलत था। नानाजी देशमुख गिरफ्तार नहीं हुए थे। वह कुछ महीने भूमिगत रहे थे। श्री मोहन धारिया भी गिरफ्तार नहीं हुए थे। गिरफ्तारियाँ जारी हैं। जनसंघ महासचिव श्री सुंदरसिंह भंडारी, श्री गोडबोले और जनसंघ के अनेक कार्यकर्ता अभी भी बंदी नहीं बनाए जा सके हैं। संदेश में कहा गया था कि पुलिस श्री अटल बिहारी वाजपेयी और मेरे लिए आ ही रही होगी। अटल जी भी प्रवर समिति के सदस्य हैं और वे हमसे दो दिन पहले यहाँ आ गए हैं। मैंने यह संदेश श्याम बाबू को बताया और अटल जी को बताने के लिए उनके कमरे की तरफ गया। हमने आपस में विचार किया कि हममें से किसी को भी गिरफ्तारी से कतराना नहीं चाहिए। वे आएँ और जहाँ चाहें, पकड़कर ले जाएँ।

अपने कमरे में लौटकर मैंने प्रेस ट्रस्ट ऑफ इंडिया के एन॰ बालू को फोन किया। जब वह नई दिल्ली ऑफिस में थे तब से मैं उन्हें जानता हूँ। एक मोटर-दुर्घटना में उनकी एक टाँग जाती रही (तीन सप्ताह बाद वे फिर परिवार सहित दुर्घटनाग्रस्त हुए, जिसमें उनकी पत्नी का देहावसान हो गया)। मैं उनसे पिछले दिन ही वुडलैंड होटल में आयोजित एक पत्रकार सम्मेलन में मिला था। पत्रकार सम्मेलन को संबोधित करने के बाद हम लोग आपस में उस दिन बातचीत करते रहे।

बालू ने दिल्ली से आए संदेश की पुष्टि की और टेलीप्रिंटर से आए समाचार को पढ़कर सुनाया। इसमें गिरफ्तार किए गए अन्य नेताओं के नाम भी थे। इनमें सर्वश्री चौधरी चरणसिंह, पीलू मोदी, बीजू पटनायक और अमृतसर के श्री बलदेव प्रकाश तथा बलराम दासजी टंडन भी थे। एक समाचार को पढ़ते-पढ़ते अचानक वे रुके और थोड़ा हँसते हुए बोले—''एक दिलचस्प खबर है।'' वे खबर पढ़ने लगे—''गिरफ्तार किए गए नेताओं की सूची में जनसंघ अध्यक्ष श्री लालकृष्ण आडवाणी भी हैं (पी॰टी॰आई॰ के संवाददाता को हमेशा की तरह पुलिस स्त्रोत से ही खबर

मिली होगी)।" इस तरह मैंने अपनी गिरफ्तारी की खबर अपनी गिरफ्तारी से पूर्व ही प्राप्त कर ली। बालू ने मुझे समाचारों से अवगत रखने का प्रस्ताव अपनी तरफ से रखा। अगले दो घंटों तक वह हर आधे घंटे बाद मुझे नवीनतम खबरें देते रहे।

सुबह 8 बजे की मुख्य समाचार बुलेटिन में मैंने यह सुनने के लिए रेडियो खोला कि देखें, इसमें और क्या कहा जाता है। देवकीनंदन पांडे, विनोद कश्यप और कृष्ण कुमार भार्गव की परिचित आवाज़ों की बजाय मैं सुन रहा था श्रीमती इंदिरा गाँधी की आवाज़। श्रीमती इंदिरा गाँधी ने घोषित किया कि राष्ट्रपति ने संविध ान की धारा 352 के तहत आंतरिक उत्पात की संभावना के कारण आपातस्थिति घोषित कर दी है। और आगे यह स्पष्ट करती रहीं कि अगर यह निर्णय नहीं लिया जाता तो 29 जून को कैसा प्रलय हो जाता। 25 जून को लोक संघर्ष समिति ने दिल्ली की एक सभा में 29 जून से सत्याग्रह चालू करने का निर्णय घोषित किया था, जिसमें श्रीमती गाँधी से त्यागपत्र की माँग की जाने वाली थी। श्रीमती गाँधी से संघर्ष समिति द्वारा त्यागपत्र की माँग राजनीतिक परम्परा के हित में ही की गई थी। सर्वोच्च न्यायालय के अवकाशकालीन न्यायाधीश श्री कृष्ण अय्यर ने श्रीमती इंदिरा गाँधी के लोकसभा चुनाव को इलाहाबाद उच्च न्यायालय द्वारा अवैध घोषित किए जाने के बाद अपीलों पर सशर्त स्थगन आदेश देते हुए श्रीमती इंदिरा गाँधी के त्यागपत्र को 'राजनीतिक परंपरा और राजनीतिक धर्म' की इच्छा के रूप में वर्णित किया था।

शीघ्र ही अटल जी आए। उन्होंने कहा कि हम लोग नाश्ता कर लें और पुलिस की प्रतीक्षा करें। मैं स्नान कर चुका था, लेकिन श्याम बाबू ने अपनी नित्यक्रिया अभी पूरी नहीं की थी। इसलिए अटल जी और मैं नाश्ते के लिए निचली मंजिल की कैंटीन में गए। अभी हम नाश्ते की टेबल पर ही थे कि एक जनसंघ कार्यकर्ता आया। उसने बताया कि पुलिस आ गई है और बाहर हमारी प्रतीक्षा कर रही है।

इस समय तक हमारी होने वाली गिरफ्तारी की खबर विधायक निवास में फैल चुकी थी। प्रवर समिति के एक साथी, कांग्रेसी संसद सदस्य श्री हेनरी आस्टीन कैंटीन में आए और हमसे कहने लगे कि जो कुछ हो रहा है उससे वे खिन्न हैं। मैंने कहा कि श्री चन्द्रशेखर और श्री रामधन भी गिरफ्तार कर लिए गए हैं। मैंने उन्हें गिरफ्तारियों की भर्त्सना करने का सुझाव दिया। लेकिन उन्होंने ऐसा करने में अपनी असमर्थता प्रकट की।

कैंटीन से बाहर निकलते ही हमारे सामने एक पुलिस अधिकारी आया। उसने कहा कि वह हमें गिरफ्तार करने आया है। हम लोग ऊपर अपने-अपने कमरे में अपना सामान तैयार करने लगे।

इस बीच कमरे में आधा दर्जन पत्रकार और बहुत से कार्यकर्ता एकत्र हो गए थे। पुलिस का कहना था कि वह श्री श्यामनंदन मिश्र को भी गिरफ्तार करने आई है। श्री मिश्र अभी प्रात:कालीन आसन पूरा नहीं कर पाए थे, इस कारण हमें पत्रकारों से बातचीत करने का थोड़ा समय मिल गया। अटल जी और मैंने एक संयुक्त वक्तव्य बनाया, जिसमें हमने श्री जयप्रकाश नारायण और अन्य नेताओं की गिरफ्तारी की भर्त्सना की तथा आपातस्थिति की निंदा की। साथ ही हमने यह भी कहा कि स्वतंत्र भारत के इतिहास में 26 जून, 1975 की वही महत्ता होगी जो स्वतंत्रता पूर्व काल में 9 अगस्त, 1942 की है।

लेकिन पुलिस के साथ बाहर निकलने के पहले हमने उनसे गिरफ्तारी के वारंट या नज़रबंदी के आदेश दिखाने को कहा। असमंजस भरे अस्पष्ट शब्दों में उन्होंने कहा कि कुछ समय बाद वे गिरफ्तारी के आदेश दिखा देंगे। इस पर श्री मिश्र ने कहा कि बिना गिरफ्तारी के वारंट या लिखित कानूनी आदेश के वे नहीं जाएँगे। पुलिस अफसरों ने आपस में सलाह-मशवरा किया और हमारे पास लौट आए। उन्होंने कहा कि वे हमें धारा 151 के अंतर्गत गिरफ्तार कर रहे हैं, इसमें वारंट की जरूरत नहीं होती। इस धारा के अंतर्गत अशांति की आशंका पर गिरफ्तारी की जाती है।

इस तरह लगभग 10 बजे हम विधायक निवास से पुलिस के साथ चले। चलते वक्त संयुक्त प्रवर समिति के अध्यक्ष श्री दरबारसिंह हमसे मिले और इस तरह की गई हमारी गिरफ्तारी पर व्यक्तिगत खिन्नता प्रकट की।

हमें हाई ग्राउंड पुलिस थाने में ले जाया गया। बंगलौर का एक नौजवान जनसंघ कार्यकर्ता गोपीनाथ जेल में हमारे उपयोग के लिए एक छोटा-सा ट्रांजिस्टर ले आया था। उन्नीस महीने बाद तक, जब हम जेल से मुक्त हुए, गोपीनाथ ही जेल के बाहर से हमारी आवश्यकताओं को पूरी करता रहा। जब भी जेल अधिकारियों द्वारा अनुमति मिलती थी, वह हमसे जेल में मिलता था। उसने यह जिम्मेदारी गिरफ्तारी से पूर्व से, जब हम विधायक निवास ही में थे, सँभाल ली थी। हम जे॰पी॰ की गिरफ्तारी की खबर सुनने के लिए रेडियो में हर घंटे बाद आने वाले समाचार बुलेटिन को सुनते रहे, पर व्यर्थ। उन दिनों जयप्रकाश नारायण, मोरारजी भाई, बहुत से सांसद व विधायकों और हज़ारों राजनीतिक कार्यकर्ताओं की गिरफ्तारी की खबर आकाशवाणी के लिए मात्र इतनी ही थी कि 'आपातस्थिति' के लागू होने के बाद कुछ लोगों को आतंरिक सुरक्षा कानून के तहत नज़रबंद कर लेना पड़ा है।

दोपहर बाद हमें मालूम हुआ कि अखबारों पर कड़ी सेंसरशिप लागू कर दी गई है।

हमें पुलिस स्टेशन में दिन भर प्रतीक्षारत रखा गया। शायद पुलिस अधिकारी यह नहीं जानते थे कि किस तरह के नज़रबंदी आदेश में हमें गिरफ्तार किया जाना है। एक वरिष्ठ पुलिस अधिकारी से हमें पता चला कि उनके पास दिल्ली से गिरफ्तार किए जाने वाले लोगों की एक लम्बी सूची मात्र आई है। उसमें कहा गया था कि इस सूची में नामजद यदि कोई व्यक्ति बंगलौर में हो तो उसे मीसा (मेंटिनेंस ऑफ इंटर्नल सिक्यूरिटी एक्ट) में बंदी बनाया जाए।

अंत में हमारी गिरफ्तारी का आदेश शाम 7 बजे दिया गया। इन आदेशों पर बंगलौर के पुलिस आयुक्त के हस्ताक्षर थे। इस तरह कानून की नज़र में हमें गिरफ्तार करने की जिम्मेदारी उक्त अधिकारी की हुई। इसका अर्थ यह हुआ कि आंतरिक सुरक्षा कानून की धारा 3 के अनुसार पुलिस आयुक्त ने व्यक्तिगत रूप से समाधान कर लेने के बाद इसकी तसदीक की कि हमारी गिरफ्तारी राज्य की सुरक्षा और सार्वजनिक व्यवस्था के लिए आवश्यक थी (इस आदेश में एक दोष रह गया था। इसी कारण बाद में 17 जुलाई को हमें औपचारिक रूप से रिहा करना पड़ा। लेकिन बाद में तुरंत हमें पुनः गिरफ्तार कर लिया गया)।

जब हम हाई ग्राउंड पुलिस थाने में थे, हमें बताया गया कि समाजवादी नेता श्री मधु दंडवते को भी गिरफ्तार कर लिया गया है। वैसे श्री दंडवते भी संयुक्त प्रवर समिति के सदस्य थे, किंतु उनकी बंगलौर यात्रा आकलन समिति की बैठक के संबंध में थी। वह उस समिति के भी सदस्य थे। उन्हें अशोक होटल से गिरफ्तार किया गया। आकलन समिति के सदस्यों को वहीं ठहराया गया था। वहीं से उन्हें हाई ग्राउंड पुलिस थाने लाया गया था। हम चारों लोगों को रात 8 बजे जेल में ले जाया गया। जेल अधीक्षक श्री एच॰एल॰ छबलानी हमें क्वार्टर में ले गए। उन्होंने कहा कि बहुत कम समय में उन्होंने यह तैयारी की है। दूसरे दिन बिस्तर व अन्य आवश्यक सामग्री उपलब्ध कराई जाएगी।

मैंने अपनी डायरी में लिखा—"26 जून, 1975 इतिहास में भारतीय लोकतंत्र का आखिरी दिन साबित होगा।" ऐसा ही हमने समझा था; पर आशा की थी कि यह आशंका निर्मूल सिद्ध होगी।

जनसंघ पर प्रतिबंध

बंगलौर की जेल में श्री आडवाणी के साथ अटल जी एक ही कमरे में रहते थे। जेल में बर्तन, क्रॉकरी, बिस्तर, चादर, कपड़े आदि उपलब्ध करा दिए गए। यहाँ रहकर अटलजी बावर्ची बने और अपने हाथों से भोजन बनाने लगे। उनका भोजन

सादा, पर पौष्टिक होता था। जेल में एक छोटा पुस्तकालय भी था जिसमें कन्नड़ के अलावा हिन्दी व अंग्रेजी की भी कुछ पुस्तकें थीं।

श्री आडवाणी यहाँ कभी पुस्तकें पढ़कर, कभी ताश और कैरम खेलकर या कभी समाचार सुनकर समय व्यतीत करते थे।

इसी दौरान 4 जुलाई, 1975 को राष्ट्रीय स्वयंसेवक संघ सहित पच्चीस संगठनों को ग़ैर कानूनी घोषित कर प्रतिबंधित कर दिया गया ताकि श्री आडवाणी व अन्य संघ कार्यकर्ताओं का मनोबल टूट जाए और वे तत्कालीन इंदिरा सरकार का विरोध न कर सकें। इसी क्रम में पूरे देश में बड़े पैमाने पर धर-पकड़ हुई।

इसका वर्णन श्री आडवाणी के शब्दों में :

शनिवार, 5 जुलाई

बंगलौर के संघचालक श्री नरसिंहाचार, 'विक्रम' के संपादक श्री मल्लया और संघ के बहुत से स्वयंसेवक पकड़कर लाए गए तथा उन्हें 'आंसुका' में बंद किया गया। जमायते इसलामी और आनन्द मार्ग के भी कुछ लोग यहीं लाए गए।

इन सबको केन्द्रीय टॉवर के सामने के वार्ड में रखा गया, जहाँ तस्करी के आरोप वाले भी कैद थे। जेल अधिकारियों ने संघ और आनन्द मार्ग के लोगों को एक साथ रखा; लेकिन जमायते इसलामी के लोगों को तस्करों के साथ रखा। उनका यह वर्गीकरण मजहब के आधार पर था। लेकिन जमायते इसलामी के लोगों ने आपत्ति की और कहा कि उन्हें संघ के लोगों के साथ रखा जाए। इसके बाद कुछ समायोजन तदनुसार किया गया। जो सरकार धर्मनिरपेक्षता को बढ़ावा देने का दम भरती है, वह अपने हर कृत्य से मजहबी आधार पर अलगाव करती है; यह इसका स्पष्ट उदाहरण था। तमाम राजनीतिक कैदियों को एक साथ रखने की बजाय मजहब के आधार पर अलग रखने के कारण कुछ राजनीतिक कैदी अपराध के आरोप वाले कैदियों के साथ रखे गए हैं। यह हिन्दुओं और मुसलमानों को विभाजित करने की नीति थी, जो धर्मनिरपेक्षता के दावेदारों द्वारा चलाई जा रही थी।

संघ के कुछ स्वयंसेवक भारत सुरक्षा अधिनियम में भी गिरफ्तार किए गए थे। इनमें कानून का एक ऐसा छात्र भी था जो संघ कार्यालय केशव कृपा में अपने एक साथी के साथ परीक्षा की तैयारी के लिए गया था और आम धर-पकड़ में पकड़ लिया गया। औरों की तरह आंसुका के बंदियों को भी हमसे अलग रखा गया था। उन्हें पुस्तकालय में आने की छूट नहीं थी।

बृहस्पतिवार, 10 जुलाई

उन तीन अधिवक्ताओं को भी भारत सुरक्षा अधिनियम में बंदी बनाकर जेल

में लाया गया, जो केशव कृपा में भवन के मालिक—ट्रस्ट की ओर से कानूनी सलाह-मशविरे के लिए वहाँ गए थे।

मेरे मित्र और सर्वोच्च न्यायालय के एक अधिवक्ता अप्पा घटाटे हमसे मिले और हमें सलाह दी कि हम कर्नाटक उच्च न्यायालय में हैबियस कॉर्पस दायर करें। उन्होंने हमें यह भी बताया कि रोहतक जेल में लोग हैबियस कॉर्पस दायर करने के खिलाफ हैं। रोहतक में सर्वश्री अशोक मेहता, बीजू पटनायक, पीलू मोदी और अन्य लोग बंदी थे। इसलिए 'मदरलैंड' के संपादक श्री के॰आर॰ मलकानी की पत्नी श्रीमती सुंदरी मलकानी की ओर से दायर की गई याचिका को वापस ले लिया गया था। हम लोगों ने विचार किया और याचिका दायर करने का फैसला किया। पहले श्याम बाबू इस मत के थे कि याचिका सर्वोच्च न्यायालय में दाखिल की जाए। किंतु अंत में उन्होंने भी तय किया कि शेष लोगों के साथ याचिका बंगलौर उच्च न्यायालय में ही दायर की जाए।

शुक्रवार, 11 जुलाई

अटलजी और मैंने निर्धारित विस्तृत फॉर्म में याचिका दायर की। श्री मिश्र और श्री दंडवते ने संक्षिप्त याचिका दायर कर दी। हमने अपनी याचिका में स्वयं मुकदमे में बहस करने की अनुमति चाही थी। जिन तीन अधिवक्ताओं को गिरफ्तार किया गया था, उन्होंने जमानत की अर्जी दी थी। उन्होंने बताया कि सुनवाई के दौरान न्यायालय कक्ष दर्शकों से खचाखच भरा था। उनका अनुमान था कि उनकी अर्जी स्वीकार कर ली जाएगी। उन्होंने बताया कि वकीलगण लोगों से सहानुभूति रखते हैं। बंगलौर के वकीलों ने आपातकाल के विरोध में एक दिन न्यायालयों का बहिष्कार किया था। बहिष्कार पूरी तरह सफल रहा था।

बंगलौर से रोहतक जेल में

जेल में पीठ में भयानक दर्द के बाद अटलजी का अपेंडिसाइटिस का ऑपरेशन हुआ। वे अस्पताल में भर्ती थे। इसी बीच 14 जुलाई को मुकदमे की सुनवाई के लिए श्री आडवाणी, श्यामनंदन मिश्र और मधु दंडवते को कर्नाटक उच्च न्यायालय ले जाया गया। आगे का विवरण उन्हीं के शब्दों में :

''दोपहर को हमें कर्नाटक उच्च न्यायालय में ले जाया गया। हमारी हैबियस कॉर्पस याचिका प्राथमिक सुनवाई के लिए मुख्य न्यायाधीश श्री शंकर भट्ट की अध्यक्षता में बनी दो सदस्यीय न्यायपीठ के सम्मुख आई है।

प्रतिवादी की तरफ से कर्नाटक के महाधिवक्ता श्री बायरा रेड्डी ने कहा कि

अटल जी और मेरी याचिका कायदे से की गई है, बाकी कायदे से नहीं की गई है। श्री श्यामनंदन मिश्र ने न्यायाधीश का ध्यान इस तथ्य की ओर आकर्षित किया कि जेल में काफी कठिनाइयों में, और बिना कानूनी सलाह के उन्हें याचिका बनानी पड़ी थी। श्री दंडवते ने कहा कि जहाँ तक हैबियस कॉर्पस याचिका का ताल्लुक है, सर्वोच्च न्यायालय तो बंदी बनाए गए व्यक्ति द्वारा एक पोस्टकार्ड पर लिखी याचिका को भी स्वीक़ार करता रहा है। मुख्य न्यायाधीश ने स्थिति की कठिनाई को माना और कहा कि चारों याचिकाएँ वैध मानी जाएँगी, भले ही इनमें से दो निर्धारित फॉर्म पर नहीं दी गई हैं।

इस पर महाधिवक्ता ने कहा कि वादियों ने बहुत से मुद्दे उठाए हैं, इसलिए उनके प्रति हलफनामा दायर करने में सरकार को काफी समय लगेगा। उन्होंने केंद्रीय सरकार पर बदनीयती के आरोप का उल्लेख करते हुए कहा कि संभव है, इनका खंडन करने के लिए महान्यायवादी स्वयं उपस्थित हों।

तीनों याचिकाकर्ताओं (अटलजी ऑपरेशन के बाद स्वास्थ्य-लाभ करने के कारण उपस्थित नहीं हो सके थे) ने महाधिवक्ता के दावों का विरोध किया और कहा कि संसद का अगला सत्र ठीक एक सप्ताह बाद 21 जुलाई से शुरू होना है। इसलिए हम इसकी सुनवाई और निर्णय इसके पहले चाहते हैं।

मुख्य न्यायाधीश श्री भट्ट हमारे तर्कों से सहमत प्रतीत हुए। उन्होंने महाधिवक्ता को कहा कि इंग्लैंड में हैबियस कॉर्पस की तमाम याचिकाएँ बयालीस घंटे के अंदर निपटा दी जाती हैं। जहाँ तक प्रति हलफनामा दायर करने का सवाल है, इसमें इतना समय क्यों लगना चाहिए, उन्हें इसका कोई कारण नहीं दिख रहा था।

याचिकाकर्ताओं की गिरफ्तारी के समय अधिकारियों के पास तमाम संबंधित तथ्य होने चाहिए। बिना नाम लिए उन्होंने कहा कि 'जब अपील के लिए सभी कागजात चौबीस घंटे के अंदर तैयार और मुद्रित किए जा सकते हैं तो इसके जवाब में क्या कठिनाई है?' स्पष्ट था कि उनका यह हवाला श्रीमती इंदिरा गाँधी के चुनाव केस की अपील के बारे में था।

श्री बायरा रेड्डी ने संकेत पकड़ा और कहा, 'वह प्रधानमंत्री की बात है, मैं यह नहीं कर सकता।' मुख्य न्यायाधीश ने कहा कि आपको बुधवार तक यह कर लेना चाहिए। सुनवाई बृहस्पतिवार को हो जाएगी, ताकि संसद के आगामी सत्र के चालू होने से पहले मामले को निपटाया जा सके। श्री बायरा रेड्डी ने कहा कि 'संसद की बैठक तो वैसे भी होगी ही।' इस पर मुख्य न्यायाधीश ने कहा, 'संसद का विपक्षी दलों के बिना क्या मतलब होता है?'

कटु टिप्पणी की प्रतिक्रिया में महाधिवक्ता ने कहा कि 'महामान्य, मैं तो इन राजनीतिक दलों के बारे में तनिक भी अनुरक्त नहीं हूँ।'

मुख्य न्यायाधीश ने उसी तेवर में कहा, 'आप नहीं होंगे, पर क्या हम लोग संसदीय प्रजातंत्र की प्रणाली के देश में, जो वेस्टमिनिस्टर ढाँचे पर चलती है, नहीं रह रहे हैं?'

इस पर महाधिवक्ता ने सोच-समझकर चुप्पी लगा ली। याचिका को सुनवाई के लिए स्वीकार कर लिया। 17 जुलाई को 10.30 बजे सुनवाई तय कर दी गई। वादियों को कानूनी सहायता देने के तथा कानूनी पालन करने के आदेश जारी कर दिए गए। प्रतिवादियों के लिए सशर्त आदेश जारी कर दिए गए।

प्राथमिक सुनवाई के समय अटलजी की ओर से बंगलौर के वरिष्ठ वकील श्री रामा जोइस पेश हुए थे। यह पहले नगर जनसंघ के मंत्री भी थे। जैसा कि उल्लेख किया जा चुका है, हम लोगों ने अपने मामले में व्यक्तिगत रूप से खुद बहस करने की इजाजत माँगी थी। हमने अपनी इस याचिका में लिखा था। फिर भी मुख्य न्यायाधीश इस बात पर जोर देते रहे कि हमें कानूनी सलाहकार रख लेना चाहिए। उन्होंने कहा कि बाकी कारणों के अलावा यह भी एक मुद्दा है कि 'अपने मामले की पैरवी व्यक्ति खुद न करे, क्या यह बेहतर नहीं रहेगा?'

हम लोगों ने कहा कि 'हम अपनी नहीं, लोकतंत्र की लड़ाई लड़ रहे हैं।'

मुख्य न्यायाधीश ने कहा, 'मैं इसका निर्णय आप पर ही छोड़ता हूँ।'

उसी रात हमने फैसला किया कि हम बहस नहीं करेंगे। हमारे वकील जब कानूनी मुद्दों पर बहस कर चुकेंगे तो आवश्यकतानुसार अपने राजनीतिक बदनीयती के आरोपों से संबंधित मुद्दों पर पूरक बहस करेंगे। न्यायालय जाने का मुझे व्यक्तिगत लाभ हुआ। मैं अपने परिवार से वहाँ मिल सका। मेरी पत्नी कमला और बच्चे जयंत व प्रतिभा ने गृह सचिव से जेल में मुझसे मिलने की अनुमति प्राप्त कर ली थी। लेकिन याचिका की सुनवाई की जानकारी मिलने से वे न्यायालय में ही आ गए थे।

न्यायालय के बाद औपचारिक मुलाकात के लिए वे जेल आए। मुझे यह अनुभव करके प्रसन्नता हुई कि घटनाओं से कमला घबराई नहीं और मेरी नज़रबंदी से होने वाली परेशानियों के लिए उसने अपने को मानसिक रूप से तैयार कर लिया।

बुधवार, 16 जुलाई

प्राथमिक सुनवाई के बाद के दो दिन तेजी से गुजरे। हमारे मुकदमे के कानूनी पहलुओं की जानकारी देने के लिए हमारे वकीलों ने मोटी-मोटी विधि रिपोटे भेजीं। श्री रामा जोइस और सर्वोच्च न्यायालय के पूर्व न्यायाधीश श्री के॰एस॰ हेगड़े के पुत्र श्री एन॰ हेगड़े हमारे वकील हैं। हम तीनों इन रिपोर्टों को पढ़ते रहे।

मेरे परिवार ने मुझसे मिलने की अनुमति फिर माँगी। लेकिन अनुमति नहीं दी गई। इसलिए उन्होंने हैबियस कॉर्पस की याचिका के निपटारे तक बंगलौर में ही ठहरने का निश्चय किया। मुझे बताया गया कि गुप्तचर विभाग के लोग मेरे परिवार के स्थानीय पते की जानकारी के लिए जेल अधिकारियों की खुशामद करते रहे। शायद सरकार अतिथि को परेशान करना चाहती हो।

बृहस्पतिवार, 17 जुलाई

सुबह के 6 बजे होंगे। जेल उप-अधीक्षक श्री देसाई ने हमें जगाकर कहा, 'तैयार हो जाइए, आप सबको रिहा कर दिया गया है। अधीक्षक आते ही होंगे। वह पूरा ब्योरा बताएँगे।' श्री देसाई ने अपनी प्रसन्नता छिपाने की कोशिश नहीं की। कुछ ही समय में श्री छबलानी आए। वह मुसकरा रहे थे। उन्होंने बताया कि अटलजी सहित चारों को रिहा किया जाना है। यह समाचार चकित कम और भ्रमित ज्यादा कर रहा था। हम तीन संभावनाएँ देख पा रहे थे—

1. आसन्न संसद सत्र के कारण सभी सांसदों को रिहा किया जा रहा है।
2. हमें पुनः गिरफ्तार करने के लिए रिहा किया जा रहा है, क्योंकि पहले गिरफ्तारी आदेश में कई कानूनी त्रुटियाँ रह गई हैं।
3. भारत सरकार हैबियस कॉर्पस मुकदमे की प्राथमिक सुनवाई में प्रकट हुए कर्नाटक उच्च न्यायालय के रुख से चिंतित है और इसलिए हमें कर्नाटक उच्च न्यायालय की सीमा से बाहर दिल्ली में या कहीं और गिरफ्तार किया जाएगा।

हमने अपना सामान तैयार कर लिया और आराम से नाश्ता किया। जब तक श्याम बाबू ने अपना आसन और नित्यकर्म पूरा किया, 9 बज गए।

कृष्णप्पा, वेंकटराव और शंकरलाल नाम के कैदी हमारे वार्ड में सहायक के तौर पर डयूटी पर थे। वे हमसे काफी हिल-मिल गए थे। उन्होंने हमारे जेल की अवधि समाप्त होने पर प्रसन्नता प्रकट की। मैंने वैसे ही कह दिया—''कौन जानता है, हम जल्दी ही वापस आ जाएँ' और ठीक वैसा ही हुआ। हम लोगों ने श्री गोपीनाथ के निवास पर जाने का निर्णय किया। श्री देसाई ने टैक्सी मँगा ली। जैसे ही टैक्सी जेल के अहाते से निकली और बाईं तरफ मुड़ी, पुलिस रास्ता रोके खड़ी थी। पुलिस की गाड़ियाँ कतारबद्ध खड़ी थीं। हमें बाद में पता चला कि वे 6 बजे से वहाँ हमारी प्रतीक्षा में खड़े थे। वरिष्ठ पुलिस अफसर श्री नायक ने आगे बढ़कर कहा, 'मुझे खेद है, आप लोगों को फिर से गिरफ्तार करने का दु:खद कार्य मुझे करना पड़ रहा है।'

श्री नायक ने हमें पुलिस की कार में बैठने का निवेदन किया और टैक्सी को पीछे-पीछे थाने तक आने को कहा।

थाने में हमें गिरफ्तारी का नया आदेश दिया गया। केंद्रीय सरकार के गृह मंत्रालय के उपसचिव श्री ए॰जी॰ सेन के हस्ताक्षरों से आंसुका के तहत हमें गिरफ्तार किया गया था। हमें दिए गए एक अन्य दस्तावेज में कहा गया था कि 'आपातस्थिति को प्रभावी ढंग से लागू करने' के लिए हमारी गिरफ्तारी जरूरी थी। पहले की गिरफ्तारी रद्द करने और दोनों नए आदेशों पर 16 जुलाई की तारीख थी। इस तरह गिरफ्तारी का नया आदेश तब जारी किया गया था जब हम पहले ही गिरफ्तार थे। आंसुका की धारा 16अ के अंतर्गत हमें गिरफ्तारी का कारण बताना सरकार के लिए अनिवार्य नहीं था।

पंद्रह-बीस मिनट में औपचारिकताएँ पूरी कर ली गईं और हमें फिर जेल ले जाया गया। सामान पहुँचने के बाद 10.30 बजे हमें बताया गया कि उच्च न्यायालय में पेश होना है। उस दिन के पाखंडी नाटक का पहला दृश्य खत्म हुआ।

कर्नाटक उच्च न्यायालय के मुख्य न्यायाधीश का कक्ष खचाखच भरा था। दर्शक बरामदों और सीढ़ियों से सड़क तक भरे थे। भीड़ ने हमारे आने पर उत्साहपूर्ण स्वागत किया। किंतु न तो वे और न ही हमारे वकील जानते थे कि कर्नाटक सरकार के द्वारा 26 जून को की गई गिरफ्तारी का आदेश समाप्त किया जा चुका है और अब हम कर्नाटक में होते हुए भी भारत सरकार के मेहमान हैं। उच्च न्यायालय को हमारे बारे में बदली हुई स्थिति की जानकारी भारत के महान्यायवादी श्री निरेन डे ने दी। वह पिछली रात को बंगलौर आए थे। संभवत: गिरफ्तारी के पिछले आदेश के निरस्त करने और फिर गिरफ्तार करने के कागजात वह स्वयं लाए थे। जैसे ही सुनवाई प्रारंभ हुई, श्री निरेन डे खड़े हुए और कहने लगे कि उन्हें एक वक्तव्य देना है। श्री डे ने कहा कि 26 जून, 1975 के आदेश को भारत सरकार द्वारा रद्द कर दिया गया है। पुन: गिरफ्तारी का आदेश जारी किया गया है और उसका परिपालन किया जा चुका है। इसलिए कि न्यायालय के समक्ष विचाराधीन याचिका निष्फल हो गई है, उसे रद्द कर दिया जाना चाहिए।

श्री रामा जोइस और उनके बाद हम तीनों ने सरकारी रवैए के खिलाफ आपत्ति की। हमने कहा कि हमें बाद में हुए परिवर्तनों की पृष्ठभूमि में अपनी याचिका में संशोधन करने की अनुमति दी जाए। श्री जोइस ने कहा कि याचिका में आवेदकों ने नज़रबंदी को रद्द करने भर की अपील नहीं की है बल्कि आपातस्थिति की दोनों घोषणाओं के अवैध करार देने और आंसुका के संशोधन अध्यादेश को रद्द करने की

भी अपील की है। अगर रद्द किया गया है तो केवल पहले के प्रतिवादित नज़रबंदी आदेश को। दूसरे मुद्दे अभी ज्यों-के-त्यों पड़े हैं।

मुख्य न्यायाधीश ने कहा कि इस स्थिति में नई याचिका दायर करना उचित होगा। जब उन्हें बताया गया कि नज़रबंद नेताओं को कानूनी सहायता प्राप्त करने में कठिनाई होती है तो उन्होंने कहा कि आवश्यक आदेश जारी किए जाएँगे। उन्होंने महान्यायवादी की तरफ मुखातिब होकर कहा कि आवश्यक कानूनी सहायता प्राप्त होने देने में कोई आपत्ति नहीं होगी। महान्यायवादी ने कहा, उन्हें कोई आपत्ति नहीं है। इसके बाद मुख्य न्यायाधीश ने पहले वाली याचिका रद्द कर दी और केन्द्रीय कारागार के अधीक्षक के नाम आदेश जारी किया कि इन बंदियों को नई याचिका दायर करने के लिए कानूनी सलाहकारों से मशविरा करने की सुविधा दी जाए। इसके साथ ही इस दिन के नाटक का दूसरा दृश्य पूरा हुआ।

न्यायालय से लौटने के बाद जेल अधीक्षक अपने कमरे में कुछ जेल अधिकारियों के साथ कॉफी पी रहे थे। बातचीत में जेल महानिदेशक श्री मलय्या ने कहा कि उन्हें हम चारों के बंगलौर से स्थानांतरित करने की संभावना प्रतीत होती है। 'मैं पक्के तौर पर नहीं कह सकता हूँ, लेकिन अधिकारियों ने मुझसे पूछा है कि क्या अटल जी का स्वास्थ्य स्थानांतरण के लिए उपयुक्त है? इससे मुझे लगता है कि स्थानांतरण होने वाला है।'

ऐसा लगता है कि महान्यायवादी हम लोगों का स्थानांतरण आदेश भी अपने साथ लाए थे और जब वह कह रहे थे कि उन्हें न्यायालय द्वारा बंगलौर के जेल अधीक्षक के नाम बंदियों को कानूनी सलाहकार से मशविरे की सुविधा देने के आदेश पर कोई आपत्ति नहीं है तो वह न्यायालय की मानहानि कर रहे थे और उसे अंधकार में रखकर भ्रमित कर रहे थे।

अटल जी की ओर से स्थानांतरण के संबंध में अगले दिन न्यायालय में दायर की गई याचिका में इस तथ्य को उठाया गया। कहा गया कि डॉक्टर उनके स्थानांतरण की अनुमति नहीं देंगे, इसलिए उनके स्थानांतरण आदेश का पालन नहीं किया जा सकता। जब आवेदन न्यायालय के समक्ष आया तो उसने इस दौरान हुई घटनाओं को बड़ी गंभीरता से लिया। न्यायालय ने सरकार को अटलजी के स्थानांतरण न करने का आदेश दिया। दोपहर के भोजन के समय तक स्थानांतरण का आदेश आ गया। उसमें कहा गया कि हमारा तबादला रोहतक कर दिया गया है और यह भी कि यहाँ से हवाई जहाज से ले जाया जाएगा।

वायुसेना के विमान से हम तीनों को दिल्ली ले जाया गया। हमारे साथ जेल

अधीक्षक छबलानीजी, जेल के डॉक्टर सदाशिव रेड्डी और सहायक पुलिस आयुक्त श्री नायक भी थे। 4.30 बजे हवाई अड्डे से यान उड़ा। मौसम अच्छा नहीं था और डकोटा की उड़ान काफी झटकेदार थी। चाय के लिए हम हैदराबाद रुके। हैदराबाद के वायुसेना केन्द्र से हमें रात्रि का भोजन साथ दे दिया गया। रास्ते में हमने भोजन किया।

रात को 11.30 बजे हमारा यान पालम के टेक्निकल एरिया में उतरा। बरसात से पट्टी गीली थी। हल्की फुहार भी पड़ रही थी।

कर्नाटक सरकार की विदाई की तुलना में केंद्रीय सरकार का दिल्ली में स्वागत बिल्कुल विपरीत था। दिल्ली प्रशासन के एक थानेदार को पालम पर यह कहकर भेजा गया था कि तीन कैदी आ रहे हैं, उन्हें रोहतक पहुँचाना है। बाद में थानेदार इंदरजीत सिंह ने बताया कि उसे तनिक भी अंदाजा नहीं था कि कैदी कौन हैं और किस दरजे के हैं। वह सोच रहा था कि तस्करी के आरोप वाले कैदी होंगे।

जैसे ही हम उतरे वैसे ही वह अफसर बढ़कर मजाकिया ढंग से पूछने लगा, 'कौन-कौन आए हैं?' जब वह करीब आया तो अपनी आवाज़ में फर्क करते हुए बोला, 'आडवाणी साहब को जानता हूँ और कौन-कौन आए हैं?' मैंने श्याम बाबू और दंडवते जी का परिचय कराया। उसने हमें अपने साथ लाए टूटे-फूटे ट्रक में बैठने को कहा। मैंने पूछा कि हमें रोहतक आज रात को ही जाना है या कल? उसने कहा, 'मैं नहीं जानता। पहले पालम पुलिस स्टेशन पर चलना है और वहाँ हमें आगे के निर्देश मिलेंगे। ट्रक में बैठ जाइए।' कर्नाटक के सभ्य और उचित व्यवहार के विपरीत यहाँ, दिल्ली में, अधिकारियों का बर्ताव लापरवाहीपूर्ण और अशिष्ट था। कर्नाटक के अधिकारियों सहित हम सबने यह अनुभव किया। श्याम बाबू तो विशेष रूप से कुपित थे। उन्होंने अपनी प्रतिक्रिया स्पष्ट रूप से थानेदार को झिड़कते हुए प्रकट कर दी, 'हम आज रात नहीं जा सकते। हमारा स्वास्थ्य इसके लिए उपयुक्त नहीं है।' कुछ रुककर उन्होंने कहा, 'तुम दूसरे वाहन का प्रबंध करो, हम इस ट्रक में नहीं जाएँगे। हम अपराधी कैदी नहीं, राजनीतिक बंदी हैं।' इस अंतिम वाक्य को दंडवते जी बाद में मजाक में प्राय: दोहराते रहे।

इंदरजीत न तो हमसे उलझना चाहता था और न ही अपने अधिकारियों से निकम्मा ठहराया जाना। लेकिन इस उलझन से बचने का उसका तरीका सीधा नहीं था। अगर पालम पुलिस थाने ले जाने का उसका कोई इरादा पहले था तो श्याम बाबू की मुद्रा को देखकर उसने बदल डाला। बिना हमें बताए उसने ड्राइवर को सीधे रोहतक ले चलने को कह दिया। लेकिन बाद में वह क्षमा-याचना की मुद्रा में सफाई

देता रहा कि यदि हम पालम जाते तो वैकल्पिक व्यवस्था में आप सबकी रात की नींद बेकार हो जाती।

हममें से कोई भी रोहतक का जानकार नहीं था। इसलिए उसे अनेक स्थानों पर रोहतक जेल का पता पूछना पड़ा। सारे रास्ते हलकी बरसात होती रही थी। सुनसान रात। सड़कें उजाड़। रोहतक हम सुबह के 2 बजे पहुँचे।

रोहतक के जेल अधिकारी से हमारी पहली मुलाकात बड़ी दु:खद रही। जेल के उप-अधीक्षक श्री सैनी ने एक कैदी वार्डर को हमारे सामान की तलाशी लेने को कहा। कैसी विस्मयकारी तलाशी थी वह। वह हमारे कपड़ों और किताबों को झाड़-झाड़कर देखने और ढेर लगाने से ही संतुष्ट नहीं हुआ, उसने हमारी चप्पलों की एड़ी, पंजों तक को किन्हीं छिपे कागजों के लिए छान मारा। श्याम बाबू झटकेदार यात्रा और नींद खराब होने से पहले ही कुपित थे, जेल उप-अधीक्षक के इस व्यवहार से उस पर भड़क उठे। दंडवते जी ने एक मजाक किया। उन्होंने कहा, 'श्रीमती इंदिरा गाँधी ने आत्मनिरीक्षण (सोल सर्विंग) के लिए कहा है। लेकिन वह SOUL (आत्मा) है, न कि SOLE (जूते का तल्ला)।

करीब 3 बजे हम बैरक में पहुँचे। वहाँ श्री बीजू पटनायक और अन्य लोग थे। वहाँ हम अगले दस हफ्तों तक रहे। इन मित्रों को यह तो पता था कि तीन-चार लोग इस जेल में लाए जा रहे हैं, पर यह नहीं जानते थे कि वे किस जेल से लाए जा रहे हैं या कि बिल्कुल नई गिरफ्तारियाँ हैं। इस तरह 17 जुलाई के नाटक का तीसरा दृश्य समाप्त हुआ।

शुक्रवार, 18 जुलाई—रोहतक

रोहतक में मित्रों और साथियों का मिलना आनंददायक था। श्री जयप्रकाश नारायण और श्री मोरारजी भाई को छोड़कर दिल्ली में पहली रात पकड़े गए तमाम नेताओं को रोहतक जेल में ही रखा गया था। चौधरी चरणसिंह अस्वस्थ थे, इसलिए उन्हें दिल्ली के तिहाड़ जेल में स्थानांतरित कर दिया गया था। जयप्रकाश जी और मोरारजी को सोहना ले जाया फया था। बाद में जयप्रकाश जी को सोहना से इलाज के लिए चंडीगढ़ ले जाया गया।

रोहतक जेल में रखे गए लोगों में से भी कइयों को हमारे आने के दो-तीन दिन पहले स्थानांतरित कर दिया गया था। श्री चन्द्रशेखर को पटियाला जेल, श्री के०आर० मलकानी को हिसार जेल, हरियाणा के नेताओं—श्री देवीलाल, श्री मंगल सेन, श्री मुख्तियार सिंह आदि—को अंबाला या महेन्द्रगढ़ जेल और श्री राजनारायण को सर्वोच्च न्यायालय में चल रही याचिका के कारण दिल्ली जेल में स्थानांतरित कर दिया गया था।

लेकिन तमाम बड़ी पार्टियों के वरिष्ठ नेता अभी भी यहीं थे। संगठन कांग्रेस

के श्री अशोक मेहता और श्री सिकंदर बख्त, भारतीय लोकदल के बीजू पटनायक और पीलू मोदी, सोशलिस्ट पार्टी के श्री समर गुहा, कांग्रेस के श्री रामधन, जनसंघ के भाई महावीर, मार्क्सवादी पार्टी के मेजर जयपाल सिंह आदि थे। दिल्ली के सिख नेता बख्शी जगदेव सिंह भी थे। उन्होंने सौहार्दपूर्ण स्वभाव और दिल जीतने वाले व्यवहार से अपने को सबका प्रिय बना लिया था।

शनिवार, 19 जुलाई

साथियों के लिहाज से रोहतक जेल बंगलौर से स्पष्टतः बेहतर था। लेकिन सहूलियतों की दृष्टि से बंगलौर के मुकाबले बहुत सी कमियाँ थीं। बंगलौर में हम एक कमरे में दो थे। यहाँ एक शयनशाला सरीखे हॉल में सात लोग थे—सर्वश्री पटनायक, भाई महावीर, रामधन, जयपाल सिंह, बख्शी, दंडवते और मैं। छोटे हॉल में सर्वश्री अशोक मेहता, सिकंदर बख्त, पीलू मोदी और श्यामनंदन मिश्र थे। श्री समर गुहा ने एक छोटे से कमरे में रहना पसंद किया था, ताकि वह लिख सकें। वह अपने दिलचस्प विषय नेताजी के गायब हो जाने के बारे में लिख रहे थे।

मीसा बंदियों के लिए अलग-अलग राज्यों के अपने नियम लागू होते हैं। कर्नाटक में उन्हें दो वर्गों—'ए' और 'बी' में विभाजित किया जाता है। हमें 'ए' क्लास दिया गया था। 'ए' क्लास वालों को एक तख्त, एक मच्छरदानी, एक टेबल, एक कुर्सी और एक अलमारी मिलती है। 'बी' क्लास वालों को यह नहीं मिलती। भोजन में भी फर्क होता है। 'बी' क्लास बंदियों के भोजन का व्यय दस पैसा प्रति भोजन ज्यादा होता है। 'ए' क्लास वालों के लिए प्रतिदिन भोजन का व्यय छह रुपये सत्ताईस पैसे (शाकाहारी) और आठ रुपये दस पैसे (मांसाहारी) निर्धारित है।

एक हफ्ते पहले मीसा बंदियों के लिए परिवारजन से मिलने की अनुमति बिलकुल बंद कर दी गई है। इससे पहले बंदियों के रिश्तेदार समय-समय पर जेल में मिलने आ सकते थे। केन्द्र के निर्देश पर इन नियमों का पालन हर राज्य में हो रहा है।

हरियाणा में मीसा बंदियों का कोई वर्गीकरण नहीं है। सभी एक ही श्रेणी में हैं। सबको तख्त, कुर्सी, टेबल आदि उपलब्ध कराया जाता है। पर हमारे मामले में यह संभव नहीं था, क्योंकि इस कमरे में इतनी जगह नहीं थी। लेकिन भोजन आदि सामग्री देने की बजाय हर बंदी को चार रुपये और ऊपर के खर्चे के लिए एक रुपया प्रतिदिन दिया जाता था। कर्नाटक के मुकाबले यहाँ का भोजन निश्चय ही निम्न स्तर का था। इसके बावजूद श्री सिकंदर बख्त की देख-रेख में भोजन व्यवस्था आश्चर्यजनक

रूप से बढ़िया थी। कुछ अस्वस्थ लोग जेल डॉक्टर श्री सेनगुप्ता से पौष्टिक आहार की जरूरत लिखवाकर दूध और दही भी प्राप्त करते थे। कुछ लोग अनुमति प्राप्त कर टिन बंद वस्तुओं को बाहर से मँगाकर अपने भोजन की जरूरत को पूरा करते थे।

रोहतक जेल में मीसा बंदियों के अलावा भारत रक्षा अधिनियम के तहत कोई एक सौ से ज्यादा लोग बंदी थे। हम लोगों के आने से पहले मीसा बंदी अन्य राजनीतिक बंदियों से मिल सकते थे। लेकिन कुछ दिनों से अलग-अलग रखने के नियम को कड़ाई से लागू किया जा रहा है। बैरक एक पार्क के दो किनारों पर बना है। टहलते हुए भी दोनों को अलग-अलग ही रहना होता था। हम लोग अपनी तरफ वाले रास्ते पर और वे अपनी तरफ वाले रास्ते पर। चारों तरफ घूमने से भी नहीं मिल सकते थे। शायद सोचा जाता हो कि मिलने से कोई षड्यंत्र किया जाएगा।

संसद का मानसून सत्र

21 जुलाई, 1975 को संसद का मानसून अधिवेशन आरम्भ हुआ। यह संसदीय इतिहास का एक अनोखा दिन था। इस दिन केवल मंत्री ही संसद में बोले उनका विरोध करने वाला कोई नहीं था। प्रश्नोत्तर काल नदारद था। केवल सरकारी कामकाज हुआ। प्रेस का विरोधी स्वर भी आपातकाल में पूरी तरह कुचल दिया गया था। सत्र के पहले सप्ताह में कम्युनिस्ट पार्टी को छोड़कर लगभग तमाम विरोधी सदस्यों ने सदन से बहिर्गमन किया।

संसद ने आपातस्थिति लागू करने पर अपनी स्वीकृति दी। इसके अलावा मीसा में संशोधन किया, जिसके अनुसार किसी को गिरफ्तार करने पर संवैधानिक जरूरत के रूप में उसका कारण बताना जरूरी नहीं होगा। उनके मामले को किसी सलाहकार मंडल में विचारार्थ भेजना आवश्यक नहीं होगा। मीसा में एक अन्य संशोधन करके किसी भी सामान्य या प्राकृतिक नियम का हवाला देकर रिहाई प्राप्त करने का अधिकार भी समाप्त कर दिया गया। लोकसभा ने इसे पास कर दिया। राज्यसभा इसे अगले हफ्ते पास करेगी।

विपक्ष की अनुपस्थिति में 39वाँ संविधान संशोधन विधेयक लाया गया। इस विधेयक में आपातस्थिति की घोषणा को न्यायालय के दायरे से बाहर करके न्यायिकता करार दिया गया। यह विधेयक जब अधिनियम बना तो 38वाँ संशोधन हो गया। इसमें राष्ट्रपति के कारणों से 'संतुष्ट' हो जाने पर न्यायालय में चुनौती नहीं दी जा सकती; चाहे यह धारा 352 के तहत आपातस्थिति लागू करने की स्थिति हो या

धारा 123 के तहत अध्यादेश जारी करने के अथवा धारा 356 के तहत राष्ट्रपति शासन लागू करने के। इसी तरह राज्यपालों के अध्यादेश जारी करने के अधिकारों को भी न्यायिकेतर बना दिया गया।

रोहतक जेल में पत्नी और बच्चों से पहली मुलाकात

श्री आडवाणी की पत्नी श्रीमती कमला आडवाणी को मिलने की अनुमति प्राप्त करने में काफी कठिनाई उठानी पड़ी। संशोधित नियमों में कहा गया कि परिवार के केवल दो सदस्यों को मिलने की अनुमति दी जा सकेगी। इसलिए कमला जी के साथ या तो साढ़े नौ साल का जयंत आ सकता था अथवा आठ साल की प्रतिभा आ सकती थी। श्री आडवाणी के एक मित्र सांसद के जरिये इस समस्या का निपटारा करने के लिए एक मंत्री को हस्तक्षेप करने को कहा गया। लेकिन आश्चर्य। मंत्री ने अपनी असमर्थता प्रकट की। किंतु स्थानीय अधिकारी ज्यादा समझदार थे। फलत: माँ के साथ दोनों बच्चे मिल सके। श्रीमती कमला ने बताया कि अटलजी को अखिल भारतीय आयुर्विज्ञान महाविद्यालय, दिल्ली ले जाया गया है।

कैद में स्वतंत्रता दिवस

देश की स्वतंत्रता और राष्ट्रहित के लिए संघर्ष करने वाले ही आज क़ैद में थे और अपनी आज़ादी के लिए संघर्ष कर रहे थे। 15 अगस्त, 1975 के दिन का वर्णन श्री आडवाणी के शब्दों में :

"बंदियों के उपयोग के लिए रोहतक जेल में एक टेलीविजन सेट है। हमारे छोटे वाले कमरे के पास स्थित कैंटीन में यह रखा है। सुबह ही हम सब स्वतंत्रता दिवस के झंडारोहण समारोह में श्रीमती इंदिरा गाँधी का प्रदर्शन देखने कैंटीन में एकत्र हो गए। आपातकाल की घोषणा के बाद श्रीमती गाँधी की यह पहली सार्वजनिक सभा थी। पिछले पखवाड़े के उनके भाषण साधारणतया जयप्रकाश और विपक्षी दलों के प्रति, मुख्यतया जनसंघ और राष्ट्रीय स्वयंसेवक संघ के प्रति, कटुता भरे रहे। पिछली रात आकाशवाणी से उनका टेप किया हुआ भाषण प्रसारित हुआ था। यह भाषण उन्होंने विज्ञान भवन में आयोजित कैथोलिक ईसाइयों के सम्मेलन में दिया था। उन्होंने इसमें जयप्रकाश नारायण और राष्ट्रीय स्वयंसेवक संघ पर प्रहार किया। उन्होंने कहा कि श्री जयप्रकाश नारायण गाँधीवादी नहीं हैं और ईसाई श्रोताओं को बताया कि राष्ट्रीय स्वयंसेवक संघ अल्पसंख्यकों को खत्म कर देना चाहता है।

हमें उन्हें उसी कटु आलोचक मुद्रा में देखने की आशा थी। पर प्रसन्नता की बात रही कि हम निराश हुए। लाल किले के परकोटे से दिया गया उनका भाषण

काफी नरम था। हालाँकि शुरू में ही विपक्षी दलों पर प्रहार था और श्रीमती गाँधी को अपनी मुद्रा क्रुद्ध बनाने में प्रयास करना पड़ा। लेकिन उनकी उत्तेजित मुद्रा किसी को प्रभावित नहीं कर सकी। जब श्रीमती गाँधी ने विपक्षी नेताओं द्वारा तिरंगे झंडे को चिथड़े की तरह अपमान करने का हवाला दिया तब उनके दिमाग में क्या था, इस बारे में श्रोताओं को कुछ पल्ले नहीं पड़ा। हम लोग, जो सभी प्रतिपक्षी दलों के प्रतिनिधि थे, एक-दूसरे से पूछते रहे कि कौन नेता है जिसने तिरंगे का अपमान किया? अंततः श्री दंडवते ने एक स्पष्टीकरण दिया। उन्होंने कहा कि दलित पैंथर के एक सदस्य ने इस तरह की एक टिप्पणी की थी। यह दलित पैंथर रिपब्लिकन पार्टी, महाराष्ट्र का एक टूटा हुआ अंग है। श्री दंडवते ने बताया कि जहाँ तक मुझे याद है, वह व्यक्ति दलित पैंथर के कम्युनिस्ट पार्टी के पक्ष का व्यक्ति था। साथ ही वह प्रबल इंदिरा-समर्थक था। यह चकित कर देने वाला है कि प्रधानमंत्री ने इसका इस्तेमाल उपयुक्त समझा, जिसका संबंध विपक्ष से या उसके किसी व्यक्ति से नहीं था। हम इस असत्य का खंडन तक नहीं कर सकते। हो सकता है, कभी यह सत्य ही समझा जाने लगे। यह राष्ट्र के नाम प्रधानमंत्री का औपचारिक और आपातस्थिति की घोषणा के बाद प्रथम महत्त्वपूर्ण भाषण था।

लेकिन फिर भी श्रीमती इंदिरा गाँधी के इस प्रारंभिक उत्तेजनाजनक अंश के अलावा उनका भाषण आश्चर्यजनक रूप से नरम था। जब हम लोग टेलीविजन देखकर बाहर निकले तो श्री अशोक मेहता ने टिप्पणी की कि वह आखिर इतनी धीमी और शांत क्यों हैं? श्री मेहता के प्रश्न का उत्तर मिलने में ज्यादा विलंब नहीं हुआ। 8.40 पर मैंने वॉयस ऑफ अमेरिका लगाया। उसके करीब ही 8.30 बजे की समाचार बुलेटिन आ रही थी। इसलिए मैं सिर्फ शीर्षक सुन पाया। यह सुनकर मैं स्तंभित रह गया कि आज सुबह बँगलादेश में सैनिक राज्य विद्रोह हो गया और शेख मुजीबुर्रहमान की हत्या हो गई। सेना ने सत्ता सँभाल ली। नाश्ते पर मैंने यह समाचार अशोक मेहता और अन्य मित्रों को बताया। वे सब मेरी तरह ही स्तंभित थे। इस पर विश्वास नहीं कर रहे थे। सबने एक साथ पूछा, 'क्या मुझे पक्का यकीन है कि समाचार में यह कहा गया था?' उनका संदेह वाजिब था।

चार दिन पहले एक दिलचस्प घटना घटी थी। शास्त्रीय संगीत सुनने के शौकीन श्री मधु दंडवते रेडियो सुन रहे थे। बीच में उन्होंने सुना कि मंत्रिमंडल के आठ सदस्यों ने आर्थिक कार्यक्रमों में सरकार को मदद करने के लिए अपने पदों से त्यागपत्र दे दिया। रात के 11 बजे श्री दंडवते यह समाचार लेकर आए थे। हम लोग सोने की तैयारी कर रहे थे। इससे दो दिन पहले श्री घटाटे यह समाचार लाए थे कि मंत्रिमंडलीय परिवर्तन की अफवाहें नई दिल्ली में बड़ी गरम हैं। श्री दंडवते का यह समाचार इस पृष्ठभूमि में पूरी तरह पच गया। हम लोग आठ मंत्रियों के नामों के बारे

में अनुमान लगाने लगे। हमने पूछा, 'क्या आपको पक्का यकीन है कि आठ मंत्री नहीं, आठ कैबिनेट मंत्री बोला गया था?' उन्होंने बताया कि बोला तो कैबिनेट मंत्री ही गया था। बात भी ऐसी ही थी। लेकिन श्री दंडवते की गलती दूसरी थी। ये मंत्री भारत के नहीं, अर्जेंटीना के थे। यह पता तब लगा जब श्री अशोक मेहता ने अपनी आदत के विपरीत सुबह रेडियो खोला। इस पृष्ठभूमि में बँगलादेश के सैनिक राज्य विद्रोह की मेरी खबर के लिए भी स्वाभाविक रूप से समाचार के पुष्ट होने की इंतजारी की जा रही थी।

मैंने मीडियम वेव पर प्रादेशिक समाचार पर कान लगाया। मराठी समाचार में कहा गया कि शेख मुजीबुर्रहमान ने स्वतंत्रता दिवस के उपलक्ष्य में राष्ट्रपति के नाम संदेश भेजा है। तुरंत मैंने बी॰बी॰सी॰ और वॉयस ऑफ अमेरिका की बुलेटिनों को सुना। दोनों ने सुबह ढाका में घटी दर्दनाक घटनाओं का ब्योरा दिया था। समाचार में यह भी कहा गया था कि ढाका रेडियो ने श्री मुजीब के मारे जाने और सेना के शासन हस्तगत कर लेने के समाचारों की पुष्टि की है। इससे श्री मेहता की श्रीमती गाँधी की मनोदशा के बारे में उठाई गई शंका का समाधान हो गया जब वह लाल किले से भाषण देने आई थीं तो ढाका में हुई भयानक घटनाओं से अवगत थीं। लोकतंत्र में सत्ता के प्रति वाजिब या गैर-वाजिब आक्रामक रुख विभिन्न तरीकों से प्रकट होता है। व्यापक लोक-असंतोष के प्रकट होने के लिए लोकतंत्र में कई सुरक्षा वाल्व होते हैं। अगर इन्हें बंद किया जाता है तो विस्फोट का खतरा पैदा हो जाता है। पिछले साल शेख मुजीबुर्रहमान ने यही किया था। उन्होंने लोकतंत्र को उठाकर फेंक दिया, विरोधियों को जेल में डाल दिया, प्रेस को दबा दिया और बँगलादेश को एकदलीय राज्य बना डाला। शेख मुजीब ने वहाँ यह सब श्रीमती गाँधी की सहमति से किया था। कम-से-कम यह माना तो जाता ही है कि जिस समय वह लाल किले से भाषण दे रही थीं तो अपने द्वारा शेख को दी गई सलाह और उसकी स्मृति का दबाव उनके दिमाग पर पड़ रहा होगा। किसी सर्वाधिकारवादी सत्ता के समाज में समाचार माध्यम जिस ढंग से व्यवहार करते हैं उसी के अनुरूप आकाशवाणी ने बँगलादेश की विभीषका की खबर को दबाया। ढाका के सैनिक विद्रोह होने का समाचार दिया। इस समय भी उसने मुजीब की हत्या का समाचार नहीं दिया। इसने सिर्फ यह बताया था कि मुजीब के बारे में परस्पर विरोधी खबरें मिल रही हैं।

इसलिए हम दिन भर विदेशी स्टेशनों को बँगलादेश की घटनाओं का ब्योरा जानने के लिए सुनते रहे। स्वयं ढाका रेडियो ने तीनों सेनाओं के प्रमुखों, पुलिस के प्रमुख और अन्यों के लिए शासनाध्यक्ष श्री खोंडाकर मुश्ताक अहमद के प्रति आस्था के वक्तव्य प्रसारित किए। शाम 6 बजे आकाशवाणी ने शेख मुजीब की हत्या का समाचार पहली बार दिया। यह एक सपाट खबर थी। इसमें इस वीभत्स

घटना पर कोई शोक अथवा आघात तक व्यक्त नहीं किया गया था। प्रधानमंत्री या राष्ट्रपति के शोक-संदेश का उल्लेख भी इसमें नहीं था। इससे भी बदतर बात यह थी कि राष्ट्रपति भवन में शाम को होने वाली पार्टी भी यथावत हुई। बी०बी०सी० और वॉयस ऑफ अमेरिका ने मुजीब की स्मृति में शाम की एक विशेष बुलेटिन द्वारा शोकांजलि अर्पित की थी। पाकिस्तान की जेल से मुक्ति के बाद ढाका पहुँचाने पर हुए उनके भव्य स्वागत को भी बी०बी०सी० कार्यक्रम में याद किया गया था।''

रोहतक से वापस बंगलौर

श्री आडवाणी के मुकदमे की सुनवाई कर्नाटक उच्च न्यायालय में होनी थी अत: 22 सितम्बर, 1975 को उन्हें पुन: बंगलौर ले जाया गया। श्री आडवाणी के शब्दों में :

''हम रोहतक से सुबह 5.15 बजे रवाना हुए। हमारे बैरक में श्री रामधन सबसे पहले उठे। उन्होंने रसोई के मशक्कतियों को हमारे लिए चाय बनाने को उठाया। फिर हमें उठा दिया। जब तक हम तैयार हुए, सब जाग गए थे। सब लोग जेल के दरवाजे तक हमें हार्दिक विदाई देने आए। जेल अधीक्षक, उनके सहायक और अन्य अधिकारी भी हमें विदा करने को खड़े थे। जहाँ तक कायदे की सीमा थी, वे सब हमारा लिहाज करते रहे थे।

श्री जेटली इस बार बिलकुल नई स्टेशन वैगन लेकर आए थे। हमें उस खटारा ट्रक की याद आई, जिसमें हम लाए गए थे। हम करीब 6 बजे पालम पहुँचे। इस बार हमें वायुसेना के यान से नहीं, सीमा सुरक्षा बल के यान से जाना था। इसलिए वायु सेना द्वारा नियंत्रित टेक्निकल एरिया के बजाय हम नागरिक हवाई अड्डे पर गए। वैसे ही हमारे मन में यह इच्छा पैदा हुई कि हमें आज व्यापारिक उड़ान से ले जाया जाता। लेकिन हम भूल गए थे कि हम खतरनाक लोग हैं और राष्ट्रीय सुरक्षा के लिए संकट है। हमारा डकोटा यान सुबह 8.15 बजे उड़ा। दोपहर 1 बजे हम हैदराबाद पहुँचे और हवाई अड्डे के कैफे में हमने दोपहर का भोजन किया। वहाँ से 2.30 बजे रवाना हुए और 4.30 बजे बंगलौर पहुँच गए। हमारे वकील श्री रामा जोइस जेल के दरवाजे पर हमारी प्रतीक्षा कर रहे थे। जेल अधीक्षक और उप-अधीक्षक को भी सूचना मिल चुकी थी। वे भी वहीं थे। श्री रामा जोइस ने सरकार की ओर से पेश किए 28 पेजी प्रति हलफनामे की प्रति दी। उन्होंने बताया कि वे अगले दिन संबद्ध मामलों पर विचार करने के लिए मिलेंगे।

इस बार हमें 'ए' क्लास बंदियों के लिए बनाए गए विशेष वार्ड में रखा गया। वहाँ पहुँचने पर पता चला कि वहाँ हमारे प्रिय साथी पहले ही मौजूद थे। प्रदेश

जनसंघ के अध्यक्ष और विधायक श्री मल्लिकार्जुनैया और विधान परिषद् में जनसंघ दल के नेता श्री सुब्बैया वहाँ थे। श्री रामा जोइस मिले। हम लोगों ने सरकार द्वारा दायर प्रति हलफनामे पर विचार किया। इसके जवाबी वक्तव्य के मुद्दों पर भी विचार-विमर्श किया। श्री जोइस ने मेरे उस पत्र का हवाला दिया था जिसमें याचिका के मसौदे में जयप्रकाश जी की सेना व पुलिस की टिप्पणी में बदल करने का मैंने सुझाव दिया था। हम लोग जब रोहतक में थे तब यह मसौदा श्री जोइस ने बंगलौर में बनाया था। वैसे यह बहुत बढ़िया दस्तावेज था, पर यह जयप्रकाश जी के द्वारा सेना व पुलिस को अवैध आदेश न मानने की सलाह पर अनावश्यक रूप से नरम हो गया था। जयप्रकाश जी के आह्वान में नैतिक या कानूनी रूप में कोई भी गलती नहीं थी। इसलिए हमारे जवाब में इस मुद्दे को स्पष्ट किया जाना चाहिए। इसका हवाला देना चाहिए कि अंतर्राष्ट्रीय कानून में भी सैनिक को अवैध आदेश की अवज्ञा करने का हक स्वीकार किया जाता है।''

बंगलौर जेल से अटल जी के नाम पत्र

केन्द्रीय कारागार
बंगलौर-9
18 अगस्त, 1976

प्रिय अटलजी,

नमस्कार।

6 अगस्त को लिखा आपका पत्र मुझे कल ही प्राप्त हुआ। लंबे समय बाद आपसे संवाद प्राप्त होना सचमुच सुखद अनुभव है। कमला मुझे आपका पहला पत्र देना भूल गई थी। मुझे संदेह है कि आपको पहले न लिख पाने से हम दोनों के बीच कोई गलतफहमी न उत्पन्न हो गई हो।

मैं आपके मुख्य विवादों से पूरी तरह सहमत हूँ। सर्वप्रथम तो यह कि जनवरी के बाद से हम सभी जो संघर्ष जारी रखे हुए हैं वह संघर्ष नहीं बल्कि संघर्ष की मुद्रा है और यह कि ऐसी किसी भी मुद्रा के अनुत्पादक होने की अधिक संभावना है। दूसरे यह कि संघर्ष के एक दौर और दूसरे के बीच कुछ अंतर होना चाहिए। और अंतत: यह कि यदि वर्तमान सत्तावादी व्यवस्था स्थापित हो जाती है तो संघर्ष के प्रारूप में कुछ परिवर्तन पर विचार करना होगा।

परंतु वर्तमान प्रकृति वाली किसी परिस्थिति में मेरा विचार है कि जेल के बाहर उपस्थित नेतृत्व ही रणनीति विषयक सर्वोत्तम निर्णय ले सकता है। कारागार

के अंदर उपस्थित लोगों के विचारों में व्यक्तिपरक होने की अधिक संभावना है।

नज़रबंदियों में लंबे समय तक कारावास के कारण दो परस्पर विरोधी मानसिक प्रवृत्तियाँ जन्म ले लेती हैं। कुछ लोगों में कारावास के कारण निराशा उत्पन्न होती है और वे किसी भी कीमत पर बाहर आने के लिए बैचेन हो उठते हैं, जबकि अन्य लोगों में कारावास एक कठोर और हठीली प्रवृत्ति उत्पन्न करता है—एक ऐसी प्रवृत्ति, जो अधिकारियों को यह बताती प्रतीत होती है : यदि रख सकते हो तो सारी जिंदगी यहाँ रख लो, किंतु हम अपने रवैए से टस-से-मस नहीं होंगे।

खुराना जी सरीखे अन्य नेताओं से प्राप्त पत्र भी इसी दूसरी मानसिकता को उजागर करते हैं। उन्होंने फरवरी में जे०पी० द्वारा प्रधानमंत्री को लिखे पत्र, जिसमें उन्होंने कुछ नज़रबंद नेताओं की रिहाई का सुझाव दिया था, ताकि वे उनसे मंत्रणा कर सकें, पर भी तीखी प्रतिक्रिया व्यक्त की थी। यहाँ पर भी श्याम बाबू पत्र को लेकर अप्रसन्न थे। मधुजी और स्वयं मुझे इस अप्रसन्नता में कुछ भी गलत नहीं दिखाई पड़ा।

इन घटनाओं का उल्लेख मैंने अपने तर्क को चित्रित करने के लिए किया है। मैंने हमेशा महसूस किया है कि आपातस्थिति में ढील के तीन प्रमुख पक्षों—प्रेस की स्वतंत्रता, राजनीतिक गतिविधियों की स्वतंत्रता और नज़रबंदियों की रिहाई, जिंनसे हमें संबद्ध होना चाहिए—में से रिहाई सबसे कम महत्वपूर्ण है। सरकार के दृष्टिकोण से भी नज़रबंदी सबसे कम महत्वपूर्ण है। अत: मेरा मानना है कि केवल बंदियों की रिहाई सुनिश्चित करने के लिए झुकना वांछित नहीं होगा। किंतु यदि झुकने से अन्य दोनों क्षेत्रों में ढील दिए जाने की कोई संभावना हो तो मैं पूरी तरह तैयार हूँ। अवश्य ही आपके सुझाव के अनुसार जनवरी-फरवरी में आंदोलन का औपचारिक समापन भी झुकना नहीं होगा। यह एक सामान्य कार्य ही होगा। अब इसमें पीछे हटने का पुट शामिल हो सकता है।

जे०पी० की रिहाई और मंत्रणा हेतु आपकी उपलब्धता के कारण कारागार में बंद हम सभी निश्चिंत थे कि जो भी निर्णय लिए जाएँगे वे आप सभी के मिले-जुले विचार-विमर्श का परिणाम होंगे। मुझे यही आभास था कि बाहर उपस्थित नेतृत्व आपके साथ बेहतर और व्यापक संपर्क में होगा। मेरे या कारावास भोग रहे अन्य लोगों से बाहर के नेतृत्व के संपर्क की संभावना क्षीण है।

किंतु जहाँ तक जनसंघ का संबंध है, व्यापक रणनीति और एक दल के मुद्दे पर आप कृपया यथायोग्य पहल करने में स्वतंत्र अनुभव करें। मुझे विश्वास है कि माधवरावजी और ठेंगड़ी जी तथा जेल के बाहर अन्य साथीगण भी आपसे यही

चाहते हैं। मैं उन्हें भी इस विषय पर अपने विचारों से अवगत करा रहा हूँ। केवल एक बात पर जोर दूँगा कि जो भी कदम उठाया जाए उसमें जे॰पी॰ जी को अवश्य शामिल किया जाए।

मुझे ज्ञात नहीं कि जे॰जे॰ सिंह की अंत्येष्टि पर दिल्ली आने पर जे॰पी॰ आपसे भेंट करने में समर्थ हो सके थे या नहीं।

श्री मधुजी इससे सहमत हैं। आपके पत्र के अंश मैंने उन्हें पढ़कर सुनाए थे तथा संघर्ष के मुद्दे पर आपके विचारों से उन्हें अवगत कराया था। उन्होंने इस बारे में श्री सुरेन्द्र मोहनजी को लिखा है। श्री हेगड़े ने भी श्री अशोक मेहता जी को लिखा है।

श्री दंडवते द्वारा अभी प्राप्त संसदीय बुलेटिन में कहा गया है कि 12 अगस्त को श्री पीलू मोदी को पैरोल पर रिहा कर दिया गया है। क्या वह आपकी भाँति घर पर ही नज़रबंद हैं? आशा है, उनका स्वास्थ्य ठीक होगा। यदि वे आपसे मिलने आते हैं तो उन्हें हमारी ओर से हार्दिक सम्मान प्रकट करिएगा।

सर्वदा आपका

लाल

खुशवंत सिंह के विचार

श्री आडवाणी को कैद में एक वर्ष से ऊपर हो गया था। 1976 को स्वतंत्रता दिवस के बाद प्रख्यात पत्रकार खुशवंत सिंह ने बड़ा चतुराई भरा संपादकीय लिखा था। श्री आडवाणी के शब्दों में :

''इलेस्ट्रेटेड वीकली जैसे घोर सहमतिवादी पत्र ने भी 'स्वतंत्रता दिवस पर स्वतंत्र विचार' शीर्षक से बड़े चतुराई भरे संपादकीय में राजनीतिक सामान्यता की वकालत की है।

इसमें संपादक खुशवंत सिंह ने बहुत आग्रहपूर्वक कहा है कि स्वतंत्रता की हर वर्षगाँठ उनमें एक आशा का संचार करती है कि इंदिरा गाँधी शांता क्लॉज बन जाएँगी और देश को ढेर सारा भेंट देंगी, राजनीतिक बंदियों को रिहा करेंगी। इस तरह के आशावाद को दूसरा बचपन बताते हुए खुशवंत सिंह कहते हैं कि उन्होंने सबसे पहले इसके चिह्न अक्टूबर 1975 में देखे। नेहरू के जन्मदिवस 14 नवंबर को यह आशावाद फिर जागा। 19 नवंबर को इंदिरा गाँधी के जन्मदिवस पर तो इस आशावाद ने बहुत जोर मारा।

'पिछले गणतंत्र दिवस की पूर्व संध्या के दिन तो मैं क्रिसमस के बिगड़े हुए छोकरे के समान था और इस 15 अगस्त को मैं पूरी तरह उत्सवी मुद्रा में था कि

इंदिरा गाँधी सौगातों से मुझे पाट देंगी।' लेकिन उनकी संभावनाएँ हर बार गलत साबित हुईं। वह कहते हैं, 'अपेक्षाओं के अनुमान में मैं गलत साबित हो सकता हूँ। लेकिन स्वतंत्रता दिवस पर मैंने बंबई में उससे बहुत कम उत्साह देखा जितना पिछले वर्षों में, यहाँ तक कि पिछले वर्ष भी देखता रहा हूँ। हो सकता है, यह मेरी अतृप्त अपेक्षाओं के कारण हो, जिन्हें मैंने अपने सीने में पाला है।'

बिलकुल अनावृत व्यंग्य में खुशवंत सिंह लिखते हैं, 'एक असाध्य आशावादी होने के कारण अब मैं बापू के जन्मदिवस पर, फिर नेहरू के, फिर इंदिरा गाँधी के जन्मदिवस और गणतंत्र दिवस पर टकटकी लगाकर देखूँगा।'

खुशवंतसिंह की दृष्टि बाहर के व्यक्ति की दृष्टि है। यहाँ जेल में मैं स्वयं नज़रबंदों के तनाव को लक्षित करता हूँ। जब कभी रिहाई की हवा उड़ती है तब वह तनाव कितना मुखर हो जाता है।

सोल्जेनित्सिन के 'कैंसर वार्ड' में राजनीतिक बंदियों की अनंत काल तक क्षमा-मुक्ति की ओर टकटकी लगाए देखते रहने का बड़ा हृदयस्पर्शी चित्र है।

इस अवसर पर उसे उद्धृत करना समीचीन रहेगा, 'एक कैदी अपने कारावास के पहले साल में जब कभी अपना सामान लेकर अपनी कोठरी से अधिकारियों द्वारा बुलाया जाता है तो सोचता है कि उसे मुक्त करने के लिए बुलाया जा रहा है। उसके लिए क्षमा-मुक्ति की हलकी सी फुसफुसाहट भी धर्मराज की उद्घोषचेता है। किंतु कोठरी से बुलवाकर भारी दस्तावेज पढ़कर सुनाया जाता है और उसे पहले वाली से ज्यादा अँधेरी और बासी हवा वाली कोठरी में बंद कर दिया जाता है। उसकी क्षमा-मुक्ति टलती जाती है—एक वर्षगाँठ से क्रांति की अगली वर्षगाँठ तक, क्रांति की वर्षगाँठ से सर्वोच्च सोवियत सत्र तक। तब उसकी आशा बुलबुले की तरह फूट जाती है और वह मिलती है तो चोरों, लुच्चों और भगोड़ों को, न कि जिन्होंने युद्ध लड़ा है या उसकी विभीषिका झेली है उनको।'

जनसंघ की रजत जयंती

जनसंघ के स्थापना की पच्चीसवीं वर्षगाँठ श्री आडवाणी ने जेल में ही मनाई। उन्हीं के शब्दों में :

"आज हम लोगों के लिए, जनसंघ के लिए, एक स्मरणीय दिन है। आज भारतीय जनसंघ ने अपने पच्चीस वर्ष पूरे किए, जिसकी स्थापना 21 अक्टूबर, 1951 को श्यामाप्रसाद मुखर्जी ने की थी। इस दरम्यान दल ने जो सफलता प्राप्त की है, हमें गर्व है।

तिहाड़ जेल से मदनलाल खुराना का एक पत्र आया है, जिसमें उन्होंने निकट भविष्य में सारी विरोधी पार्टियों के विलय की बात लिखी है और कहा है कि जनसंघ कार्यकर्ताओं को, जो कि इस दिशा में प्रयास करते रहे हैं, दु:ख नहीं बल्कि एक संतोष का अनुभव होना चाहिए। हमें वही खुशी होनी चाहिए जो कि एक हिन्दू परिवार में बेटी की शादी के अवसर पर होती है। खुराना ने लिखा है—'खुशी है, हमें जिम्मेदारियों से मुक्ति मिली; पर दु:ख है तो जुदाई का'।

अटल जी नहीं मिल सके

''मुझे बाहर से खबर मिली है कि अटल जी मुझसे मिलने बंगलौर आ रहे हैं। यह समाचार आश्चर्यजनक है, क्योंकि प्राय: परिवार के सदस्यों व कानूनी सलाहकारों के अलावा हमसे किसी को मिलने नहीं दिया जाता। दोपहर को जेल महानिरीक्षक ने भी इसे सत्यापित किया, हालाँकि उन्हें औपचारिक आदेश नहीं मिला है, लेकिन उन्होंने सुना है कि भारत सरकार ने अटल जी को मुझसे मिलने की अनुमति दे दी है।

अटल जी बंगलौर आ गए हैं; पर मेरे पास, जेल में, उनका सिर्फ एक पत्र आया है। पत्र में लिखा है कि बुधवार को जब वह दिल्ली से ट्रेन से चले थे तो उन्हें कहा गया था कि वह मुझसे मिल सकते हैं और भारत सरकार इस संबंध में आवश्यक निर्देश बंगलौर भेज रही थी। यहाँ पहुँचने पर उन्हें पता चला कि मुझसे मिलने की इजाजत उन्हें नहीं मिली है। अटल जी के अनुसार, यहाँ आते वक्त स्टेशनों पर लोगों की भारी भीड़ से सरकार शायद परेशान हो गई। बंगलौर स्टेशन पर भी अटल जी का भव्य स्वागत किया गया। मैंने अटल जी के पत्र का जिक्र अपने अन्य सहयोगियों से भी किया। रात में मैंने पत्र का जवाब लिखा और सुबह पोस्ट कर दिया।''

जन्मदिन की भेंट

''गृह मंत्रालय की ओर से चौमाही ज्ञापन आया है। इसमें कहा गया है कि आपातस्थिति को प्रभावी ढंग से लागू रखने के लिए लाल कृष्ण आडवाणी की नज़रबंदी जारी रखना आवश्यक है। मुझे उसकी एक प्रति पर प्राप्ति-स्वीकार लिखना था और एक प्रति अपने पास रखनी थी। मैंने उस पर प्राप्ति-स्वीकार यों लिखा—'ज्ञापन की प्रति मिली। ज्ञापन की 8 नवम्बर की तिथि संयोग से मेरा जन्मदिवस है। इसलिए मैं इसे जन्मदिन की भेंट मानता हूँ। धन्यवाद।'

रिहाई का दिन

ज़बरन थोपा गया आपातकाल और प्रजातंत्र को कुचलने की साजिश आखिर

कब तक चलती? अंततोगत्वा 18 जनवरी, 1977 को आडवाणी को रिहा कर दिया गया। उन्हीं के शब्दों में :

"दोपहर के करीब 1.30 बजे हैं। जेल अधीक्षक छाबला जी मेरे कमरे में आए। उन्होंने कहा कि नई दिल्ली से वायरलेस से संवाद आया है कि नज़रबंदी आदेश रद्द कर दिया गया है। उन्होंने कहा कि राज्य सरकार आपको शीघ्रातिशीघ्र छोड़ना चाहती है, करीब एक घंटे के अंदर। उन्होंने कहा कि राज्य सरकार जेल के दरवाजे पर भीड़ जमा होने देना नहीं चाहती। मैंने छाबला जी को कहा कि इतनी जल्दी जेल से निकल पाना मेरे लिए संभव नहीं होगा। मैं दूसरे वार्ड के अपने साथियों से मिलना चाहूँगा। इसमें समय लगेगा।

मैं कोई दो-तीन घंटे दूसरे वार्डों में लोगों से मिलता रहा। परंपरा के अनुसार विदाई का समारोह भी हुआ। रिहाई के ढंग से यह लगता है कि सरकार का इरादा संघ के गिरफ्तार लोगों को छोड़ने का नहीं है। जनसंघ के भी नेताओं व विधायकों को रिहा किया जा रहा है, जिससे सरकार को प्रचार का लाभ मिले। दल के प्रधान के नाते मैं अपराध-भाव से ग्रस्त हूँ कि मैं रिहा हो रहा हूँ और मेरे कनिष्ठ कार्यकर्ता अभी भी जेलों में बंद रहेंगे। घटनाक्रम में से उभरने वाली सरकारी नीति से यह लगता है कि उन्हें जल्दी रिहा नहीं किया जाएगा। (ऐसा ही हुआ भी। इनमें ज्यादातर चुनाव-परिणामों के बाद रिहा किए गए)।

जब 5.30 बजे मैं अपने कमरे में लौटा तो मेरी टेबल पर बड़ी तादाद में मेरे नाम आए पत्र पड़े थे। ये छह सौ से भी ज्यादा हैं। सबके सब विदेशों से आए हुए हैं। ज्यादातर एमनेस्टी इंटरनेशनल के सदस्यों या सहयोगियों द्वारा भेजे गए हैं। ज्यादातर क्रिसमस या नववर्ष के बधाई-पत्र हैं। पर उनमें एक-दो पंक्तियाँ भी लिखी हुई हैं। इनसे संघर्ष में जुटे सभी लोगों में शक्ति, साहस और विश्वास पैदा होता है। एक नमूना देखिए। यह हॉलैंड के एमस्टरडम से लॉरी हेंड्रीक का क्रिसमस बधाई-कार्ड है। वह लिखती हैं—

'स्वतंत्रता और आशा साथ-साथ नहीं चलतीं। वे आपकी स्वतंत्रता छीन सकते हैं, पर आशा नहीं।'

सही है, उन्होंने साठ करोड़ लोगों की स्वतंत्रता छीन ली; पर उनकी आशा को नष्ट न कर सके।

6 सूचना एवं प्रसारण मंत्री

अंततोगत्वा आपातकाल की अमावस्या छँट गई। यह 20 महीने लम्बी चली। बाद में इसके बारे में अटल जी ने लिखा :

"सेंसर और प्रजातंत्र के एकाधिकार द्वारा श्रीमती गाँधी जनता को विपक्ष से पूरी तरह से काट देना चाहती थीं, लेकिन हुआ ठीक इसका उलटा। उनके प्रचार-तंत्र की विश्वसनीयता खत्म-सी हो गई। भूमिगत साहित्य ने विपक्ष से जनता को जोड़े रखा। इसके विपरीत श्रीमती गाँधी जनता से बुरी तरह कट गईं। जन-मानस की मन:स्थिति की इसी स्थिति से गैर-जानकार रहने के कारण श्रीमती गाँधी चुनाव कराने का फैसला ले बैठीं और जब उन्होंने जन-मानस का बदला हुआ रूप देखा, तब तक देर हो चुकी थी। बहुत हद तक इसका श्रेय भूमिगत प्रचार-तंत्र को है।

भूमिगत प्रचार-तंत्र का एक विस्तार विदेशों में था। इसी के कारण सरकार का तानाशाही चरित्र विदेशों में छिप नहीं सका। विदेशों में रहने वाले लाखों भारतीयों, विदेशी बुद्धिजीवियों और-सोशलिस्ट इंटरनेशनल के नेताओं, जिन्होंने तानाशाही के विरुद्ध हमारे संघर्ष का नैतिक समर्थन किया, हम उनके आभारी हैं। इस संघर्ष में विदेशों में प्रचार-अभियान का, विशेष रूप से सर्वश्री सुब्रह्मण्यम स्वामी, जार्ज फर्नांडीज, राम जेठमलानी, सी०आर० ईरानी, केदारनाथ साहनी, मकरंद देसाई आदि का योगदान विशेष रूप से स्मरणीय है।

भूमिगत आंदोलन का संचालन लोक-संघर्ष समिति ने किया। इसमें मुख्य रूप से सर्वोदय संगठन, कांग्रेस, जनसंघ, लोकदल और सोशलिस्ट पार्टी के भूमिगत नेता और कार्यकर्ता थे, परंतु राष्ट्रीय स्वयंसेवक संघ के देशव्यापी संगठन और भरपूर सहयोग के बिना भूमिगत आंदोलन कदाचित् इतना प्रभावी नहीं हो पाता।

जिन परिवारों ने भूमिगत कार्यकर्ताओं को आश्रय दिया, जिन्होंने भूमिगत संगठन-तंत्र, प्रचार-व्यवस्था, संचार-तंत्र और साधन उपलब्ध कराने आदि में सहयोग दिया अर्थात् जिन्होंने बिना भूमिगत हुए भूमिगत गतिविधियों में हिस्सा लिया, वे भी गौरव के अधिकारी हैं।"

आपातकाल के बाद लोकनायक जयप्रकाश नारायण, मोरारजी देसाई व कुछ अन्य नेताओं ने आपसी विचार-विमर्श के बाद एक नया राजनीतिक दल बनाने का फैसला किया। इसका नाम 'जनता पार्टी' रखा गया और 20 जनवरी, 1977 को इसकी औपचारिक घोषणा कर दी गई। अटल जी भी इसके संस्थापक सदस्यों में से एक थे।

मार्च 1977 में लोकसभा के चुनाव हुए। इसमे कांग्रेस की शर्मनाक हार हुई। इंदिरा गाँधी भी बुरी तरह पराजित हुईं। अटल जी ने नई दिल्ली से चुनाव लड़ा और जीत हासिल की। केन्द्र में जनता पार्टी की सरकार बनी। मोरारजी देसाई इसके पहले प्रधानमंत्री बने। उन्होंने 24 मार्च, 1977 को पद की शपथ ग्रहण की। इस सरकार में अटल जी को विदेश मंत्री बनाया गया और आडवाणी को सूचना व प्रसारण मंत्री की कुर्सी मिली। आडवाणी नव गठित जनता पार्टी के महासचिव भी बनाए गए। उनके राजनीतिक दल भारतीय जनसंघ का भी जनता पार्टी में विलय कर दिया गया था।

मंत्री के रूप में कार्य

आपातकाल में मीडिया का गला घोंट दिया गया था। आडवाणी स्वयं एक पत्रकार रहे हैं। मीडिया के इस दर्द को वे बखूब समझते हैं। अत: सबसे पहले उन्होंने इसी दिशा में कार्य आरम्भ किए।

मीडिया की स्वतंत्रता

उन्होंने सबसे पहले मीडिया को अफ़सरशाही के चंगुल से मुक्त करवाया और भविष्य में प्रेस की स्वतंत्रता के लिए अनेक सुरक्षा उपाय किए। साथ ही मीडिया विरोधी सभी कानून वापस ले लिए।

जून 1979 में विधान सभाओं के चुनाव होने थे, आडवाणी ने चुनाव प्रसारण की एक योजना बनाई। इस योजना के तहत देश में पहली बार विपक्षी दलों को भी रेडियो और दूरदर्शन पर समान चुनाव प्रसारण का समय दिया गया।

श्री आडवाणी ने समाचार एजेंसियों को सरकारी नियंत्रण से मुक्त कर दिया। उन्होंने संसद में प्रसार भारती (भारतीय प्रसारण निगम) विधेयक प्रस्तुत किया। यह विधेयक दूरदर्शन और रेडियो को स्वायत्तता देने के बाबत था।

7 भारतीय जनता पार्टी का गठन

हाथों की हल्दी है पीली, पैरों की मेहँदी कुछ गीली
पलक झपकने से पहले ही सपना टूट गया।
दीप बुझाया रची दिवाली, लेकिन कटी न अमावस काली
व्यर्थ हुआ आवाहन स्वर्ण सवेरा रूठ गया,
सपना टूट गया।
नियति नटी की लीला न्यारी सब कुछ स्वाहा की तैयारी
अभी चला दो कदम कारवां साथी छूट गया,
सपना टूट गया।

अटल जी की इस कविता में—''दीप बुझाया रची दिवाली''—शब्दों पर गौर कीजिए। 'दीप' या 'दीपक' जनसंघ का चुनाव चिह्न था। इसका जनता पार्टी में विलय कर सरकार रूपी दीवाली की रचना की गई थी लेकिन कुछ ईर्ष्यालु और भयग्रस्त लोगों ने 'जनता पार्टी' में दरार पैदा कर दी। मोरार जी देसाई को प्रधानमंत्री पद से त्याग देना पड़ा। ये तथाकथित लोग विदेश मंत्री के रूप में अटल जी की बढ़ती लोकप्रियता और पार्टी में लाल कृष्ण आडवाणी के बढ़ते प्रभाव से खासे परेशान थे। वैसे भी 'जनता पार्टी' विभिन्न मतावलंबियों का एक बेमेल जमावड़ा था। अंततोगत्वा इसे टूटना ही था।

चौधरी चरण सिंह नए प्रधानमंत्री बने। कांग्रेस ने उस सरकार का समर्थन किया लेकिन आखिरकार बीच में उसने समर्थन वापस लेकर सरकार गिरा दी। दिसम्बर, 1979 में पुन: लोकसभा चुनाव हुए। अटल जी ने दिल्ली से चुनाव लड़े और जीते। कांग्रेस को बहुमत मिला और इंदिरा गाँधी पुन: प्रधानमंत्री निर्वाचित हुईं।

अटल जी, आडवाणी और जनसंघ के अन्य नेताओं ने पिछले प्रयोग से सबक लेकर अकेले चलने की नीति अपनाने का संकल्प किया और एक नया राजनीतिक दल गठित करने का विचार करने लगे। अंत में नए दल का नाम

'भारतीय जनता पार्टी' (बी०जे०पी०) रखने का निश्चय किया गया। 6 अप्रैल, 1980 को इसकी औपचारिक घोषणा कर दी गई। अटल जी को इसका अध्यक्ष बनाया गया। श्री आडवाणी इसके महासचिव नियुक्त हुए। दिसम्बर 1980 में भारतीय जनता पार्टी का पहला अधिवेशन मुम्बई में हुआ जिसकी अध्यक्षता करते हुए अटल जी ने इसके धर्म-निरपेक्ष स्वरूप पर प्रकाश डाला। उन्होंने कहा कि पार्टी डॉ० श्यामाप्रसाद मुखर्जी, पं० दीन दयाल उपाध्याय व अन्य नेतागण के सपनों को साकार कर सशक्त भारत के पुनर्निर्माण के कार्य में जुटी रहेगी। उनके सपनों के भारत में किसी भी नागरिक के साथ जाति, वर्ण या नस्ल के आधार पर भेदभाव नहीं होगा। सभी नागरिकों को समान अधिकार मिलेंगे।

इस अधिवेशन में शामिल हुए पूर्व केन्द्रीय विदेश मंत्री एम०सी० छागला ने कहा था—"मैं यहाँ एक पार्टी सदस्य अथवा प्रतिनिधि की भाँति नहीं बोल रहा हूँ। लेकिन फिर भी मुझे लगता है कि मैं आप में से ही एक हूँ। भाजपा एक राष्ट्रीय दल है। मैं आपके अनुशासन, ईमानदारी और समर्पण का प्रशंसक हूँ। मुझे विश्वास है कि अटल जी एक दिन देश के प्रधानमंत्री बनेंगे।"

यह बात काल के कपाल पर सत्य सिद्ध हुई।

खिला कमल

कमल हमारा राष्ट्रीय पुष्प है। विष्णु जी की नाभि से उत्पन्न कमल से ही ब्रह्माजी उत्पन्न हुए और उन्होंने सृष्टि रचना की। कमल को हमारे ग्रंथों में सत्, चित्त और आनन्द का प्रतीक कहा गया है। नाल के रूप में कमल सत् का, दलों के रूप में चित्त का और मकरंद के रूप में आनन्द का प्रतीक है। इन्हीं सब बातों को ध्यान में रखकर भारतीय जनता पार्टी ने 'कमल' को अपना चुनाव चिह्न घोषित किया।

जनसंघ से भाजपा तक की यात्रा का इतिहास

इतिहास से राष्ट्रों का दर्शन होता है और भारतीय इतिहास के बारे में संघ परिवार की बहुत स्पष्ट और बेबाक संकल्पना है। यह एक ऐसी महान सभ्यता थी, जिसकी कीर्ति श्रीलंका से जावा और जापान तक तथा तिब्बत एवं मंगोलिया से लेकर चीन और साइबेरिया तक फैली थी। जहाँ इसने हूणों और शकों तथा यूनानियों का मुकाबला किया, वहाँ तुर्कियों व इस्लामी आक्रमण के सामने यह कमजोर पड़ गई। लेकिन 1000 वर्षों के संघर्ष में इस देश में इतने खून-खराबे के बावजूद वह झुका नहीं। इस देश की सभ्यता विजयनगर साम्राज्य, और शिवाजी, राणा प्रताप,

गुरु गोविन्द सिंह तथा अनगिनत शूरवीरों और शहीदों के वीरतापूर्ण कारनामों से जीवित रही।

इसके बाद स्वामी दयानंद और स्वामी विवेकानन्द ने इस मशाल को अपने हाथ में ले लिया था और इसी शताब्दी में श्री अरविन्द, लोकमान्य तिलक, महात्मा गाँधी और अनेक महापुरुषों ने इस दिशा में उत्कृष्ट कार्य किया। 1925 में डॉ० हेडगेवार द्वारा संस्थापित तथा 1940 के बाद श्री गुरु जी द्वारा पुष्ट राष्ट्रीय स्वयंसेवक संघ इस साहसिक विरासत का उत्तराधिकारी बना। इसके मन में कभी मुस्लिम भारतीयों का विरोध नहीं रहा, उसका विरोध केवल मुस्लिम आक्रमणकारियों के प्रति रहा है। इस मामले में इसका दृष्टिकोण लगातार यही रहा—"सबके लिए न्याय, तुष्टिकरण किसी का नहीं।" परंतु मन में इस बारे में ज़रा संदेह नहीं रहा कि हम सब हिन्दू राष्ट्र के हैं तथा धर्म परिवर्तन का मतलब राष्ट्रीयता में परिवर्तन नहीं होता है। 1966 में राम मनोहर लोहिया ने कहा था—"मैं सावरकर की इस बात से सहमत हूँ कि भारत में रहने वाले सभी लोग हिन्दू हैं, चाहे उनका धर्म कुछ भी हो।" राष्ट्रीय स्वयंसेवक संघ गाँधी जी की इस विचारधारा से पूरी तरह सहमत है कि "हिन्दू धर्म में ईसा मसीह, मोहम्मद, जोरास्टर और मोजेज—सभी का समान स्थान है और भारत के अधिकांश मुस्लिम वे हैं जिन्होंने हालात की मजबूरी से हिन्दू धर्म को छोड़कर इस्लाम धर्म अपनाया है। बहुत से मामलों, महत्त्वपूर्ण बातों में आज वे हिन्दू हैं और एक स्वतंत्र, समृद्ध तथा प्रगतिशील भारत में अपने प्राचीन धर्म और जीवन शैली को पुन: ग्रहण करना अत्यंत स्वाभाविक ही माना जाएगा।"

अंग्रेजों की "बाँटो और राज करो" की नीति तथा राजनीतिज्ञों की समझौतावादी एवं अवसरवादी प्रवृत्ति के कारण देश को विभाजन की विभीषिका का मुँह देखना पड़ा। परंतु संघ परिवार को इसमें ज़रा भी संदेह नहीं है कि जल्दी ही हमारी प्राचीन सभ्यता के ऐक्य भावों, उसकी विभिन्न छटाओं और शक्तियों का प्रसार होगा। सरदार वल्लभ भाई पटेल और पं० मदन मोहन मालवीय, राजर्षि टंडन तथा डॉ० राधाकृष्णन और डॉ० अंबेडकर, डॉ० श्याम प्रसाद मुखर्जी और डॉ० भगवान दास एवं यहाँ तक कि तत्कालीन पंजाब के मुख्यमंत्री श्री सिकंदर हयात खान ने इस सच्चाई को समझा और राष्ट्रीय स्वयंसेवक संघ इस शताब्दी के तीसरे और चौथे दशक में चुपचाप राष्ट्र निर्माण का कार्य करता रहा। परंतु महात्मा गाँधी की हत्या के बाद और सरकार द्वारा इस राष्ट्रीय त्रासदी से किए गए राजनीतिक शोषण के कारण इसे गहरा धक्का लगा।

राष्ट्रीय स्वयंसेवक संघ तथा देश के लाखों लोग गाँधी जी की मुस्लिम नीति

को पसंद नहीं करते थे जिसकी शुरुआत खिलाफत आंदोलन आदि से हुई थी, परंतु वह महात्मा गाँधी के प्रति अधिकतम सम्मान रखता था। वस्तुत: गाँधी जी दिसंबर, 1934 में वर्धा में राष्ट्रीय स्वयंसेवक संघ के शीतकालीन कार्यकर्ता शिविर में आए थे और नई दिल्ली की सफाई कर्मियों की बस्ती में उन्होंने 1947 में राष्ट्रीय स्वयंसेवकों को संबोधित किया था। उन्होंने स्वयंसेवकों के "आदर्श भावों" और "अद्‌भुत अनुशासन" की गहन प्रशंसा की थी। उन्होंने राष्ट्रीय स्वयंसेवक संघ की आलोचना करते हुए कभी भी एक शब्द नहीं बोला। परंतु उनकी हत्या के बाद परम पूजनीय श्री गुरुजी सहित 17,000 स्वयंसेवकों को महात्मा गाँधी की हत्या के षड्‌यंत्र में गिरफ्तार कर लिया था और राष्ट्रीय स्वयंसेवक संघ पर प्रतिबंध लगा दिया गया था। इसके विरोध में 60,000 स्वयंसेवकों ने सत्याग्रह किया। परंतु इस दौरान एक भी विधायक या सांसद ने किसी विधानमंडल में यह मुद्दा नहीं उठाया। राष्ट्रीय स्वयंसेवक संघ के लिए यह मुद्दा सच्चाई का आंदोलन था।

1951 में श्री गुरु ने डॉ० श्यामा प्रसाद मुखर्जी के नेतृत्व में भारतीय जनसंघ की स्थापना पर इसे अपना आशीर्वाद दिया था और पहले ही आम चुनावों में भारतीय जनसंघ राष्ट्रीय स्तर पर मान्यता प्राप्त चार दलों से एक दल था। इसके बाद पार्टी ने कभी मुड़ कर नहीं देखा।

प्रथम दशक

प्रथम दशक में संगठनात्मक रूप से तथा वैचारिक रूप में नीति निर्माण के रूप में पार्टी का विकास निरंतर स्थिर रूप से होता गया। इसने कश्मीर, कच्छ और बेरूबाड़ी जैसे प्रादेशिक अखंडता के मुद्दों को लिया और इसी प्रक्रिया में कश्मीर की जेल में इसके संस्थापक डॉ० श्यामा प्रसाद मुखर्जी को शहीद होना पड़ा। संविधान के अनुच्छेद 48 और गाँधी जी की उस घोषणा के अनुसार गो संरक्षण की माँग की जिसमें कहा गया था कि "गो संरक्षण स्वराज्य" से भी अधिक महत्त्वपूर्ण है। ज़मींदारों और जागीरदारों का खुलकर विरोध किया। परमिट लाइसेंस-कोटा राज की आलोचना की और राष्ट्रीय रक्षा को मज़बूत करने के लिए परमाणु विकल्प की वकालत की।

1962 के चीन युद्ध और 1965 के पाकिस्तान युद्ध में संघ परिवार देश की चेतना बनकर सामने आया। जब 1966 में राष्ट्रीय स्वयंसेवक संघ परिवार को पुलिस कार्य का दायित्व सौंपा और उसने अपना यह कर्तव्य निर्वाह सभी को संतुष्ट करते हुए किया तो मुस्लिम भी जनसंघ में शामिल होने लगे। श्री गुरु जी को राष्ट्रीय

एकता परिषद् में विशेष रूप से आमंत्रित किया गया। तब जनरल कुलवंत सिंह ने कहा था—''पंजाब भारत का दायां हाथ है और पंजाब के मुख्यमंत्री सरदार गुरनाम सिंह ने संघ स्वयंसेवकों को गुरु गोविन्द सिंह के 'सच्चे सिपाहियों' की संज्ञा दी थी।'' 1963 में गृहमंत्री काटजू ने प्रयाग में राष्ट्रीय स्वयंसेवक संघ की एक रैली को संबोधित करते हुए कहा था—''चीन के आक्रमण ने देश को अपनी एकता के प्रति सजग किया है, परंतु चाहे शांति हो अथवा युद्ध, यह एकता सदैव बनाए रखने की आवश्यकता है। यही वह एकता है जिसे राष्ट्रीय स्वयंसेवक संघ के संस्थापक ने बनाए रखना चाहा है। कौन कहता है कि यह हिन्दू राष्ट्र नहीं है? मैं राष्ट्रीय स्वयंसेवक संघ में इसके लघु रूप को देखकर प्रसन्न हूँ।'' यहाँ तक कि पं० नेहरू भी संघ परिवार की देशभक्ति से अभिभूत हुए थे और उन्होंने 1963 में गणतंत्र दिवस परेड में भाग लेने के लिए आमंत्रित किया था और कहा था—''यदि जोश होता है तो लाठी भी सफलतापूर्वक बम का सामना कर सकती है।''

सभी देशों में स्वतंत्रता आंदोलन से जुड़ी पार्टियाँ लम्बे समय तक सत्ता का सुख भोगती हैं। कांग्रेस के साथ भी 20 वर्षों तक ऐसा ही हुआ। परंतु 1967 के चुनावों में कांग्रेस का एकाधिपत्य समाप्त हो गया। पंजाब से बंगाल तक हर जगह गैर कांग्रेसी गठबंधन हुए। जैसा कि एक राजनीतिक व्यंग्योक्ति में कहा गया है—''आप अमृतसर से कोलकाता तक कांग्रेसी सत्ता क्षेत्र में पाँव धरे बिना यात्रा कर सकते हैं।'' कांग्रेस के नेता सरदार जैल सिंह को कहते सुना गया—''ये लोग न केवल सत्ता में हैं, अपितु वे वस्तुतः लोगों में भी प्रिय हैं।''

अधिकांश राज्यों में जनसंघ और कम्युनिस्टों ने आपसी सहयोग से काम किया। ऐसा लगता था कि वे 'आर्गेनाइजर' में प्रकाशित इस उक्ति से प्रभावित थे कि ''हम सब भारत माता के बच्चे हैं और हम सभी 20वीं सदी की संतान हैं।''

किंतु एकाधिकारवादी कांग्रेस के लिए यह सब कुछ असहनीय था। उसने अपनी विशाल धनशक्ति तथा एक के बाद एक राज्य सरकारों को गिराने की क्षमता का इस्तेमाल किया।

इस पर भी जनसंघ ने हिम्मत नहीं हारी। पंडित दीनदयाल उपाध्याय के नेतृत्व में कालीकट में इसने जोरदार अधिवेशन आयोजित किया। इसमें उसने अपनी भाषा-नीति स्पष्ट की। इस नीति में सभी भारतीय भाषाओं को प्रोत्साहन दिया था, जिससे सभी भाषायी समूह संतुष्ट हों। मलयालम के पत्र 'मातृभूमि' ने भारतीय जनसंघ के इस अधिवेशन के बारे में कहा था—''गंगा दक्षिण की ओर बही।''

परंतु इस ऐतिहासिक अधिवेशन के कुछ दिनों के अंदर ही दीनदयाल उपाध्याय की चलती रेल में हत्या हो गई। सद्भावना के रूप में भारतीय जनसंघ ने सी॰बी॰आई॰ से जाँच की अनुमति की माँग की। परंतु जिस प्रकार से सी॰बी॰आई॰ निष्फल रही, उससे स्पष्ट है कि केन्द्रीय एजेंसी राजनीति से प्रेरित रही और उसने कभी भी किसी राजनीतिक अपराध के रहस्य को खुलने नहीं दिया।

यद्यपि दीनदयाल जी की हत्या एक स्तब्धकारी धक्का था, फिर भी भारतीय जनसंघ इतना विशाल और सुदृढ़ था कि उसे रास्ते से विचलित नहीं किया जा सका। श्री अटल बिहारी वाजपेयी के नेतृत्व में उसने बँगलादेश की मुक्ति के लिए आंदोलन में पूरे दिल से भाग लिया। खाद्यान्नों को खरीदने के लिए अधिक कीमत देने के उसके आंदोलन के कारण देश में खाद्य के मामले में आत्मनिर्भरता और खाद्य-सुरक्षा प्राप्त की जा सकी। उसके 1971 के चुनाव घोषणा पत्र का शीर्षक तथा 'निर्धनता के विरुद्ध संघर्ष' कांग्रेस ने इस नारे की चोरी कर इसमें हिन्दी में ''गरीबी हटाओ'' का नाम दिया और 1971 तथा 1972 के चुनाव भारी बहुमत से जीते। परंतु फिर एक बार जनसंघ ने दिखा दिया कि वह राजनीति के तूफानों से लड़ने में बहुत सक्षम और सुदृढ़ है।

जेपी की प्रतिक्रिया

एक के बाद एक चुनावों में जनसंघ ने अच्छा प्रदर्शन कर दिखाया। उसने भ्रष्टाचार और तानाशाही के मुद्दों पर जय प्रकाश नारायण के साथ हाथ मिलाया।

भारतीय जनसंघ बिहार और गुजरात में जन आंदोलन में अग्रणी रहा। जनसंघ की सदा निंदा करने वालों को जेपी ने स्पष्ट रूप से जवाब दिया था—''यदि जनसंघ सांप्रदायिक है तो मैं भी सांप्रदायिक हूँ।'' जब विरोधी दलों ने एक के बाद एक उप-चुनाव ज़ीते तो देश भर में आवाज़ गूँज उठी—''सिंहासन खाली करो कि जनता आती है।'' घबरा कर श्रीमती गाँधी ने आपातकाल की घोषणा की, हज़ारों लोगों को गिरफ्तार किया और राष्ट्रीय स्वयंसेवक संघ परिवार ने अपनी भूमिका निभाई। आपातकालीन स्थिति में 80 प्रतिशत कैदी और सत्याग्रही संघ परिवार के थे। श्रीमती गाँधी को 1975 के कांग्रेस के चंडीगढ़ अधिवेशन में विस्मयकारी ढंग से स्वीकार करना पड़ा कि जिन स्थानों पर राष्ट्रीय स्वयंसेवक संघ का कहीं अता-पता नहीं था, वहाँ भी उसके पाँव पक्की तरह जम गए हैं।'' लंदन से प्रकाशित 'इकॉनामिस्ट' ने अपने 4 दिसम्बर 1970 के अंक में संघ परिवार के भूमिगत आंदोलन के बारे में कहा था कि ''यह विश्व भर में एक मात्र गैर-वामपंथी

क्रांतिकारी बल है।'' और यहाँ तक कि मार्क्सवादी संसदीय दल के नेता श्री ए० गोपालन को संघ परिवार के बारे में कहना पड़ा था—''इसके कुछ आदर्श हैं जो इस प्रकार के बहादुरी के कारनामे और बलिदान की भावना को बढ़ाने में प्रेरणा दे सकते हैं।''

इस सफल प्रतिरोध के फलस्वरूप 1977 में श्रीमती गाँधी की कांग्रेस पार्टी की चुनाव में बुरी तरह हार हुई थी और भारतीय जनसंघ, भारतीय लोकदल, कांग्रेस (ओ), समाजवादियों तथा सीएफडी की जनता पार्टी सरकार ने सत्ता सँभाली थी। इस सरकार में विदेश मंत्री के रूप में श्री अटल बिहारी वाजपेयी तथा सूचना और प्रसारण मंत्री के रूप में श्री लाल कृष्ण आडवाणी के नाम स्मरणीय रहेंगे। किंतु कुछ व्यक्तियों की अपनी अत्यंत उच्चाकांक्षाओं के कारण तीस महीनों में ही यह पार्टी खंड-खंड हो गई।

यहाँ जनता प्रयोग अत्यंत अनुभवकारी रहा। यद्यपि लोकसभा में भारतीय जनसंघ के लगभग एक सौ सदस्य थे, परंतु इसे मंत्रिमंडल में इस सरकार के सबसे कम घटक वाली 30 सदस्यों की पार्टी के समकक्ष केवल तीन सीटें दी गईं। भारतीय जनसंघ के किसी भी व्यक्ति को राज्यपाल या राजदूत नहीं बनाया गया। जनसंघ को समझाया गया कि एक 'अनुशासित पार्टी होने के नाते वह उतने भर से संतोष कर ले, जो उसे दिया गया है क्योंकि वह अन्य पार्टियों की तरह नहीं है, जिनके सदस्य बढ़-चढ़ कर सत्ता के हिस्से में माँग करती हैं? किंतु 'अनुशासन' संबंधी यह तथ्य उसके 'अखंड' रहने के लिए इस्तेमाल किया गया क्योंकि इस ग्रुप ने प्रधानमंत्री के पद के लिए विभिन्न महत्वाकांक्षियों के बीच अपने को विभाजित नहीं किया।

बात यहीं समाप्त नहीं हो जाती। यद्यपि चार पार्टियों के विलय से जनता पार्टी का निर्माण हुआ था, परंतु अनेक नेताओं ने पार्टी चुनाव इस भय से नहीं होने दिए कि भारतीय जनसंघ सत्ताधारी पार्टी के प्रमुख तत्त्व के रूप में उभर आएगा। दूसरे शब्दों में वे जनसंघ को उसका हिस्सा भी देना नहीं चाहते थे। इसलिए उन्होंने एक नया तर्क ढूँढ़ निकाला कि चूँकि भारतीय जनसंघ के लोग संघ स्वयंसेवक भी हैं, इसलिए उन्हें दोनों में से एक को छोड़ना होगा, जैसे कि वे कभी यह जानते ही नहीं थे कि भारतीय जनसंघ और राष्ट्रीय स्वयंसेवक संघ एक ही सिक्के के दो पक्ष हैं। यदि आर्यसमाज या जमात-ए-उलेमा के लोग कांग्रेस या जनता पार्टी में शामिल हो सकते थे तो फिर राष्ट्रीय स्वयंसेवक संघ के लोग इसमें शामिल क्यों नहीं हो सकते थे? डा० हरेकृष्ण महताब ने मजाक किया था—''यह तो ऐसा ही है जैसे कि दो तीन बच्चे होने के बाद पत्नी से उसकी जाति पूछी जाए।''

कुछ नेताओं ने जिस ढंग से रंग बदला वह विशेष रूप से देखने की बात है। वह चौधरी चरण सिंह, जो हर बार मोरार जी देसाई या किसी अन्य से मतभेद होने पर, मदद के लिए राष्ट्रीय स्वयंसेवक संघ को जनता पार्टी के कामकाज में हस्तक्षेप का दोषी बताने लगे। वह श्री मधु लिमये, जिन्होंने जेल से अपनी पत्नी को लिखा था कि यदि वे राष्ट्रीय स्वयंसेवक संघ की वर्दी में जेल से बाहर निकलें तो उनके मित्रों को आश्चर्य नहीं होना चाहिए। उन्होंने रूस का दौरा करने के बाद महसूस किया कि राष्ट्रीय स्वयंसेवक संघ तो श्रीमती इंदिरा गाँधी से भी खराब है और वह श्री राजनारायण, जिन्होंने पहले कहा था कि राष्ट्रीय स्वयंसेवक संघ भारतीय मार्क्सवादी कम्युनिस्ट पार्टी से कहीं अधिक प्रगतिशील है, उन्होंने ही फिर कहा कि राष्ट्रीय स्वयंसेवक संघ ने वाराणसी, दिल्ली या मिर्जापुर में उनकी हत्या का षड्यंत्र रचा।''

राजनीतिक परिदृश्य में परिवर्तन

सोमनाथ से लेकर अयोध्या तक की श्री आडवाणी की रथ यात्रा ने राजनीतिक दृश्य में एक ज़बरदस्त परिवर्तन किया था। जहाँ एक ओर मंडल ने लोगों को बाँटा था वहीं दूसरी ओर अयोध्या ने लोगों को जोड़ा था। 1990 में जो हिंसा की घटनाएँ हुईं उसका कारण केवल यही था कि सरकार ने श्री आडवाणी को गिरफ्तार किया था और उत्तर प्रदेश के मुख्यमंत्री ने कार सेवकों पर गोलियाँ चलवाई थीं। यदि श्री आडवाणी को अयोध्या तक जाने दिया होता और वहाँ प्रतिकात्मक रूप से कार सेवा करने दी होती तो न कोई कहीं बंद होता न हिंसा।

श्री वी॰पी॰ सिंह ने सोचा था कि भाजपा को 1989 में 89 सीटें मिली थीं क्योंकि उसका जनता दल के साथ सीटों का तालमेल था। अब यह बात काफी हद तक सच थी। परंतु वे यह भूल गए कि जनता दल को लगभग 150 सीटें केवल भाजपा के साथ सीटों के तालमेल के कारण ही मिली थीं। अब उन्होंने यह सोचा कि सीटों के तालमेल न होने पर भाजपा को बीसियों सीटों का नुकसान होगा। वास्तव में भाजपा ने अपनी पुरानी संख्या में 30 सीटों की बढ़ोतरी की और जनता दल घटकर 59 सीटों पर पहुँची यदि अचानक श्री राजीव गाँधी की हत्या न हुई होती, जिसके कारण कांग्रेस को बीसियों सीटों पर विजय हासिल हुई तो भाजपा और कांग्रेस को बराबर लगभग 175 सीटें मिलतीं। यह बात विशेष रूप से इस अवसर पर और उल्लेखनीय होती क्योंकि भाजपा ने सभी सीटों पर अकेले चुनाव लड़ा था। भारत की असमंजसपूर्ण राजनीतिक स्थिति में केवल भाजपा ही ठोस रूप से प्रमुख ध्रुव बन कर उभरी थी।

भाजपा के बारे में आकलन करते हुए अन्य पार्टियों ने बड़ी गंभीर गलती की। वे यह भूल गए कि भाजपा एक ठोस पार्टी और एक ठोस ध्रुव बनने के कारण सदैव विपरीत स्थितियों में भी अपना अस्तित्व कायम रख सकती है और अन्य शैली अपना सकती है। 1984 में भाजपा ने केवल दो सीटें जीती थीं परंतु मतों के रूप में वह कांग्रेस से दूसरे नंबर पर ही थी। आनुपातिक प्रतिनिधित्व प्रणाली के अधीन 1984 में भी 7.5% मतों पर उसे 30=40 सीटें मिल जाती थीं। अत: 1989 में 89 सीटों पर उसकी विजय कोई बहुत आश्चर्यजनक नहीं थी।

राज्यों के विधान सभा चुनावों में इसी रुझान की पुष्टि हुई है। 1993 के चुनावों में भाजपा मतों और सीटों में हिमाचल प्रदेश और मध्य प्रदेश में कमी हुई जिसका कारण कड़े प्रशासनिक उपाय थे जिसके लिए पहले से ही जनमत तैयार नहीं किया गया था। उत्तर प्रदेश में पार्टी को अपना बहुमत खोना पड़ा और इसका कारण यह था कि सभी पार्टियों ने मिलकर गिरोह बना लिया था परंतु उंसके मतों की संख्या लगभग 3% से बढ़कर 34% तक जा पहुँची। राजस्थान में उसके मत और सीटों दोनों में वृद्धि हुई और दिल्ली में उसे 61.5% के भारी तीन चौथाई बहुमत से विजय हासिल हुई। इन पाँचों प्रमुख राज्यों में कुल मिलाकर भाजपा को कांग्रेस की तुलना में विधान सभा की 100 सीटें और एक करोड़ मत अधिक मिले।

भाजपा के बेरोक-टोक बढ़ते कदम

आन्ध्र, कर्नाटक, बिहार, उड़ीसा, गोवा और महाराष्ट्र में 1995 के चुनाव परिणाम और भी अधिक अद्वितीय रहे। आन्ध्र में मुख्य संघर्ष तेलगू देशम पार्टी और कांग्रेस के बीच था फिर भी भाजपा ने तीन सीटें जीत लीं। परंतु कर्नाटक में कांग्रेस को तीसरे स्थान पर छोड़ कर उसने 40 सीटें जीतीं। गोवा में 60 सीटों के सदन में भाजपा ने पहली बार 4 सीटों पर विजय हासिल की। उड़ीसा में उसने अपनी मामूली 3 सीटों से बढ़कर 10 सीटों पर विजय हासिल कर अपनी शक्ति तिगुनी बनाई। महाराष्ट्र में शिवसेना और भाजपा ने मिल कर एक साझा सरकार बनाई और गुजरातं में भाजपा को दो तिहाई बहुमत प्राप्त हुआ। यह समग्र रुझान कुछ ऐसा है जिसके कारण भाजपा के विरोधी भी इस बात को पूरी तरह से मानने लगे हैं कि अब भाजपा को रोका नहीं जा सकता है। परंपरागत रूप से बुद्धिमता यही है कि 1989 में भाजपा ने जनता दल के साथ सीटों के तालमेल के फलस्वरूप 89 लोकसभा सीटें जीतीं और 1991 में अयोध्या मुद्दे को लेकर 119 सीटें प्राप्त हुईं। तथ्य यह है कि यह कारण केवल सहायक तत्त्व थे।

1991 में जब कांग्रेस ने अपना खुद का बहुमत न होते हुए भी अपनी सरकार बनाई तो भाजपा ने बहुत जिम्मेदारी से अपना कर्त्तव्य निभाया और उसकी मर्जी के अध्यक्ष को विजय दिलाने में सहायता की और स्वयं लोकसभा के उपाध्यक्ष का पद लेकर संतुष्ट रही। सदैव लाइसेंस परमिट कोटा राज का विरोध करते हुए भाजपा ने सिद्धांत के रूप में उदारीकरण की नीति का स्वागत किया। आखिरकार, नई दिल्ली ने इजरायल और दक्षिण अफ्रीका को मान्यता दी जिसके बारे में भाजपा बहुत समय से आग्रह करती रही थी। भाजपा ने आरक्षण के मामले में दूरदर्शिता दिखाई और उसने आर्थिक सिद्धांत के आधार पर पिछड़े वर्गों के आरक्षण को स्वीकार किया जिसे ''क्रीमी लेयर'' के रूप में उच्चतम न्यायालय के निर्णय में परिणत किया गया।

भाजपा की राज्य सरकारों ने एक नई शिक्षा नीति सामने रखी; उसने प्रशासन का विकेन्द्रीकरण किया; उसके अंत्योदय कार्यक्रम ने इस देश के सर्वाधिक निर्धन की तरफ ध्यान दिया; उसने गरीब किसानों के ऋण को माफ किया और आपराधिक तत्त्वों के खिलाफ जबरदस्त कार्यवाही की और उन्हें जेल में डाला।

अयोध्या काण्ड

6 दिसंबर, 1992 को अयोध्या में विवादित ढाँचे को गिराने की घटना हुई। जहाँ एक तरफ इस ढाँचे को गिराने का स्वागत करने वालों ने संघ परिवार को बधाई दी वहीं दूसरी तरह जिन्होंने विध्वंसकारी घटना का विरोध किया उन्होंने संघ परिवार की निंदा की। परंतु तथ्य यह है कि संघ परिवार के नेतृत्व को इसके बारे में कुछ पता नहीं है। वे सभी चाहते थे कि इसे सम्मानपूर्वक और बाकायदा कानूनी प्रक्रिया अपना कर हटाया जाए। जो कुछ वस्तुत: हुआ वह उनकी योजना का ज़रा सा भी भाग नहीं था। अत: अभी तक यह एक संपूर्ण रहस्य बना हुआ है। और जब अर्जुन सिंह ने मंत्रिमंडल से त्यागपत्र दिया तब एक रहस्य खुल कर सामने आया कि 1 दिसंबर 1992 को उन्होंने अयोध्या के एक सक्रिय कांग्रेस के कार्यकर्ता से प्राप्त फैक्स संदेश की एक प्रति प्रधानमंत्री को भेजी थी जिसमें कहा गया था कि ऐसे संकेत मिल रहे हैं कि कुछ पाकिस्तानी एजेंट अयोध्या में घुस आए हैं और यदि विश्व हिन्दू परिषद् के कार सेवक अपने मिशन में सफल नहीं होते हैं तो वे बाबरी मस्जिद को नुकसान पहुँचाने की कोशिश करेंगे। इस प्रकरण में इससे एक नया आयाम जुड़ जाता है, क्योंकि श्री एस०बी० चव्हाण ने आरोप लगाया है कि श्री नरसिंह राव ढाँचे को गिराए जाने के लिए दोषी हैं। विश्व हिन्दू परिषद् का कोई ऐसा मिशन नहीं था। परंतु मुख्य बात यह है कि इस फैक्स संदेश का उल्लेख सरकार के अयोध्या पर जारी श्वेत पत्र में क्यों नहीं किया गया। स्पष्ट है कि पाकिस्तान और

उसके मित्रों तथा अन्य सहयोगी देशों का उद्देश्य हिन्दू मुस्लिम हिंसा को भड़काना था जिसकी परिणति बम्बई में हुए बम विस्फोटों में दिखाई पड़ती है जिससे भारत बदनाम हो और उसकी अर्थव्यवस्था धीमी पड़ जाए। ऐसी खबरें मिली कि 6 दिसंबर की शाम को नई दिल्ली में पाकिस्तान उच्च आयोग में एक जश्न मनाया गया। परंतु इसके अलावा भी सरकार ने इस घटना के बहाने 4 राज्य सरकारों को बर्खास्त किया और चार राज्य विधान सभाओं को भंग किया एवं भाजपा के शीर्ष नेताओं को गिरफ्तार किया।

इसी बीच उदारीकरण और भूमंडलीकरण के नाम पर विदेशी बैंकों और बेईमान सट्टेबाजों के प्रतिभूति घोटाले के माध्यम से हज़ारों करोड़ों रुपये की धोखाधड़ी करने दी गई और सरकार में इतनी शालीनता नहीं थी कि वह इस विषय पर संयुक्त संसदीय समिति की सर्वसम्मत रिपोर्ट को भी स्वीकार कर सके। इससे भी अधिक अरबों रुपयों की हानि उन व्यापारियों की वजह से हुई जिन्होंने राष्ट्रीयकृत बैंकों को ऋण वापस नहीं किए।

जहाँ भाजपा उदारीकरण के पक्ष में है वहीं हम देखते हैं कि हमने देश के अंदर तो उदारीकरण बहुत कम किया है और देश के बाहर उदारीकरण जरूरत से ज्यादा किया गया है। आज भी एक चीनी मिल या जूते का कारखाना शुरू करने के लिए हमें लाइसेंस की जरूरत है और नि:संदेह आज भी भ्रष्ट "इंस्पेक्टर राज" लघु उद्योग के निर्माताओं को तंग करने के लिए जारी हैं जबकि ये निर्माता ही भारतीय उद्योग की रीढ़ हैं। परंतु विदेशियों को जंक फूड तक के क्षेत्र में आने दिया गया है।

भाजपा की स्पष्ट स्थिति

इस मामले में भाजपा की स्थिति बहुत साफ है; भारतीय विज्ञान और टेक्नालॉजी अब काफी परिपक्व हो गई है जैसा कि डॉ॰ अब्दुल कलाम के नेतृत्व में हमारे रक्षा और विकास संगठन ने शानदार काम करके दिखाया है। इसलिए विदेशी पूंजी का स्वागत केवल पूंजी प्रधान उच्च तकनीकी और बुनियादी सुविधाओं के क्षेत्र में ही किया जा सकता है; किंतु यह पूंजी निवेश समुचित ढंग से और प्रतिस्पर्द्धात्मक शर्तों पर प्राप्त होना चाहिए। नया आदर्श सिद्धांत स्वदेशी है। भाजपा ने विश्व को बहुत साफ शब्दों में बताया गया है कि भारत को बेवकूफ नहीं बनाया जा सकता।

ध्येय, निष्ठा और आत्मविश्वास

आज भारतीय जनता पार्टी को देश के मुख्य दल के रूप में प्रस्थापित देख उन लोगों को कष्ट और ईर्ष्या अवश्य हो रही है जिन्होंने 1975 में इमरजेंसी

लगाकर और बाद में इमरजेंसी के खिलाफ लड़ने वालों ने भी, जनता पार्टी और उसकी सरकार के दौरान उस समय के भारतीय जनसंघ को गला घोंट कर मारने के यत्न किए थे। अन्य कारणों के साथ संभवतः भाजपा विरोधी गठबंधन की भावना के पीछे यह भी एक कारण है। उस समय जनता पार्टी में जनसंघ को वीर अभिमन्यु की भाँति शत्रुओं से घेरा गया था, परंतु वह जीवित और सशक्त बनकर बाहर निकला।

भारतीय जनसंघ का निर्माण एक ऐतिहासिक आवश्यकता थी। उसी का दूसरा रूप भारतीय जनता पार्टी, उस ऐतिहासिक आवश्यकता को पूर्ण करने में यत्नशील है। स्वतंत्रता प्राप्ति के पश्चात् जीर्ण-शीर्ण हिन्दू महासभा के अतिरिक्त ऐसा कोई राजनीतिक संगठन नहीं था जिसका चिंतन, व्यवहार और लक्ष्य-सिद्धि की कामना भारत की भूमि और उसकी आत्मा से तनिक जुड़ी हो। अतः जनसंघ के उद्देश्य के रूप में सिद्धांत और नीति दस्तावेज में कहा गया था कि—

"भारतीय जनसंघ का उद्देश्य भारत को उसकी संस्कृति और मर्यादा के आधार पर एक राजनीतिक, सामाजिक एवं आर्थिक जनतंत्र बनाना है जिसमें व्यक्ति को समान अवसर और स्वतंत्रता प्राप्त हो तथा जो भारत को सुदृढ़ एवं सुसंपन्न बनाते हुए उसे एक प्रगतिशील, आधुनिक और जागरूक राष्ट्र बनाए, जो दूसरों के आक्रमण का सफलतापूर्वक सामना कर सके और विश्व शांति के स्थापनार्थ राष्ट्र संघ में समुचित रीति से प्रभाव डाल सके।"

इसका खुलासा करने की दिशा में आगे फिर कहा गया था—"विश्व-प्रगति के हम केवल द्रष्टा ही नहीं, अपितु साधक भी हैं। अतः जहाँ एक ओर हमारी दृष्टि विश्व की उपलब्धियों पर हो, वहाँ दूसरी ओर हम अपने राष्ट्र की मूल प्रकृति, प्रतिभा और प्रवृत्ति को पहचान कर अपनी परंपरा और परिस्थिति के अनुरूप भविष्य के विकास क्रम का निर्धारण करने की अनिवार्यता को भी न भूलें। 'स्व' के साक्षात्कार के बिना न तो स्वतंत्रता सार्थक हो सकती है और न वह कर्मचेतना ही जागृत हो सकती है जिसमें परावलंबन और पराभूत का भाव न होकर स्वाधीनता, स्वेच्छा और स्वानुभवजनित सुख हो।"

उपर्युक्त 'स्व' के साक्षात्कार का आह्वान 'स्वर्ण जयंती रथ यात्रा' के दौरान भाजपा अध्यक्ष श्री लाल कृष्ण आडवाणी भी करते रहे हैं। एक देश, एक जन, एक संस्कृति और एक राष्ट्र की हमारी मूल मान्यता आज भी पहले की भाँति अक्षुण्ण बनी है। इस उल्लेख का अभिप्राय यह है कि भाजपा अनेक बाधाओं और षड्यंत्रों को लाँघते अपनी मूल मान्यताओं पर दृढ़ और अडिग रहकर निश्चित दिशा में आगे बढ़ती जा रही है।

जनसंघ के संस्थापक अध्यक्ष डॉ॰ श्यामा प्रसाद मुखर्जी की 23 जून, 1953 को हुई रहस्यमय मृत्यु के पश्चात् सामान्य जन मानस में स्वाभाविक शंका पैदा हुई थी कि क्या प्रसिद्ध प्रस्थापित नेतृत्व के अभाव में अपनी वांछित भूमिका निभाते हुए बाल रूप जनसंघ प्रगति कर सकेगा? अंततः नए उभरते जनसंघ के नेतृत्व ने यह शंका आज पूर्णतः असत्य सिद्ध कर दिखाई है।

राम राज्य परिषद् की बात अस्वीकार

इस संदर्भ में दो घटनाएँ विशेष उल्लेखनीय हैं। डा॰ मुखर्जी के निधन के बाद जनसंघ पर दबाव डाला जाने लगा था कि हिन्दू महासभा और रामराज्य परिषद् के साथ विलय कर लिया जाए। राजर्षि बाबू पुरुषोत्तम दास टंडन ने अपने नेतृत्व में एक ऐसा नया संगठन बनाने की इच्छा प्रकट की थी। परंतु, पंडित दीनदयाल उपाध्याय, श्री अटल बिहारी वाजपेयी आदि नेताओं ने यह स्वीकार नहीं किया। रामराज्य परिषद् के प्रमुख स्वामी करपात्री जी महाराज ने भी दीनदयाल उपाध्याय जी को वार्ता के लिए बुलाया था।

सुझाव दिया गया था कि किसी भी एक हिन्दू धर्मग्रंथ को मान्य करके उसके आधार पर एक नए दल का गठन किया जाए। दूसरे उस समय हरिजन कहलाने वाले दलितों को सवर्ण हिन्दुओं के बराबर दर्जा नहीं दिया जाए। दोनों बातों को दृढ़ता से नकार कर दीनदयाल उपाध्याय लौट आए थे। हिन्दू समाज के भीतर भेदभाव करने का प्रश्न तो उठ ही नहीं सकता था। अहिन्दुओं के प्रति भी समान व्यवहार की न्याय संगत अनिवार्यता जनसंघ ने स्वीकार की थी। स्वयं डॉ॰ मुखर्जी की भी मान्यता थी कि स्वतंत्रता के पश्चात् हर नागरिक को समान माना जाना चाहिए। उनके हिन्दू महासभा से अलग होने का भी यह प्रमुख कारण था। स्वर्ण जयंती रथ यात्रा के दौरान श्री आडवाणी जी का मुसलमानों के प्रति आह्वान इसी भावना का परिचायक है।

दूसरी घटना कुछ समय बाद की है। स्वतंत्र पार्टी के गठन से पहले से ही श्री राजगोपालाचारी ने भी जनसंघ को साथ मिलाने का प्रयास करना प्रारम्भ कर दिया था। स्वतंत्र पार्टी के बनने के बाद उसके साथ विलय, अन्यथा पूर्ण सहयोग का उनका आग्रह सतत बना रहा। इसे भी बड़े धैर्य और कुशलता से टाल दिया गया। कारण, जनसंघ स्वतंत्र पार्टी के आर्थिक चिंतन और विदेश नीति में अमेरिका की ओर भारी झुकाव को स्वीकार नहीं कर सकता था। उल्लेखनीय है कि कुछ काल बाद ''जैनुइन नॉन-अलाइन्मेंट'' का शब्द प्रयोग किया गया है।

आर्थिक चिंतन और नियोजन की मूल दिशा और स्वदेशी का आग्रह आज भी वैसा ही है। इसके सिद्धांत और नीति दस्तावेज में कहा गया है—

"राष्ट्र के साधनों को न्यूनतम काल में अधिकतम लाभ के लिए प्रयुक्त करने की दृष्टि आर्थिक नियोजन की आवश्यकता है। किंतु योजना साधन है साध्य नहीं। उसका निर्माण राज्य की स्थायी निष्ठाओं की मर्यादाओं के अंतर्गत ही करना होगा। भारत की राजनीतिक स्वतंत्रता, लोकतंत्र तथा भारतीय संस्कृति के शाश्वत मूल्य व निष्ठाएँ हैं जिनके प्रतिकूल कोई अर्थोत्पादन की योजना स्वीकार नहीं की जा सकती। वास्तव में मर्यादाएँ नियोजकों के मार्ग में रुकावट नहीं बल्कि उनकी संबल हैं।"

विदेशी पूंजी के संबंध में लिखा था—"अंदर की पूँजी की कमी कुछ अंशों में विदेशी पूँजी से पूरी की जा सकती है। किंतु उसका एक सीमित उपयोग ही है। अनेक देशों का अनुभव यही बताता है कि विदेशी पूँजी के रूप में जितना आयात होता है उससे कई गुना अधिक लाभ—ब्याज, मूलधन आदि के रूप में निर्यात होता है। प्रौद्योगिकी कारणों से भी विदेशी पूँजी बहुत उपयोगी नहीं होगी। केवल ऐसे क्षेत्रों में जहाँ विदेशी प्रौद्योगिकी, उपयोगी और आवश्यक है कि हम विदेशी पूँजी का उपयोग कर सकते हैं। सामान्यत: हमें इस मोह से बचना चाहिए।"

जनसंघ के सिद्धांत और नीति दस्तावेज से उपर्युक्त उद्धरण दिखाते हैं कि भाजपा अपनी मूल दिशा पर अडिग चलती आ रही है।

कुछ महत्त्वपूर्ण बदलाव का भी उल्लेख करना उचित होगा। मुस्लिम लीग और उसके अनुयायी बहुमत मुसलमानों की ज़िद पर द्वय-राष्ट्र के सिद्धांत के अधीन मजहब के आधार पर देश का बँटवारा किया गया। संपूर्ण देश ने बँटवारे को मन से स्वीकार नहीं किया। जनमानस में देश को पुन: अखंड करने की भावना अत्यंत स्वाभाविक थी। उस समय जनसंघ का अखंड भारत का उद्घोष इसी मनोभावना का परिचायक था। कुछ लोग शायद यह मानते रहे होंगे कि किसी दिन शक्ति के बल पर पाकिस्तान को दोबारा भारत में मिला लिया जा सकता है। एक कहावत है कि विचार को जीवित रखना चाहिए, विचार जीवित रहा तो काल अवधि में वह अपना रास्ता बनाकर अपनी स्वीकृति प्राप्त कर सकता है। मात्र यही अर्थ था इस उद्घोष का। अखंड भारत का उद्घोष अब भारतीय जनता पार्टी की प्राथमिकता नहीं है।

जनसंघ ने हिन्दी को पूर्ण राजभाषा बनाने और शिक्षा के क्षेत्र में भी उसी प्रकार लागू करने का मन बनाया था। परंतु सामाजिक समरसता और भावात्मक एकता की आवश्यकता के अधीन दिसंबर 1967 में पंडित दीनदयालजी की

अध्यक्षता में कालीकट के अधिवेशन के अवसर पर त्रिभाषा फार्मूला स्वीकार किया गया। अर्थात् जनसंघ और तदुपरांत भारतीय जनता पार्टी अपने मूल चिंतन और निर्दिष्ट दिशा को अक्षुण्ण बनाए रखते हुए विचारों का संशोधन और परिमार्जन करती रही है।

चुनौती का सामना

कई बार प्रश्न उठता है कि इमरजेंसी के दौरान जनसंघ पर प्रतिबंध लगने और उसके पश्चात् जनता पार्टी में उसके विलय हो जाने पर उसके नेता और कार्यकर्ता अपनी भूमिका से क्यों नहीं हटे। 1975 में प्रधानमंत्री इंदिरा गाँधी द्वारा इमरजेंसी लागू करने के बाद लोगों को लगने लगा था कि जनसंघ अपनी भूमिका गँवा बैठेगा; परंतु ऐसा नहीं हुआ। जनता पार्टी में सम्मिलित अन्य दलों ने और मुख्यत: समाजवादी पृष्ठभूमि वाले लोगों ने जनसंघ को नष्ट करने का षड्यंत्र रचा। स्मरणीय है कि 1977 के प्रारंभ में जनता सरकार बन गई थी परंतु जनता पार्टी का विधिवत गठन नहीं हुआ था। जिस दिन विभिन्न पार्टियाँ अपने विलय की विधिवत् प्रक्रिया पूरी कर रही थीं उसी समय कुछ विरोधी योजना बना रहे थे कि राष्ट्रीय स्वयंसेवक संघ को भंग करवाओ और जनसंघ का पार्टी में गला घोंट दो। इसका उल्लेख दो-तीन बार जनता पार्टी की राष्ट्रीय कार्यकारिणी में भी किया गया था। सर्वज्ञात है कि किस प्रकार नाना प्रकार की बाधाएँ और आपत्तियाँ उत्पन्न की गई थीं। जनसंघ के लोग ईमानदारी से जनता पार्टी में सम्मिलित हुए थे और उसे चलाना चाहते थे। अन्य लोगों के मन में प्रारंभ से ही खोट थी। सिद्धांत और आदर्श के प्रति जनसंघ की अडिग निष्ठा एक मात्र सहारा थी।

आपातकाल के दौरान ही नए दल की रचना के प्रयास आरंभ हो गए थे। बाबू जयप्रकाश नारायण तथा चौधरी चरण सिंह आदि इसमें प्रमुख थे। स्वर्गीय ओम प्रकाश त्यागी (राज्य सभा सदस्य) जनसंघ के प्रतिनिधि के रूप में खुली बैठकों में भाग लिया करते थे। एक मीटिंग में चौधरी साहब के इस कथन पर कि राष्ट्रीय स्वयंसेवक संघ से सीधे जुड़े व्यक्ति नए दल में नहीं आने चाहिए, श्री त्यागी जी यह कह कर उठ आए थे कि ''भाड़ में जाओ अपनी नई पार्टी के साथ।''

वाजपेयी का दृष्टिकोण

उन दिनों श्रीमान अटल बिहारी वाजपेयी जी एक नंबर, फिरोजशाह रोड के मकान में नज़रबंद थे। उनके पास भी नए दल के गठन संबंधी सुझाव और प्रस्ताव आते रहते थे। एक दिन कुछ भूमिगत लोग पंजाबी बाग (दिल्ली) के एक घर में

एकत्र थे। संघ के अधिकारी तथा श्री दत्तोपंत ठेंगड़ी जी भी उपस्थित थे। अटल जी की ओर से एक छोटा-सा पर्चा प्राप्त हुआ। लिखा था—"मैंने उन लोगों से स्पष्ट कह दिया है कि मैं ऐसे किसी दल में सम्मिलित नहीं होऊँगा जिसमें राष्ट्रीय स्वयंसेवक संघ के लोगों के रहने पर रोक हो।"

जनसंघ के नेतृत्व की यह दृढ़ता एक मज़बूत सुरक्षा कवच था जिसने उसके तथाकथित साथियों के षड्यंत्र को परास्त कर दिया। तनिक सी कमज़ोरी घातक हो सकती थी। इसी दृढ़ता और सिद्धांत निष्ठा से वे जनता पार्टी से बाहर निकल आए।

स्मरणीय है कि प्रधानमंत्री श्री मोरार जी देसाई ने जनता पार्टी की कार्यकारिणी की स्वीकृति के लिए एक फार्मूला तैयार किया था जिससे राष्ट्रीय स्वयंसेवक संघ में निष्ठा रखने वाले जनसंघ के लोग भी जनता पार्टी में बने रह सकें। आशा थी कि वह फार्मूला स्वीकार हो जाएगा। उस समय कुछ लोग 11, अशोक रोड में निवास करते थे। श्री सुंदर सिंह भंडारी जी के साथ कुछ लोग मीटिंग के लिए बाहर निकल ही रहे थे कि श्रीमान अटल जी तेजी से आए और बताया कि समाजवादी लोग अब मुकर गए हैं तथा लगता है कि कांग्रेस के कुछ सदस्य भी मोरारजी भाई का साथ नहीं देंगे। देखा गया है कि इनमें कर्नाटक के श्री हेगड़े प्रमुख थे। वार्ता टूट गई। सभी बाहर निकल आए और 6 अप्रैल, 1980 को भाजपा का जन्म हुआ।

कुछ लोगों का सुझाव था कि भारतीय जनसंघ को ही पुनर्जीवित किया जाए। परंतु मुख्यत: अटल जी का प्रभावशाली मत था कि नहीं, हमें पीछे नहीं मुड़ना चाहिए। जनता पार्टी के अनुभवों का लाभ उठाते हुए अपने मूल चिंतन और आदर्शों के अनुरूप हम आगे बढ़ेंगे। उनका यह कथन और कामना आज फलीभूत हुई दिखती है। धरती से जुड़ा इतिहास और संस्कृति की गोद में पला देश का जनसमूह भारत को एक संपन्न, सशक्त, स्वाभिमानी राष्ट्र के रूप में विकसित करने की दिशा में अग्रसर है। सफलता सुनिश्चित है।

8 राजनेता के रूप में आडवाणी

श्री आडवाणी अप्रैल, 1970 में राज्यसभा के लिए पहली बार चुने गए थे। इसके बाद वे 18 वर्ष तक राज्यसभा में रहे और संसद में बाहर और भीतर देशहित के लिए कार्य करते रहे। नवम्बर, 1989 में वे पहली बार लोकसभा के लिए चुने गए। देशहित के विभिन्न मुद्दों पर उनके विचार उन्हीं के शब्दों में प्रस्तुत हैं :

समान नागरिक संहिता

''भाजपा देश में समान नागरिक कानून की पक्षधर है। हमारे संविधान ने इस प्रकार की संहिता का निर्माण करने की दिशा में अग्रसर होना राज्य का 'कर्तव्य' निरूपित किया है। दुर्भाग्य से अभी तक इस बात पर समुचित बहस भी नहीं हुई है कि वस्तुत: यह 'संहिता' किस प्रकार की हो।

मेरा यह सुझाव है कि विधि आयोग को इस संबंध में एक विशेष कार्य सौंपा जाना चाहिए। नागरिक विधान के कुछ हिस्से जैसे—अनुबंध से संबंधित कानून, संपत्ति के स्वामित्व-हस्तान्तरण का कानून आदि तो पहले से ही सभी के लिए समान हैं। भिन्नता है—विवाह, तलाक, गुजारा-भत्ता, गोद-रस्म के बारे में। विधि आयोग को देश में प्रचलित सभी निजी कानूनों—हिन्दू, मुस्लिम, क्रिश्चियन, पारसी कानून आदि का परीक्षण करना चाहिए। इन सभी में विद्यमान न्याययुक्त और समुचित तत्त्वों को पहचान कर, उनके आधार पर एक समान संहिता का प्रारूप तैयार किया जाए और उस पर खुली राष्ट्रीय बहस हो।'' (मई, 1986)

गो-रक्षा

''संविधान के एक और निदेशक सिद्धांत को भुला दिया गया है जिसमें राज्य को गाय की रक्षा करने का निर्देश है। हमारे संविधान निर्माताओं ने गो-संरक्षण को निदेशक सिद्धांतों में शामिल किया। इस निर्णय के पीछे धार्मिक व पारम्परिक मान्यता अवश्य थी। किंतु वे यह बात भी भली-भाँति समझते थे कि गाय भारत की

ग्रामीण अर्थव्यवस्था की रीढ़ है। महात्मा जी ने गोरक्षा को स्वराज्य से भी अधिक महत्त्वपूर्ण बताया था।

भारत में सात करोड़ से भी अधिक पशु कृषि, विशेषकर खेत जोतने के काम में लाए जाते हैं। गोबर-गैस के अनुसंधान के फलस्वरूप ये पशु ऊर्जा का भी एक अतिरिक्त और महत्त्वपूर्ण स्रोत बन गए हैं।

मोटर वाहनों के बढ़ते हुए इस्तेमाल के बावजूद, भारत अपने ग्रामीण-क्षेत्रीय परिवहन की लगभग 90 प्रतिशत आवश्यकताओं के लिए अब भी बैलगाड़ी पर आश्रित है। 1981 में नैरोबी में 'ऊर्जा' पर हुए संयुक्त राष्ट्र सम्मेलन में अपना मुख्य भाषण देते हुए प्रधानमंत्री श्रीमती गाँधी ने उक्त तथ्य पर समुचित ध्यान दिलाते हुए कहा था—"इस जेट युग में लोग बैलगाड़ियों का उल्लेख अतीत के एक प्रतीक के रूप में करते हैं। लेकिन भारत में हमारा पशुधन हमारे यहाँ लगे हुए 29,000 मैगावाट क्षमता वाले सभी विद्युतघरों की तुलना में कहीं अधिक ऊर्जा प्रदान करता है। उनको हटाने के लिए विद्युत साधनों में 250 से 400 अरब डालर की नई पूँजी लगानी पड़ेगी। कृषि अर्थव्यवस्था को खाद तथा सस्ते ईंधन का जो नुकसान होगा वह अलग है।"

इन तथ्यों के बावजूद यह कितनी दर्दनाक बात है कि हमारे देश में हर साल लगभग तीस लाख गायों का बर्बरतापूर्ण वध कर दिया जाता है। उनमें आधी गायों का वध निर्यात के लिए किया जाता है। गायों के इस सामूहिक वध को यदि रोका न गया तो इससे भारतीय अर्थव्यवस्था को अनेक प्रकार से भारी क्षति होगी।

1976 में आचार्य विनोबा भावे के अनशन के बाद नई दिल्ली और राज्य सरकारों के बीच औपचारिक पत्राचार तो चलता रहा है और मुख्यमंत्रियों से कहा जाता रहा है कि गौ एवं गोवंश की हत्या को रोका जाए। किंतु लगता है कि इस विषय के महत्त्व और इसकी अनिवार्यता का सही आभास नहीं है और न ही इस निदेशक सिद्धांत के पालन करने की इच्छा शक्ति शासन में है।" (मई, 1986)

राष्ट्र सर्वोपरि दल

"भारतीय जनता पार्टी जिन आधारभूत सिद्धांतों के प्रति प्रतिबद्ध है उनमें राष्ट्रीयता और राष्ट्रीय एकता सर्वोपरी है। एक व्यक्ति की तरह दल का भी अपना एक व्यक्तित्व होता है। इस व्यक्तित्व के अनेक पहलू होते हैं। लेकिन यदि मुझसे यह पूछा जाए कि भाजपा के व्यक्तित्व की सबसे प्रमुख पहचान क्या है तो मैं कहूँगा कि भाजपा राष्ट्रीयता की अदम्य आवाज़ है। हमारा दल 'राष्ट्र-सर्वोपरि दल' है। भाजपा देशभक्त भारत के हृदय की धड़कन है।

विदेशियों के विरुद्ध हमारे स्वतंत्रता संघर्ष ने मातृ-वंदना के भाव को जन्म दिया। वंदेमातरम तथा भारत माता की जय का घोष देश के कोने-कोने में गूँज उठा था। हमारा विश्वास है कि आज़ादी के बाद भी यदि भारतीयता की इस भावना को सुदृढ़ किया जाए तथा लोगों में देशभक्ति की भावना जागृत की जाए तो वह देश को बहुत-सी राजनीतिक-सामाजिक और आर्थिक, बुराइयों से मुक्त करने का प्रभावकारी निदान सिद्ध हो सकती है।

भारतीय जनता पार्टी का यह सुविचारित एवं दृढ़ मत है कि कश्मीर से लेकर कन्याकुमारी तक भारत एक देश है और इसमें रहने वाले सभी लोग बिना किसी मज़हब, जाति व भाषा के भेदभाव के, एक जन हैं।

भारतीय राजनीतिक-इतिहास ने मज़हबी शासन कभी स्वीकार नहीं किया। प्राचीन काल से भारतीय परंपरा में 'राज्य' सर्व-धर्म-समभाव की भावना पर आधारित एक ऐसा नागरिक संस्थान रहा जिसमें मज़हबी आधार पर नागरिकों के बीच कभी कोई भेदभाव नहीं बरता जाता था। भाजपा इसी सकारात्मक सम्प्रदाय-निरपेक्षता की कल्पना की पक्षधर है।'' (मई, 1986)

अनुच्छेद 370 समाप्त हो

''संविधान के अनुच्छेद 370 के अंतर्गत जम्मू-कश्मीर को विशेष राज्य का दर्जा तथा अलग संविधान प्राप्त है। कुछ समय पूर्व जब भाजपा ने संविधान की इस धारा को निरस्त करने की माँग की तो जम्मू-कश्मीर के पूर्व मुख्यमंत्री डॉ॰ फारुख अब्दुल्ला ने अपनी तीखी प्रतिक्रिया व्यक्त करते हुए भाजपा की आलोचना की। मुझे इस बात की खुशी है कि हमारी आलोचना करते समय भी डॉ॰ अब्दुल्ला ने यह अवश्य कहा कि संविधान की यह धारा जम्मू-कश्मीर तथा देश के अन्य भागों के बीच एक 'दीवार' है। साथ ही उन्होंने यह भी कहा कि यह दीवार समय के साथ अपने आप घिस जाएगी।

पिछले 25 वर्षों से भी अधिक समय से देश इस अपने आप घिस जाने की भाषा को सुन रहा है। इस शब्दावली का प्रयोग सबसे पहले पंडित जवाहरलाल नेहरू ने किया था। जब कभी कश्मीर के संदर्भ में इस मुद्दे पर चर्चा की गई, पं॰ नेहरू इसी 'शब्दावली' को दोहराते रहे। कश्मीर के मामले पर सुरक्षा परिषद् में भारत का प्रतिनिधित्व करने वाले तथा पंडित नेहरू की सरकार में तत्कालीन शिक्षा मंत्री श्री एम॰सी॰ छागला ने फरवरी 1964 में अधीर स्वर में राज्य सभा में कहा था—''उस दिन प्रधानमंत्री ने संविधान की धारा 370 के धीरे-धीरे स्वत: ही घिस

जाने की बात कही थी। मैं केवल यही आशा करता हूँ कि इस धारा के समाप्त होने की यह गति और तेज़ हो। मुझे यह आशा है कि शीघ्र ही यह धारा भारतीय संविधान से लुप्त हो जाएगी। वैसे भी यह एक अस्थायी और संक्रमणकालीन व्यवस्था है। मैं समझता हूँ कि 'संक्रमणकाल' का यह समय अब काफी लम्बा हो चुका है।'' (मई, 1986)

आधुनिकीकरण, परंतु नकल नहीं

''हाँ; भारत को एक आधुनिक राष्ट्र होना चाहिए, लेकिन इसे आधुनिकीकरण के नाम पर किसी की नकल करते हुए दासता की ओर नहीं बढ़ाया जाना चाहिए। ऐसे 'मॉडलों' की दासता नाकाम और हानिकारक होगी जिसमें समाज को टुकड़े-टुकड़े करने के बीज निहित हैं। इस दृष्टि से यह आवश्यक है कि कृत्रिम उन्नति और सहज विकास के अंतर को स्पष्ट रूप से समझना होगा। जो विकास, सामाजिक न्याय और आत्मनिर्भरता को भी पुष्ट करता है, वही सहज विकास है। बाहर के सहारे की गई उन्नति कृत्रिम उन्नति है। उधार के मॉडलों और प्रौद्योगिकी पर आश्रित उन्नति कृत्रिम उन्नति ही है। विकसित देश उन्नति के लिए अपनी प्रौद्योगिकी और अपने विशेषज्ञ उपलब्ध कराने के लिए वास्तव में बहुत उत्सुक रहते हैं। विश्व बैंक जैसी एजेंसियाँ भी इसमें दिलचस्पी रखती हैं। पराश्रित उन्नति को प्रोत्साहन देने में उनका निहित स्वार्थ है। इसके विपरीत विकास को मुख्यतया पूँजी, तकनीक और विशेषज्ञों संबंधी अपने संसाधनों पर निर्भर रहना चाहिए। उसे इन तीनों का ऐसा सम्मिश्रण करना चाहिए जिससे समाज का आधुनिकीकरण उसकी अपनी गति और प्रतिभा के अनुकूल हो सके।

आर्थिक नीति के चार प्रमुख सिद्धांत

''भारतीय जनता पार्टी की अर्थ नीति चार मूलभूत सिद्धांतों पर आधारित है :

1. आत्मनिर्भरता : पार्टी की अर्थनीति, विचार और परिणाम दोनों ही दृष्टि से, पूर्णतः राष्ट्रवादी होगी। हमारा विश्वास है कि बहुराष्ट्रीय कंपनियों का अधिकतम लाभ का सिद्धांत अधिकाधिक रोजगार और लोकहित के सिद्धांत के राष्ट्रीय लक्ष्य के साथ मेल नहीं खाता। अतएव भाजपा बहुराष्ट्रीय कंपनियों को कम से कम उपभोक्ता उद्योगों से तो दूर रखना ही चाहेगी। पार्टी आत्मनिर्भरता को तकनीक और पूँजी आयात सहित वैदेशिक आर्थिक संबंधों का मुख्य आधार मानती है।

2. विकेन्द्रीकरण : पार्टी राजनीतिक तथा आर्थिक लोकतंत्र की पक्षधर है

ताकि आर्थिक विकास का लाभ छोटे से छोटे आदमी तक पहुँचाया जा सके। इसके लिए यह जरूरी है कि अर्थशक्ति का जो विकेन्द्रीकरण राज्य तथा कुछ बड़े उद्योगपतियों के हाथों में हो गया है उसका विकेन्द्रीकरण किया जाए। इसी में से कृषि तथा स्वदेशी की प्रमुखता और लघु उद्योगों के प्रति हमारी प्रतिबद्धता निकलती है।

3. आधुनिकीकरण : भाजपा नई प्रौद्योगिकी को देश की बदलती हुई आवश्यकताओं के अनुरूप प्रयुक्त करेगी जिससे भारत एक आधुनिक तथा प्रगतिशील राष्ट्र के रूप में विकसित हो सके। किंतु हम प्रौद्योगिकी को इस बात की छूट नहीं देंगे कि वह मनुष्य को सकल राष्ट्रीय उत्पाद में एक अंश मात्र बना दे। हमारी विकास संबंधी नीतियों का प्रमुख लक्ष्य मनुष्य होगा।

4. दरिद्रनारायण : उपर्युक्त तीनों तत्त्वों के अनुरूप प्रत्येक भारतीय नागरिक को जीवन की न्यूनतम अनिवार्य आवश्यकताएँ—भोजन, वस्त्र, मकान, शिक्षा तथा चिकित्सा-सुविधा उपलब्ध कराना पार्टी का लक्ष्य होगा।'' (मई, 1986)

भारत : एक बहुराष्ट्रीय राज्य

''भारतीय जनता पार्टी इस बहुराष्ट्रीय राज्य की विचारधारा को नहीं मानती। भारत एक बहुभाषी, बहु-धर्मावलम्बी देश है, लेकिन फिर भी यह एक राष्ट्र है। भारतीय एक जन हैं। भारत का संविधान इसी मान्यता पर आधारित है। इसी कारण से हमारे संविधान-निर्माताओं ने भारत गणराज्य को संघात्मक स्वरूप दिया, किंतु वह मूल रूप से एकात्मक है। किसी असली संघ राज्य की किसी संसद को किसी राज्य की सीमा में फेर-बदल करने और यहाँ तक कि एक अथवा अधिक राज्यों को मिलाकर एक राज्य बनाने का अधिकार नहीं दिया जा सकता है। संविधान के अनुच्छेद 3 द्वारा भारत की संसद को ऐसा करने का अधिकार दिया गया है और वह भी केवल सीधे-सादे बहुमत के आधार पर। अत: संविधान के पण्डितों ने भारत को 'नश्वर राज्यों के अविनाशी संघ' की संज्ञा दी है। बहुराष्ट्रीय राज्य की विचारधारा के समर्थक (सच्चे संघात्मकवाद के अधिकांश समर्थक इसी श्रेणी में आते हैं) जरूर यह चाहेंगे कि इस विशेषता को उलट दिया जाए।'' (जनवरी, 1987)

विविधता में एकता

''भारत का इस बात पर गर्व करना सही है कि हमारा राष्ट्र विविधता में एकता का ज्वलंत उदाहरण है। परंतु यह भी बड़े दुर्भाग्य की बात है कि यद्यपि सम्पूर्ण स्वतंत्रता संग्राम के दौरान तथा स्वतंत्रता प्राप्ति के प्रारम्भिक वर्षों में भी

'विविधता में एकता' की इस कहावत में सदा ही एकता पर बल दिया जाता रहा, किंतु आजकल हर कोई 'विविधता' पर जोर देता है। विचार करना होगा कि कहीं हमारे बुनियादी कानून या उनका कार्यान्वयन तो इस परिणाम के लिए जिम्मेदार नहीं है?'' (जनवरी, 1987)

भारत एक देश, एक संस्कृति

''वे कौन से तत्त्व हैं, जो भारत की एकता को कायम रखते हैं? अक्टूबर, 1961 में मदुरई में अखिल भारतीय कांग्रेस कमेटी की बैठक को संबोधित करते हुए पंडित जवाहरलाल नेहरू ने इनमें से एक तत्त्व की इस प्रकार व्याख्या की थी :

''भारत सदियों से तीर्थ यात्राओं का देश रहा है। ये प्राचीन तीर्थ-स्थान सारे देश में तुषार-मण्डित हिमालय में स्थित बद्रीनाथ, केदारनाथ और अमरनाथ से लेकर धुर दक्षिण में कन्याकुमारी तक फैले हुए हैं।

इन महान तीर्थयात्राओं में दक्षिण के लोगों को उत्तर में जाने और उत्तर के लोगों को दक्षिण में ले जाने के लिए क्या आकर्षण रहा है? यह एक देश और एक संस्कृति की भावना ही है और इसी भावना ने हमें एक सूत्र में पिरोये रखा है। हमारे प्राचीन ग्रंथों में लिखा है कि उत्तर में हिमालय से लेकर दक्षिण में समुद्रपर्यन्त भारत देश फैला हुआ है।

इस महान भारत भूमि की विचारधारा ने, जिसे लोग पवित्र भूमि समझते हैं, हमें सदियों से एक साथ बाँधे रखा है, चाहे यहाँ कितने ही अलग-अलग राजनीतिक राज्य रहे हों अथवा कितनी ही अलग-अलग भाषाएँ बोली जाती रही हों। यह रेशमी धागा अब भी हमें अनेक प्रकार से बाँधे हुए हैं।''

नेहरू जी ने हिन्दू शब्द का प्रयोग नहीं किया था। किंतु उन्होंने स्पष्ट रूप से हिन्दू को इस देश और इसकी प्राचीन संस्कृति के सदियों से पुराने संबंध तथा राष्ट्रीय एकता को एक सूत्र में पिरोने वाले धागे के रूप में अवश्य स्वीकार किया था। ऐसी कोई बात जिससे यह एक सूत्र में पिरोने वाला धागा कमज़ोर होता हो, निश्चय ही राष्ट्रीय एकता को कमज़ोर बनाती है।

दुर्भाग्य से धर्मनिरपेक्षता के गलत अर्थ और चुनावी लाभों को देखकर देश के नेताओं ने पं० नेहरू द्वारा उल्लिखित एक देश और एक संस्कृति रूपी 'रेशमी बंधन' की उपेक्षा की है।'' (जनवरी, 1987)

भारत और हिन्दुत्व के परस्पर गहन संबंध

यहाँ यह याद दिलाना अनुचित न होगा कि डॉ० एनी बेसेंट ने 1920 में भारत

के साथ हिन्दुत्व के गहरे संबंधों के बारे में क्या कहा था। याद रखिए डा॰ एनी बेसेंट उस समय अविभक्त भारत की बात कर रही थीं। गूँजते हुए शब्दों में उन्होंने यह कहा था :

"भारत में बहुत से धर्म और बहुत सी जातियाँ फल-फूल रही हैं। किंतु उनमें से कोई भी ज्यादा पुरानी नहीं है और न ही भारत को एक राष्ट्र के रूप में बने रहने के लिए उनकी आवश्यकता है। जो कोई भी आया है वह चला भी जाए, तथापि भारत फिर भी बना रहेगा। किंतु यदि हिन्दुत्व चला गया। वह हिन्दुत्व, जिसमें यह भारत पला है। तो उसके जाने के साथ-साथ भारत भी शेष नहीं रहेगा। उस समय भारत पुराविशेष-संग्राहकों व पुरातत्त्ववेत्ताओं के लिए चीर-फाड़ का एक विषय मात्र रह जाएगा और देश-भक्ति के ध्येय तथा एक राष्ट्र के रूप में इसका अस्तित्व मिट जाएगा।" (जनवरी, 1987)

परमाणु बम आवश्यक

"देश के चारों ओर सुरक्षा का माहौल काफी बिगड़ गया है। इस बिगड़ते माहौल का मुकाबला करने के लिए सरकार की तैयारी मन में विश्वास पैदा करने वाली नहीं है। परमाणु नीति में अस्पष्टता सबसे खराब नीति है, जिसकी वजह से सभी सम्भव विकल्पों के दुष्परिणाम हमारी झोली में आ गए हैं।

भारत निरस्त्रीकरण के पक्ष में है, किंतु इसने फिर भी एक बड़ी सेना रख रखी है। हम एक परमाणु-मुक्त संसार चाहते हैं। किंतु जब देश के चारों ओर खतरे के बादल मंडरा रहे हों, तो हम आधे मन से और ढीले-ढीले तरीके से इसका मुकाबला नहीं कर सकते।

'न्यूयॉर्क टाइम्स' और 'वाशिंगटन पोस्ट' जैसे प्रख्यात अमरीकी समाचार-पत्रों ने हाल के सप्ताहों (जनवरी, 1987) में वर्गीकृत गुप्त दस्तावेजों को उद्धृत करके यह कहा है कि पाकिस्तान ने पिछले कुछ महीनों में उच्च शक्ति वाले विस्फोटक बम का परीक्षण किया है और वह बहुत शीघ्र ही यह 'बहुत बढ़िया नहीं, किंतु कारगर' परमाणु अस्त्र का स्वामी बन जाएगा।

मैं इस बात को फिर दोहराना चाहता हूँ कि इस पहलू की सभी अच्छाइयों और बुराइयों पर पूरी तरह विचार करने के बाद भारतीय जनता पार्टी इस निष्कर्ष पर पहुँची है कि भारत को अपना परमाणु बम अवश्य बनाना चाहिए।" (जनवरी, 1987)

भारतीय संस्कृति : मिश्रित संस्कृति

"किसी भी प्राचीन देश की संस्कृति पर अनेक प्रभाव होते हैं और इस दृष्टि से वह मिली-जुली होती है। किंतु हमारे देश में मिली-जुली भारतीय संस्कृति के स्वरूप पर बल देकर सामान्यतया उसके मूल हिन्दू स्वरूप को नकारने की कोशिश की जाती है।

डोनल्ड यूज़ीन स्मिथ ने भारतीय सेक्युलरवाद के संबंध में गहन अध्ययन करके 'इण्डिया इज ए सेक्युलर स्टेट' नामक एक किताब लिखी है। इस पुस्तक में उन्होंने कहा है—"यद्यपि भारतीय संस्कृति एक मिली-जुली संस्कृति है, किंतु इस संस्कृति में हिन्दुत्व एक बहुत ही सशक्त और व्यापक तत्त्व के रूप में विद्यमान है। जो लोग भारतीय संस्कृति के मिले-जुले स्वरूप पर अधिक बल देते हैं, वे प्राय: इस बुनियादी तथ्य की उपेक्षा करते हैं। वस्तुत: हिन्दुत्व ही भारतीय संस्कृति की मूल प्रतिभा को प्रकट करता है।" (अप्रैल, 1988)

भारत के लिए परमाणु बम प्रतिरोधक आवश्यकता

"चीनी लोक गणराज्य का हमारे साथ प्रादेशिक विवाद अभी जारी है और वह एक ऐसी शक्ति के रूप में विद्यमान है जिसके पास निश्चित रूप से परमाणु हथियार हैं, अब इस बात के अधिकाधिक प्रमाण मिलते जा रहे हैं कि पाकिस्तान परमाणु हथियार बनाने की कोशिश कर रहा है।

जवाब में भारत की प्रतिक्रिया बड़ी लापरवाही की है। भारतीय जनता पार्टी इस बारे में अपने चिरपरिचित रवैये को फिर से दोहराना चाहती है कि राष्ट्रीय हित के इस महत्त्वपूर्ण क्षेत्र में दुविधापूर्ण नीति बहुत घातक होगी। भारत को स्वयं अपना परमाणु बम बनाना चाहिए। जब राष्ट्र की सुरक्षा दांव पर लगी हो तो अनिश्चित परमाणु नीति कोई नीति नहीं है।" (अप्रैल, 1988)

राम जन्मभूमि

"राम जन्मभूमि के बारे में एक व्यापक प्रस्ताव स्वीकार किया गया था जिसमें तर्क देकर यह सिद्ध किया गया था कि यदि 1985 में राजीव सरकार ने शाहबानो के मुद्दे पर मुस्लिम लीग लॉबी के आगे घुटने नहीं टेक दिए होते तो राम जन्मभूमि के द्वार खोल देने के 1986 के फैज़ाबाद ज़िला न्यायालय के निर्णय द्वारा दिए गए आदेश के प्रतिकूल प्रतिक्रिया नहीं हुई होती।

उस प्रस्ताव में भारतीय जनता पार्टी ने यह भी स्मरण कराया था कि किस

उप-प्रधानमंत्री

श्री लाल कृष्ण आडवाणी

(8 नवम्बर, 1927)

श्री आडवाणी अपनी पत्नी श्रीमती कमला आडवाणी के साथ।

पुत्र जयंत और पुत्री प्रतिभा के साथ।

प्रधानमंत्री पद ग्रहण करने के पश्चात वाजपेयी को बधाई देते हुए आडवाणी।

प्रधानमंत्री श्री वाजपेयी को जन्मदिन की बधाई देते हुए। साथ में खड़े हैं श्री मुरली मनोहर जोशी।

राष्ट्रीय राजमार्ग का आधारशिला रखते हुए।

श्री आडवाणी की भारत उदय यात्रा की सफलतम समाप्ति पर विदेश मंत्री यशवंत सिन्हा द्वारा पुष्पमय अभिनंदन।

श्री आडवाणी की जनादेश यात्रा : उत्साहित जनमसूह को संबोधित करते हुए।

जनसमूह को संबोधित करते श्री आडवाणी।

भारत उदय यात्रा के दौरान।

स्वर्ण जयंती रथ यात्रा की समाप्ति पर पत्रकार वार्ता में अपनी यात्रा की उपलब्धियों पर प्रकाश डालते हुए श्री आडवाणी।

पाकिस्तान के राष्ट्रपति परवेज मुशर्रफ से एक मुलाकात के दौरान।

बेनजीर के साथ व्यापक मुद्दों पर वार्ता के दौरान।

विभिन्न हस्तियों के साथ देशी-विदेशी
मुद्दों पर वार्ता के बीच अंतरंगता।

फुर्सत के क्षणों में पर्यटन का मजा।

व्यस्त जीवन में ध्यान और अध्यात्म के क्षण।

प्रकार से स्वतंत्र भारत की प्रथम सरकार ने गुजरात में प्रभाष पाटण के सोमनाथ मंदिर के पुनर्निर्माण का निश्चय किया था। प्रस्ताव में सरकार से यह आग्रह किया गया था कि वह राम जन्मभूमि के प्रति भी अयोध्या के इतिहास में घटी विध्वंस की घटना की स्मृति को मिटा देने के लिए भी वही सकारात्मक रवैया अपनाए जो नेहरू सरकार ने सोमनाथ मंदिर के प्रति अपनाया था।'' (सितम्बर, 1989)

प्रेस की स्वतंत्रता मूल अधिकार बने

''भारतीय संविधान ने प्रेस को पृथक रूप से कोई विशेष अधिकार नहीं दिया है। एक प्रावधान 1978 में जनता सरकार ने अवश्य जोड़ा था। अनुच्छेद 361 (अ) द्वारा फिरोज़ गाँधी अधिनियम को संवैधानिक मान्यता दी गई। उल्लेखनीय है कि यह कानून श्रीमती गाँधी ने आपातकाल में निरस्त कर दिया था।

उच्चतम न्यायालय के अनेक निर्णयों की वजह से अनुच्छेद 19, जो सभी नागरिकों को अभिव्यक्ति की स्वतंत्रता की गारंटी देता है, प्रेस स्वतंत्रता की गारंटी के रूप में भी परिभाषित होता है। जब भारतीय संविधान बनाया जा रहा था तो श्री जय प्रकाश नारायण ने (संविधान सभा के वे सदस्य नहीं थे) प्रेस स्वतंत्रता की गारंटी देने का एक अलग से प्रावधान शामिल करने का अनुरोध किया था। श्री बी०एन० राव ने प्रारूप समिति की ओर से बोलते हुए कहा था कि प्रेस की स्वतंत्रता अनुच्छेद 19 के अंतर्गत अभिव्यक्ति और संभाषण की स्वतंत्रता की गारंटी का ही एक अंग है। मुझे लगता है कि अब प्रेस की स्वतंत्रता केवल एक संप्राप्त अधिकार न बनाए रखते हुए, भारतीय संविधान में एक विधिवत् मौलिक अधिकार के रूप में शामिल किया जाना चाहिए जैसाकि अमेरिका तथा कुछ अन्य लोकतांत्रिक देशों के संविधान में है। इसके साथ ही सूचना की स्वतंत्रता का कानून भी बनाना चाहिए जिससे कि नागरिकों को राष्ट्रीय सुरक्षा की दृष्टि से वांछित गोपनीय दस्तावेजों के अलावा अन्य सभी सरकारी दस्तावेजों को देखने का कानूनी अधिकार मिल सके।'' (सितम्बर, 1989)

मंदिर निर्माण रोकना असंभव

''हमारे विरोधियों को अयोध्या के बारे में एक बात समझ लेनी चाहिए। अयोध्या में श्रीराम के जन्म-स्थान पर राम मंदिर के निर्माण का अभियान भले ही साधुओं, वि०हि०प० तथा रा०स्व० संघ द्वारा प्रारंभ किया गया है, भाजपा ने उसे अपना पूरा समर्थन दिया है और यह अभियान एक जन आंदोलन का रूप ले चुका है। अब यह सम्पूर्ण राष्ट्र का संकल्प.है न कि मात्र किसी संगठन या पार्टी की आकांक्षा।

जनता के संकल्प को विफल करने का कोई भी प्रयास निश्चित रूप से असफल होगा ही। मुझे आशा है कि अयोध्या में हाल ही में सोम यज्ञ की असफलता ने सभी संबंधित लोगों को इसे पर्याप्त स्पष्ट कर दिया होगा।

नि:संदेह हमारे खिलाफ ज़हर भरे ढंग से पीछे पड़ने और लोकतांत्रिक व्यवहार की सभी मर्यादाओं को तोड़कर हमारे विरोधियों ने अनजाने ही हमारा बड़ा भला किया है।

पहले तो उन्होंने स्वयं यह उजागर कर दिया है कि वे जन-मानस से कितने अलग-थलग़ पड़ गए हैं। 'शर्म से कहो हम हिन्दू हैं' जैसे नारों ने उन संगठनों और व्यक्तियों से लोगों का मन उचाट करने में ही सहयोग दिया है जो समाज से अपने अलगाव को ही बड़ा गुण मान बैठे हैं। दूसरे, हमारे विरोधियों के अभियान ने इस मान्यता को फिर से दृढ़ किया है कि भा॰ज॰पा॰ अपने दृष्टिकोण से स्पष्ट और विशिष्ट है।'' (जून, 1993)

अल्पसंख्यक और भाजपा

''भाजपा का मत है कि गैर भाजपा पार्टियों द्वारा की गई अल्पसंख्यकवाद की राजनीति ने केवल राष्ट्रीय एकता को क्षति पहुँचाई है। इस नीति से भले ही इन राजनीतिक दलों को कुछ चुनावी फायदा हुआ होगा, कुछ अल्पसंख्यक नेताओं ने राजनीतिक ताकत हासिल कर ली होगी, लेकिन इसने निश्चित रूप से मुसलमानों का तो भला नहीं किया है, जो आज़ादी के 46 वर्षों के बाद भी एक समुदाय के रूप में आर्थिक और शैक्षिक दृष्टि से पिछड़े हुए ही हैं।

भाजपा मुस्लिम भाइयों से आग्रह करती है कि वे इस कठोर वास्तविकता पर विचार करें। उनके हित इन दो बातों में ही निहित हैं—एक तो, वे स्वयं को वोट बैंक के हिन्दू और मुस्लिम, दोनों दलालों के शिकंजों से मुक्त करें और दूसरे, जितना अधिक वे दे सकें, शिक्षा पर ध्यान दें।

जहाँ तक भाजपा का संबंध है, मैं मुसलमानों से आग्रह करूँगा कि वे हमारे विरोधियों के रंगीन चश्मों से हमें न देखें बल्कि हमारे पिछले कामकाज के आधार पर हमारे बारे में फैसला करें। वे पाएँगे कि भाजपा सरकारें ही हैं जो कि वास्तव में समाज के सभी वर्गों को, चाहे वे बहुसंख्यक हों या अल्पसंख्यक सुरक्षा, न्याय और समानता की गारंटी देने में समर्थ रही हैं और मैं निश्चित तौर पर कह सकता हूँ कि वास्तव में आम मुसलमान यही चाहता है।'' (जून, 1993)

लघु उद्योगों की उपेक्षा न की जाए

''यह खेदजनक है कि बहु-विज्ञापित 'सम्पुटित आर्थिक सुधार' की घोषणा में लघु उद्योगों की उपेक्षा स्पष्टत: परिलक्षित होती है। लंदन 'इकोनोमिस्ट' में प्रकाशित एक अध्ययन में यह तथ्य उजागर हुआ है कि दुनिया भर में बड़े उद्योगों से तुलनात्मक रूप से अल्प उत्पादन और कम लाभ हो रहा है। उनके मुकाबले में लघु उद्योग अधिक व्यवहार्य प्रमाणित हो रहे हैं। जर्मन आर्थिक चमत्कार के मेरुदंड सदृश हैं, वे 3,00,000 लघु औद्योगिक इकाइयाँ जो जर्मनी के सकल स्वदेशी उत्पाद (जी॰डी॰पी॰) का दो-तिहाई उत्पादन करती हैं। यही बात जापान के लिए भी सत्य है जो सूक्ष्म इलेक्ट्रॉनिक्स द्वारा अर्थव्यवस्था के लघुरूपीकरण का अद्‌भुत उदाहरण है और वृहदाकार इकाइयों का प्रतिस्पर्धी है।

भारत में भी लघु उद्योग इकाइयाँ, जिनके अंतर्गत कुटीर उद्योग, हथकरघा उद्योग और ग्रामीण उद्योग आते हैं, सकल स्वदेशी उत्पाद (जी॰डी॰पी॰) का 40 प्रतिशत उत्पादन करती हैं एवं 3 करोड़ 25 लाख व्यक्तियों को रोजगार देती हैं, जबकि बड़े उद्योग निजी क्षेत्र में केवल 74 लाख व्यक्तियों को और सार्वजनिक क्षेत्र में कुल 23 लाख व्यक्तियों को रोजगार दे पाते हैं। 1989-90 में लघु उद्योग इकाइयों ने 30 हज़ार करोड़ के कुल निर्यात में से 9 हज़ार करोड़ रुपए का सीधा निर्यात किया था। इन आँकड़ों में विदेश में कार्यरत हमारे बढ़ई, राज-मिस्त्री और दूसरे कुशल कारीगरों द्वारा 1981-90 के दशक में प्रेषित 21 अरब डालर की राशि सम्मिलित नहीं है। भारतीय सुनार विदेशी मुद्रा में भारत के लिए 4 अरब डालर की कमाई करते हैं, जो राशि भारत में सभी बड़े उद्योगपतियों एवं बहुराष्ट्रीय कंपनियों के उपार्जन के योगफल से भी अधिक है। यह किसी एक वर्ष का आकस्मिक आँकड़ा नहीं है, बल्कि ऐसा प्रतिवर्ष होता रहता है। यह हमारे अप्रयुक्त शक्ति स्रोतों को उद्‌घाटित करने वाला तथ्य है। यदि हम अपनी इन कुशलताओं का उपयोग करें तो हम उत्पादन में, रोजगार उपलब्ध कराने में, निर्यात करने में और समृद्धि की दिशा में अग्रसर होने में सफल हो सकते हैं।'' (जून, 1993)

स्वदेशी की अवधारणा

''जिस सीमा तक उद्देश्य की समानता होती है तो उसी सीमा तक जीवन पद्धति, आदतें और आवश्यकताएँ भी समान होंगी और तदनुरूप समान तकनीक का भी प्रयोजन होगा। यह हर राष्ट्र का कर्तव्य है कि वह विकासशील राष्ट्रों की समानता की सीमा के आधार पर अपना विशिष्ट पथ निर्धारित करे। यह निर्णय और निष्कर्ष ही

'स्वदेशी' है जिसका अर्थ है कि राष्ट्रीय मस्तिष्क इस बात का विवेकपूर्वक फैसला करे कि अपने लिए उसे क्या चाहिए और उसे पाने के लिए उसे क्या करना चाहिए? साथ ही जिन समानताओं के आधार पर विश्व एक साँझा गाँव बनता जा रहा है, उनका रक्षण और पालन-पोषण भी होना चाहिए।

स्वदेशी की अवधारणा का अर्थ यह नहीं है कि केवल मात्र भारत में निर्मित वस्तुओं का ही उपयोग किया जाए, इसका अर्थ है मस्तिष्क की सोच द्वारा मानसिक एवं शारीरिक धरातलों पर स्थानीयता के अनुरूप जीवन जीने पर अधिकाधिक बल देना और पारस्परिक प्रयोजन पर आधारित विदेशी व्यापार भी करते रहना। यह विकसित देशों के सामने किसी हीनता ग्रंथि को प्रकट नहीं करती। भारत की अर्थव्यवस्था को ऋण-मुक्त बनाना भी इसके लक्ष्य में सम्मिलित है।

कर्नाटक के इस अधिवेशन को संबोधित करते हुए इसका उल्लेख करना उपयुक्त होगा कि पुराने मैसूर राज्य में ही आधुनिक तकनीक का श्रीगणेश हुआ था। देश में जल-विद्युत ऊर्जा का सर्वप्रथम आविर्भाव मैसूर में ही हुआ था। मैसूर में 1935 में उद्घाटित रेडियो स्टेशन को 'आकाशवाणी' नाम दिया गया, जिसे बाद में पूरे देश ने स्वीकार कर लिया।'' (जून, 1993)

जनसंख्या का आक्रमण

''स्वामी विवेकानन्द ने एक स्थान पर 'धैर्यशाली हिन्दू, मृदुल हिन्दू' की चर्चा की है। उनका संकेत देश के असीम लचीलेपन और विपत्तियों को झेलने की असीम क्षमता की ओर था। कांग्रेस को ये विशेषताएँ वांछित गुणों के स्थान पर दुर्बलताएँ प्रतीत होती हैं। इसलिए वह हिन्दुओं की परवाह नहीं करती, समाज की परवाह नहीं करती, राष्ट्र की परवाह नहीं करती। हमने उसके इस मनोभाव को कश्मीर में देखा, हमने इसे परिलक्षित किया है, उसके उस अनुमतिबोधक रुख में जिसके कारण बाढ़ के सदृश एक करोड़ बाँग्लादेशी भारत में घुसकर मौन जनसांख्यिकी रूपांतरण घटित कर रहे हैं। हम इसे नागरिकों की सुरक्षा के प्रति सरकार के अवज्ञापरक रुख में भी परिलक्षित कर रहे हैं।'' (जून, 1993)

राजनीति का अपराधीकरण

''12 मार्च, 1993 को बम्बई में हुए बम विस्फोटों की श्रृंखला, जिसके कारण 500 के करीब निर्दोष नागरिक मारे गए, राष्ट्रीय लज्जा का विषय है। इससे न केवल हमारी आंतरिक सुरक्षा की दुर्बलता प्रकट हुई है, बल्कि पाकिस्तान के पूरे

सक्रिय एवं गुप्त सहयोग से देश में कार्यरत गुप्तचरों की गतिविधियों के प्रति सावधान रहने की आवश्यकता भी उजागर हो गई है। तीन महीने बीत जाने के बाद भी सरकार मुख्य अपराधियों को अभी तक गिरफ्तार नहीं कर पायी है।

स्थिति के इतना संगीन बन जाने का एक बड़ा कारण राजनीति का अपराधीकरण है, जो प्रक्रिया पहले से चली आ रही थी किंतु जिसने पिछले दशक में भयावह रूप धारण कर लिया है। जब तक राजनेताओं और माफिया-नेताओं के गठबंधन को तोड़ा नहीं जाता तब तक इस समस्या का समाधान संभव नहीं है।

बम्बई और कोलकाता में हुए विस्फोटों के संदर्भ में जो तथ्य उजागर हुए हैं, उनसे यह साफ है कि कांग्रेस और मार्क्सवादी कम्युनिस्ट पार्टी दोनों गले-गले तक इस कूट योजना के दलदल में धँसी हुई हैं और इसलिए इस समस्या का समाधान करने की उन उनमें क्षमता है, न इच्छा ही है।'' (जून, 1993)

हिन्दुत्व की अवधारणा

''अयोध्या आंदोलन ने इस पूरी स्थिति को बदल दिया। इस आंदोलन ने इस मुद्दे पर राष्ट्रीय बहस छेड़ दी है कि भारतीय राष्ट्रवाद क्या है तथा भारतीय संविधान के निर्माताओं ने जिस रूप में पंथनिरपेक्षता (सेक्युलरिज्म) की परिकल्पना की थी, उसके सही अर्थ क्या हैं। भारतीय जनता पार्टी का विचार है कि भारत एक देश है और सभी भारतीय एक जन हैं परंतु उसका यह विश्वास है कि भारत के एकत्व का आधार उसकी युगों पुरानी संस्कृति में निहित है।

हमारे इस सांस्कृतिक राष्ट्रवाद की अवधारणा का सहज स्वरूप हिन्दुत्व बन गया है। हिन्दुत्व हमारे लिए मात्र नारा नहीं है। यह भारतीय जनता पार्टी का वैचारिक मूलमंत्र है जिसमें उसकी पहचान और दृष्टि अत्यंत विशिष्ट रूप से प्रकट होती है। अयोध्या से बहुत पहले पार्टी का यही प्रमाण चिह्न था और अयोध्या में राम जन्मभूमि स्थान पर भव्य राम जन्मभूमि मंदिर के वास्तविक निर्माण के बाद भी बना रहेगा।

भारतीय जनता पार्टी का यह भी विश्वास है कि भारतीय पंथनिरपेक्षता हिन्दुत्व की जड़ों में ही समाई हुई है। भारत सरकार सेक्युलर है क्योंकि अनिवार्य रूप से वह हिन्दू है। हिन्दू परंपरा और इतिहास में धर्मतंत्र का स्थान नहीं है।'' (मार्च, 1994)

सांस्कृतिक एकता

'भारतीय राष्ट्रवाद का आधार हमारी युगों पुरानी संस्कृति है'—इस बात को न्यायालयों ने अनेक निर्णयों में स्वीकार किया है।

प्रदीप जैन बनाम भारत संघ (1984) मामले में निर्णय देते हुए उच्चतम न्यायालय के मुख्य न्यायाधीश जस्टिस पी०एन० भगवती और जस्टिस अमरेन्द्रनाथ सेन तथा जस्टिस रंगनाथ मिश्र ने कहा था :

"यह इतिहास का रोचक तथ्य है कि भारत का राष्ट्र के रूप में अस्तित्व बनाए रखने का कारण एक समान भाषा या इस क्षेत्र में एक ही राजनीतिक शासन का जारी रहना नहीं है बल्कि सदियों पुरानी चली आ रही एक समान संस्कृति है। यह सांस्कृतिक एकता है, जो किसी भी बंधन से अधिक मूलभूत और टिकाऊ है, जो किसी देश के लोगों को एकजुट करने में सक्षम है और जिसने इस देश को एक राष्ट्र के सूत्र में बाँध रखा है।"

हाल के विधानसभा चुनावों के संदर्भ में भारतीय जनता पार्टी के विरोधी 'हिन्दुत्व की पराजय' के बारे में बहुत खुश होकर चर्चा करते हैं। निःसंदेह इन चुनावों के परिणाम हमारे समर्थकों या वस्तुतः हमारे विरोधियों को जितना भय था उनकी आशा के अनुकूल नहीं रहे। परंतु इन परिणामों से हमारी विचारधारा को कोई धक्का नहीं लगा है।" (मार्च, 1994)

हिन्दुत्व के प्रति बढ़ती आस्था

"इन चुनावों में भारतीय जनता पार्टी ने अपने समर्थन आधार का पर्याप्त विस्तार किया है। हमें कांग्रेस से एक करोड़ से अधिक मत प्राप्त हुए हैं। उत्तर प्रदेश में वैचारिक संघर्ष सबसे अधिक गहन था, वहाँ हमें 1991 से कहीं अधिक समर्थन मिला है, जबकि उस समय अयोध्या की 1990 की भयावह घटनाओं के कारण राम का मुद्दा असाधारण रूप से भावनाप्रवण मुद्दा बना हुआ था। उससे यही सिद्ध होता है कि हिन्दुत्व लोगों के मन में पहले से कहीं अधिक घर कर गया है।

छद्‍म पंथनिरपेक्षता के कारण अल्पसंख्यक वोट बैंक की राजनीति का उद्‍भव हुआ है। जब डॉ० श्यामा प्रसाद मुखर्जी ने 1953 में जम्मू-कश्मीर को भारत के साथ पूरी तरह विलय करने का अपना आंदोलन शुरू किया था, तब से हमने छद्‍म पंथनिरपेक्षता के खिलाफ अनवरत संघर्ष छेड़ा हुआ है। अयोध्या आंदोलन ने हमारे प्रयासों को महत्त्वपूर्ण सफलता प्रदान की है। राम जन्मभूमि आंदोलन के कारण हम छद्‍म निरपेक्षता के विकल्प के रूप में हिन्दुत्व की तरफ ध्यान आकर्षित कर सके हैं।

इस सफलता को हमें सक्रिय रूप से आगे बढ़ाना होगा। हमने जो संघर्ष छेड़ा है, उसमें शिथिलता नहीं आने दी जानी चाहिए। वास्तविक पंथनिरपेक्षता क्या है, इस बारे में राष्ट्रीय बहस चल रही है। भारतीय जनता पार्टी के अनुसार इसका अर्थ है—

'सबके लिए न्याय, तुष्टीकरण किसी का नहीं', यह बहस जारी रहनी चाहिए और लोगों को इस तथ्य के प्रति अधिकाधिक सचेत किया जाना आवश्यक है। हमारे विरोधियों द्वारा अपनाई जा रही अल्पसंख्यकवाद की राजनीति से देश की एकता को क्षति पहुँचती है और साथ ही अल्पसंख्यकों के हितों को नुकसान पहुँचा है।'' (मार्च, 1994)

अयोध्या आंदोलन का प्रभाव

''अयोध्या आंदोलन का लोगों पर इतना गहरा प्रभाव पड़ा कि हमारे कट्टर से कट्टर विरोधी को भी इस बारे में कुछ पुनः विचार करने पर विवश होना पड़ा तथा कथित सेक्युलरवादियों में भाजपा का विरोध करने की आम सहमति बनी रहेगी, परंतु उनमें भी चाहे हिचकिचाते हुए ही सही, हिन्दू भावना को समाहित करने की प्रवृत्ति दिखाई पड़ती है। अब कोई भी पार्टी उसी स्थल पर बाबरी ढाँचे के पुनर्निर्माण की बात नहीं करती। भारतीय जनता पार्टी के लिए सचमुच सुखद आश्चर्य रहा कि सरकार और अन्य दलों ने भी हमारे इस सुझाव के प्रति सकारात्मक रुख अपनाया कि संसद एक सर्वसम्मत प्रस्ताव पारित करे जिससे अंतर्राष्ट्रीय समुदाय को पता चले कि जहाँ तक जम्मू-कश्मीर का संबंध है उसके बारे में राष्ट्र की मूलधारा क्या है?

अंतिम रूप से पारित प्रस्ताव में काफी ऐसे पहलू शामिल हैं जिनके बारे में भारतीय जनता पार्टी अनेक वर्षों से अब तक जोर देती रही है।'' (मार्च, 1994)

चुनावों में धन शक्ति और बाहुबल

''भाजपा का बहुत समय से यही दृष्टिकोण है कि प्रशासनिक भ्रष्टाचार की जड़ें राजनीतिक भ्रष्टाचार में जमी हैं और फिर राजनीतिक भ्रष्टाचार चुनावी भ्रष्टाचार से पैदा होता है। सबसे पहले श्री वाजपेयी ने ही 1969 में संसद में जनसंघ के नेता के रूप में चुनाव-सुधार का मुद्दा उठाया था और सरकार से एक संसदीय समिति की स्थापना कराई थी। इस समिति ने 1972 में एक बहुमूल्य रिपोर्ट प्रस्तुत की थी। इसके बाद अनेकों रिपोर्टें आईं परंतु सरकार इस मामले में एक इंच आगे बढ़ने को तैयार नहीं हुई। अब 20 वर्षों के बाद और वह भी दलगत व कुत्सिग कारणों से उसने कार्यवाही करने का इरादा किया है। इसी बीच देश के चुनावों में इस हद तक गिरावट देखने को मिली है कि कहीं-कहीं चुनाव पार्टियों और उम्मीदवारों के बीच मात्र इस बात पर मुकाबला हुआ कि कौन कितनी अधिक धन शक्ति और माफिया शक्ति का प्रयोग कर सकता है।

जब राजनीतिज्ञ चुनाव जीतने के लिए ताकत और अपराधियों को इस्तेमाल करने लगते हैं तो वे अपराध के सहभागी बन जाते हैं। इसी बीच होने यह लगा है कि स्वयं पुराने अपराधी ही राजनीतिक अखाड़े में उतरने लगे हैं और उन्हें विधानसभाओं में स्थान मिल गया है। इस प्रक्रिया में पुलिस प्रशासन का एक भाग भी अपराध प्रवृत्ति में लिप्त हो गया है। वर्ष प्रतिवर्ष यह विघटन अधिक ही बढ़ता जा रहा है। एक के बाद एक राज्य में हम गुंडों की मित्र सरकारों को सत्ता में आते देख रहे हैं। यह जान कर क्षोभ होता है कि पिछले वर्ष मुम्बई (बंबई) में बम विस्फोट की भयानक घटना में वे कट्टर अपराधी शामिल थे जिनका राज्य के वर्तमान शासन के साथ निकट का संबंध था। जहाँ कुछ राज्यों में अपराधी–राजनीतिज्ञों के बीच संबंधों के कारण सामाजिक सद्भाव और कानून व्यवस्था पर गंभीर असर पड़ता है वहाँ दूसरी तरफ कुछ अन्य राज्यों में इन संबंधों ने खतरनाक ढंग से राष्ट्र विरोधी आयाम ले लिया है। आश्चर्य नहीं, जब से श्री टी॰एन॰ शेषन ने चुनावों में भ्रष्टाचार के खिलाफ एक तरह से जेहाद छेड़ दिया है वह तभी से लोगों की आँखों का तारा और कांग्रेस की आँखों का काँटा बन गए हैं।'' (जून, 1994)

धर्म की गलत व्याख्या

''चालीस वर्ष पहले डॉ॰ संपूर्णानंद ने अपने एक मित्र से कहा था कि कभी-कभी मात्र एक शब्द के गलत अनुवाद से देश की विचार प्रक्रिया बुरी तरह छिन्न-भिन्न हो सकती है। इस संबंध में उन्होंने धर्म शब्द को रिलिजन शब्द के अनुवाद के रूप में लिए जाने का उल्लेख किया है।

धर्म को राजनीति से अलग करने के नाम पर दो विधेयकों को पारित करने की माँग डॉ॰ संपूर्णानंद के इस पूर्वाभास को स्पष्ट रूप से प्रमाणित करती है। विधेयकों के हिन्दी रूपांतरण में सर्वत्र रिलिजन शब्द के लिए धर्म शब्द रखा गया है। सार्वजनिक जीवन से पान्थिक मान्यता का निष्कासन भी कोई अच्छी बात नहीं है, परंतु सार्वजनिक जीवन से धर्म को निकाल देने की अवधारणा मात्र हमारे देश के औसत नागरिक के लिए क्षोभकारी होगी।

फिर भी प्रस्तावित विधेयक के माध्यम से धर्म के किसी भी आह्वान पर प्रतिबंध लगाया जा रहा है और महाभारत तथा रामायण यहाँ तक कि राम राज्य का संकेत मात्र करने को चुनावी अपराध बनाया जा सकता है। यदि महात्मा गाँधी और श्री अरविंद—लोकमान्य तिलक और लाला लाजपत राय की तो बात ही क्या है—जीवित होते तो उन्हें भी राजनीतिक रूप से अपराधी बना दिया जाता क्योंकि

सरकार और इनके मित्र सहयोगी भारत को आधारहीन बनाने की बात ही नहीं सोच रहे हैं बल्कि वे भारत को एक सदाचारविहीन और आचरणहीन भारत बना रहे हैं।'' (जून, 1994)

सांस्कृतिक राष्ट्रवाद

''नि:संदेह उनके भय के मूल में अल्पसंख्यक पर आधारित छद्म पंथनिरपेक्षता की राजनीति के कारण उत्पन्न जनक्षोभ भी उतना भी महत्त्वपूर्ण है।

इस राष्ट्रवाद का आधार हमारी संस्कृति और विरासत है। हमारे लिए ऐसे राष्ट्रत्राद का कोई अर्थ नहीं है जो हमें वेदों, रामायण, महाभारत, गौतमबुद्ध, भगवान् महावीर, आदि शंकराचार्य, गुरु नानक, महाराणा प्रताप, शिवाजी महाराज, रानी लक्ष्मी बाई, स्वामी दयानंद, लोकमान्य तिलक, महात्मा गाँधी, जयप्रकाश नारायण और असंख्य अन्य राष्ट्रीय अधिनायकों से अलग करता हो। यह राष्ट्रवाद ही हमारा धर्म है।'' (जून, 1994)

हिन्दुत्व के प्रति वचनबद्धता

''हम भाजपा के लोग निरंतर कहते हैं कि हिन्दुत्व कोई धर्म नहीं है, यह धर्मतांत्रिक राज्य स्थापित करने का नुस्खा भी नहीं है। इसमें राष्ट्रत्व का सत्व और मूलाधार समाहित है। यह राष्ट्र को एकजुट करने वाली सुदृढ़ शक्ति है। हिन्दुत्व केवल अयोध्या में मंदिर नहीं है, यह तो हज़ारों-हज़ारों वर्षों के भारतीय अनुभव की सामूहिक बुद्धिमत्ता का प्रतीक है। अक्टूबर 1961 में मदुरई में अखिल भारतीय कांग्रेस कमेटी की बैठक को संबोधित करते हुए पंडित नेहरू ने कहा था—

''भारत पिछले अनेक युगों से तीर्थ स्थलों का देश रहा है। पूरे देश में बर्फीली हिमालय पर्वतमाला में स्थित बद्रीनाथ, केदारनाथ और अमरनाथ से लेकर दक्षिण में कन्याकुमारी तक आपको प्राचीन स्थलों के दर्शन होंगे।

इन महान तीर्थ यात्राओं में ऐसी क्या बात है जो लोगों को दक्षिण से उत्तर और उत्तर से दक्षिण की यात्रा करने के लिए प्रेरित करती है? यह एक देश और संस्कृति की भावना है और इसने हम सबको जोड़ रखा है। हमारे प्राचीन ग्रंथों में लिखा है कि भारत भूमि उत्तर में हिमालय से लेकर दक्षिण में समुद्र तक फैली हुई है।

भारत को एक महान देश समझने की अवधारणा युगों-युगों से चली आ रही है जिसे लोग पावन भूमि मानते हैं और इसी अवधारणा ने इसे एकसूत्र में बाँध रखा है, हालांकि यहाँ विभिन्न राजनीतिक स्वरूप के अलग-अलग राज्य रहे हैं और हम

विभिन्न भाषाएँ बोलते हैं। फिर भी यह मृदुल बंधन हमें अनेक रूपों में इकट्ठा बाँधे रखता है।'' (जून, 1944)

मृदुल बंधन

''इस प्रकार हिन्दुत्व वह आदर्श है जो भूत और भविष्य को वर्तमान से जोड़ता है। सार रूप में यही भारत की पहचान है। 'सेक्युलरवाद' के नाम पर राजनीतिज्ञ चाहते हैं कि यह देश अपनी पहचान भूल जाए। हिन्दुत्व मात्र सिद्धांत नहीं है, इससे बढ़कर यह भारत के प्रति हमारी प्रतिबद्धता की वास्तविकता है। प्रतिशोधी कांग्रेसी सरकारों द्वारा कोई भी मनमाना कानून पारित करने से यह वास्तविकता मिट नहीं सकती है। जब तक भारतीय सभ्यता है, हिन्दुत्व का स्थान अटल है और भाजपा यह सुनिश्चित करेगी कि हिन्दुत्व के रूप में भारत की आत्मा ऐसे कठोर लोकतंत्र विरोधी कानूनों पर हावी रहे। यह कोई चुनावी मुद्दा नहीं है, यह हमारा मिशन है। आइए, यहाँ एकत्र हुए सभी प्रतिनिधि इस मिशन को पूरा करने के लिए स्वयं को पुनः समर्पित करने के लिए संकल्प लें। इससे भारतीय राजनीति में नैतिक और आचार संबंधी आधार फिर से स्थापित हो सकता है जिसे जातिवाद और सांप्रदायिक वोट बैंक की राजनीति को चलाने वाले धीरे-धीरे समाप्त करते जा रहे हैं।'' (जून, 1944)

राजनीति और अपराध के बीच सहसंबंध निंदनीय

''हाल ही में विधानसभा चुनावों में वह मुख्य मुद्दा राजनीति और अपराध के बीच गठजोड़ का ही था जिसने जनता को कांग्रेस अस्वीकार करने के लिए प्रेरित किया। वोहरा समिति की रपट में यह प्रमुखता से कहा गया है कि किस प्रकार 'माफिया संगठन' प्रायः 'एक समानांतर सरकार' चलाने लग गए हैं। इस सरकार के कार्यकलाप उस समिति की रपट से जो कि गृह मंत्रालय की ही अपनी रपट है, कटघरे में आ खड़े हुए हैं। यह रपट दो वर्ष से पूर्व दे दी गई थी। फिर भी आज तक सरकार इस समिति की सिफारिशें लागू करने की दिशा में एक इंच भी आगे नहीं बढ़ी है। यह तथ्य कि हमारे देश के सर्वोच्च न्यायालय ने यह जरूरी समझा कि वह वोहरा समिति की रपट पर सरकार से स्पष्टीकरण माँगे, स्वयं में इस सरकार के विरुद्ध एक और अभियोग ही है।

और जैसे कि यह सब पर्याप्त नहीं था, स्वयंभू तांत्रिकों-पुजारियों की देश के सर्वोच्च व्यक्ति तक सीधी पहुँच के मामले भी अब दबाए जा रहे हैं। मैं इन समाचारों पर अपनी गंभीर चिंता प्रकट करना चाहूँगा कि मुम्बई विस्फोट काण्ड के

मुख्य भगोड़े दाऊद इब्राहिम पर अब भारत के विरुद्ध उस भीषण अपराध का आरोप भी नहीं लगाया जाएगा।

अपराध जगत् के आर्थिक ताने-बाने पर काबू पाने के वित्तमंत्री के लंबे-चौड़े दावों के बावजूद यह आकलन किया गया है कि भारत की कुल मुद्रा-आपूर्ति का 50 प्रतिशत काला धन है। फार्च्यून पत्रिका ने भारत और चीन को एशिया में सर्वाधिक भ्रष्ट अर्थतंत्र घोषित किया है और विदेशी कंपनियों को इस ढाँचे में काम करने के नुक्ते सुझाए हैं। अधिकांश पश्चिमी विश्लेषकों के लिए घूस का पैसा वह चिकनाई पैदा करता है, जिससे भारत में काम हो जाते हैं।'' (नवम्बर, 1995)

न्यायिक सुधार

''न्यायिक प्रक्रियाएँ जटिल और धीमी हैं। न्यायपालिका भी दोषपूर्ण नियुक्ति प्रक्रिया और अनाकर्षक सेवा शर्तों के कारण सर्वोत्तम विधि प्रतिभाएँ आकृष्ट नहीं कर पा रही है।

भाजपा एक राष्ट्रीय न्यायिक आयोग के गठन की पक्षधर है, जिसे न्यायिक नियुक्तियों में निर्णायक एवं अंतिम निर्णय लेने का अधिकार होना चाहिए। आयोग को न्यायिक अधिकारियों के विरुद्ध अभी आपराधिक शिकायतों से निबटने का भी अधिकार मिलना चाहिए। भाजपा न्यायिक प्रक्रिया के सरलीकरण तथा राष्ट्रव्यापी कानूनी सहायता कार्यक्रम बनाने के लिए प्रतिबद्ध है जो आम आदमी को न्यायिक समाधान उपलब्ध कराएगा।'' (नवम्बर, 1995)

अटल जी का करिश्माई व्यक्तित्व और लोकप्रियता

''नि:संदेह, भाजपा को सत्तारूढ़ पार्टी बनाने में प्रधानमंत्री अटल बिहारी वाजपेयी का प्रभाव रहा है और वही इसके प्रतीक भी हैं; वह हमारे संस्थापक अध्यक्ष भी हैं। हाल के चुनावों में भाजपा के सर्वश्रेष्ठ चुनाव प्रदर्शन में अनेक तत्त्वों का योगदान रहा है। पार्टी के लाखों कार्यकर्त्ताओं और हमारी विचारधारा से जुड़े करोड़ों लोगों ने भाजपा को वर्तमान स्थल तक पहुँचाने में वर्षों से अथक परिश्रम किया है। परंतु किसी को लेश मात्र भी इसमें संदेह नहीं है कि इस चुनाव में राष्ट्रीय जीवन में श्री अटल जी की ऊँचाई, उनकी लोकप्रियता और विश्वसनीयता तथा हमारे समाज में उनका जो करिश्माई व्यक्तित्व है, इन सभी कारणों ने भाजपा को शासन के इस नए युग में प्रवेश कराया है।

मुझे गौरव है कि मैंने उनके साथ चार दशकों से भी अधिक समय तक काम करने का अवसर पाया है। इसमें उनके साथ मेरे दीर्घकालीन और प्रगाढ़

दोनों तरह के साहचर्य से मुझे सफलता की इस घड़ी में पार्टी को प्रसन्नता के साथ हर्षित होने का विशेष हक है। मुझे दृढ़ विश्वास है कि अटल जी राष्ट्रीय इतिहास के कठिन मोड़ पर भारत में एक स्थिर, सुदृढ़ और ईमानदार सरकार प्रदान कर और अधिक ऊँचाइयों पर ले जाएँगें। हमारी पार्टी ने इस समय जो एक और अत्यंत चुनौतीपूर्ण कार्य हाथ में लिया है, आइए, हम सब उन्हें अपना सम्पूर्ण समर्थन और सहयोग प्रदान करने की प्रतिज्ञा करें।'' (अप्रैल, 1998)

9 आडवाणी की रथ यात्राएँ

अम्बर में जो अप्रतिम क्रोध छाया है,
पावक जो हित को फोड़ निकल आया है,
वह किसी भाँति भी व्यर्थ नहीं जाएगा,
आएगा, अपना महावीर आएगा।

विद्युत बनकर जो चमक रहा चिंतन में,
गुंजित जिसका निर्घोष लोक-गर्जन में,
जो पतन-पुंज पर पावक बरसाता है,
यह उसी वीर का रथ दौड़ा आता है।

विक्रमी रूप नूतन अर्जुन-जेता का,
आ रहा स्वयं यह परशुराम त्रेता का।
वह उत्तेजित, साकार, क्रुद्ध भारत है,
यह और नहीं कोई, विशुद्ध भारत का है।

गाँधी-गौतम का त्याग फिर आता है,
शंकर का शुद्ध विराग लिए आता है।
सच है, आँखों में आग लिए आता है,
पर, यह स्वदेश का भाग लिए आता है।

मत डरो, संत यह मुकुट नहीं माँगेगा,
धन के निमित्त यह धर्म नहीं त्यागेगा,
वह लक्ष्यबिंदु तक तुम को ले जाएगा,
उँगलियाँ थाम मंज़िल तक पहुँचाएगा।

रामधारी सिंह दिनकर की उपर्युक्त कविता 'परशुराम की प्रतीक्षा' में शौर्य के शोले बरसते हैं। जन-जन में जोश का उबाल लाने वाली यह कविता समाज में

व्याप्त दुर्बलता को नष्ट कर नस-नस में शक्ति भरने में सक्षम है। आडवाणी की विभिन्न रथ यात्राओं में वे परशुराम की भूमिका में नज़र आते हैं जो लोगों को उत्साहित और प्रेरित करने में पूरी तरह सक्षम हैं। इस कविता में परशुराम के स्थान पर उन्हें रखकर देखिए।

भाजपा को यात्रा आयोजित करने की प्रेरणा आदि शंकराचार्य के उदाहरण से मिली, जिन्होंने 32 वर्ष के अपने जीवन में देशभर में हज़ारों कि॰मी॰ की यात्रा की और अद्वैत मत का प्रचार किया। आडवाणी जी ने भी देश को जागृत करने के उद्देश्य से सितम्बर, 1990 से यात्राओं की शुरुआत की। यहाँ उनकी चर्चित यात्राओं का वर्णन करना समीचीन होगा।

राम रथ यात्रा

पहली भाजपा यात्रा, जैसा कि धर्म निरपेक्षवादियों ने दावा किया था, केवल मंदिर मस्जिद विरोध का ही भाग नहीं है, जो कि रामजन्म भूमि अयोध्या पर केन्द्रित है। यद्यपि ये रामजन्म भूमि को मुक्त कराने से भी जुड़ा हुआ है, फिर भी इसका मुख्य उद्देश्य तीन आधारभूत प्रश्नों को उठाना था जो कि राष्ट्र के अंत:करण में लुप्त थे और जिन्हें किसी ने भय से पूछने का साहस नहीं किया। ये मूलभूत प्रश्न निम्नलिखित थे :

धर्मनिरपेक्षता क्या है, साम्प्रदायिकता क्या है?

क्या राष्ट्रीय अखण्डता को अल्पसंख्यक साम्प्रदायिक को सहायता देने से पाया जा सकता है?

क्या सरकार अल्पसंख्यकता को अस्वीकार नहीं कर सकती।

राम रथ यात्रा 25 सितंबर, 1990 को सोमनाथ से आरम्भ हुई, जिसे पंडित दीनदयाल उपाध्याय के जन्म दिवस पर 10,000 कि॰मी॰ चलकर 30 अक्टूबर, 1990 को अयोध्या पहुँचना था।

सोमनाथ और अयोध्या क्यों?

वह जगह सोमनाथ ही थी जहाँ पर हिन्दू मंदिरों और समाधियों पर, जो कि एक पुरातन संस्कृति के प्रतीक थे; 1026 ई॰ में मो॰ गजनवी ने आक्रमण किया था तथा वह सोमनाथ मंदिर से सारी धन-सम्पत्ति को लूट कर ले गया था। सोमनाथ के मंदिर को बारम्बार बनाया जाता रहा। लेकिन किसी भी आक्रमणकारी की सेना मंदिर की पवित्र आत्मा को मान न दे सकी।

1950 में नष्ट हुए मंदिर को सरदार पटेल के प्रयासों से भारतीय राष्ट्रत्व के पुनर्रुत्थान के चिह्न के रूप में दोबारा बनवाया गया।

श्री आडवाणी ने सोमनाथ को ही प्रारम्भिक बिन्दु इसलिए चुना क्योंकि राष्ट्र की सांस्कृतिक एकता को बनाए रखने के लिए, इन अवशेषों से मंदिर का पुनर्निर्माण, यात्रा का पहला अध्याय था। यात्रा को अयोध्या में समाप्त करने का निर्णय लिया गया क्योंकि रामजन्म भूमि को मुक्त कराना उनका दूसरा उद्देश्य था।

ये यात्रा एक आश्चर्यजनक सफलता थी—किसी भी राजनीतिक संगठन के प्रयासों से ऐसी लोकप्रिय प्रतिक्रिया नहीं मिली। यह यात्रा 'लोकशक्ति' जो कि जनता द्वारा प्रतिनिधित्व की जाती है और 'राजशक्ति' जो कि विशिष्ट वर्ग द्वारा चलाई जाती है, के विरोध को केन्द्रित करती है।

रामरथ यात्रा का नैतिक एवं क्रांतिवादी विस्तार ही उसे 1930 के गाँधी जी के नमक सत्याग्रह और दाण्डी मार्च के तुलनात्मक बनाता है। इस यात्रा ने एक प्रभावकारी तथ्य को बाहर निकाला कि अगर राम के व्यक्तित्व को आदर्श माना जाता है तो राम राज्य को एक आदर्श शासन माना जाएगा।

इस यात्रा से उठी राष्ट्रवाद की तरंगों ने झूठे धर्मनिरपेक्षवादियों को हतोत्साहित कर दिया था। 'जय श्री राम' पारम्परिक अभिवादन से ज्यादा लोकप्रिय हो गया था। यह भाजपा के दृष्टिकोण का तीव्र पृष्ठांकन था कि धर्म निरपेक्षवाद का अर्थ अपने इतिहास, सांस्कृतिक सम्पत्ति और नींव को अस्वीकारना नहीं है। झूठे धर्म निरपेक्षवाद के दो समर्थक मुलायम सिंह यादव और लालू प्रसाद यादव 'दमन' और 'भय' जैसी नीतियों का प्रयोग करते हुए सामने आए। श्री आडवाणी 23 अक्टूबर को बिहार के समस्तीपुर ज़िले में सुबह के समय पकड़े गए और मसंजोर में बंदी बनाकर रखे गए। उत्तरप्रदेश में राष्ट्रवाद के पक्षधरों के विरुद्ध एक नृशंस आदेश जारी किया गया था।

राज्य "राज शक्ति" को "लोक शक्ति" के हाथों अपमानजनक पराजय का सामना करना पड़ा। वी॰पी॰ सिंह ने अपने शासन को चलाने के लिए जाति और धर्म का शोषण किया और उन्हें अपमानित होकर निकलना पड़ा। आज उनकी पार्टी, जनता दल, राजनीतिक रूप से अप्रभावी हो चुकी है और कांग्रेस के समर्थन के कारण ही केवल जीवितमात्र है। वो विवादित ढाँचा जिस पर मुस्लिम, जनता दल स्वयंभू, धर्मनिरपेक्ष संरक्षक के कहने पर खून बहाने को तैयार थे, वर्तमान में उसका कोई स्थान नहीं है। वह व्यक्ति जिसने रामरथ को रोकने और आडवाणी को गिरफ्तार करने का साहस किया आज उसका असली चेहरा एक भ्रष्ट राजनीतिज्ञ जो कि धन और सत्ता के पीछे भागता था, के रूप में जनता के सामने उजागर हो गया है।

आज भाजपा राष्ट्र की सबसे बड़ी राजनीतिक पार्टी है। मुट्ठीभर राष्ट्रवादियों के प्रयास ने आज की राष्ट्रवाद की भावना को जन्म दिया। यह तीर्थ यात्रा उस दिन समाप्त होगी, जब राम की इस पवित्र जन्मभूमि पर उनकी याद में एक मंदिर खड़ा किया जाएगा।

जनादेश यात्रा

मार्क्सवादियों और पृथक हुए झूठे धर्मनिरपेक्षवादियों के कारण राव सरकार सामान्य जनजीवन से धर्मनिरपेक्षवाद को निकालने तथा भाजपा की जगह को रद्द करने के दो कठोर बिल पास करने के दोहरे लक्ष्य पर केन्द्रित थी। इन विधेयकों को लाने का एक ही उद्देश्य था कि भारत में रह रहे अल्पसंख्यकों को खुश किया जाए और वोटों की राजनीति की जाए। भा०ज०पा० ने संसद में इन बिलों का विरोध किया। हालांकि ये विधेयक संसद से हटाए नहीं गए किंतु इन पर बहस होने से रोक दी गई।

संसद में भाजपा के विरोध का नेतृत्व आडवाणी ने किया।

''हम ईश्वर भक्ति को धर्म का नाम देने के सख्त विरोध में हैं, आमतौर पर सभी भारतीय, चाहे वे हिन्दू हों, या मुस्लिम हों, या ईसाई हों। उसका धर्म उसको सही कार्य करने के लिए प्रेरणा देता है। राजनीति से धर्म हटाने से जनता के जीवन का नैतिक आधार कमज़ोर हो जाएगा। राजनीति में से अधर्म को हटाना चाहिए, न कि धर्म को। राजनीति से भ्रष्टाचार और अपराधीकरण को हटाना चाहिए।''

इस बिल द्वारा धर्म निरपेक्षवादी चार उद्देश्य प्राप्त करना चाहते थे—

चुनाव को प्राथमिक स्तर पर समाप्त करना और अयोग्य करा देना।

संस्थाओं पर रोक लगाने के लिए वैधानिक सहायता।

सब धर्मों को मान्यता देने की बजाए राज्य में अधर्म फैलाना।

राजनीतिक दलों की मान्यता समाप्त करना।

एक बार फिर श्री आडवाणी ने इस अप्रजातांत्रिक और जनता विरोधी विधेयकों का विरोध करने के लिए जनता में चेतना जागृत की। उन्होंने इसके लिए भारत की चारों दिशाओं से यात्रा शुरू की, जिसका नेतृत्व भाजपा के वरिष्ठ नेताओं ने किया। इस यात्रा का उद्देश्य जनता में इन कठोर विधेयकों के विरोध में चेतना जागृत करना था।

चारों यात्राएँ, 11 सितम्बर 1993 को, स्वामी विवेकानन्द के जन्म दिवस पर प्रारम्भ हुई। श्री आडवाणी जी ने इस यात्रा का प्रारम्भ मैसूर से किया। जम्मू राज्य से श्री भैरो सिंह शेखावत ने इस यात्रा का नेतृत्व किया, गुजरात राज्य के पोरबंदर से

श्री मुरली मनोहर जोशी ने और कोलकाता (कलकत्ता) से श्री कल्याण सिंह ने इस यात्रा का नेतृत्व किया। यह यात्रा 25 सितम्बर को भोपाल में समाप्त हुई।

इस प्रकार यह यात्रा जनता में इन विधेयकों के खिलाफ चेतना जागृत करने में पूर्ण रूप से सहायक सिद्ध हुई। अभी तक धार्मिक विधेयक पर जो चर्चा दिल्ली के आलीशान कमरों में होती थी। अब इस यात्रा के द्वारा पूरे भारत में इस विधेयक के खिलाफ चर्चा होने लगी। इस विधेयक पर भा०ज०पा० की निंदा करने वाले राजधानी में अभी योजना बना ही रहे थे कि भा०ज०पा० उनके आगे निकल कर जनता के पास विधेयक के विरोध में समर्थन प्राप्त करने पहुँच गई।

तेलंगाना के नक्सली इलाके में आडवाणी को जनता का पूर्ण समर्थन प्राप्त हुआ। अहमदाबाद में जनता ने जोशी का बहुत उत्साह से स्वागत किया। कोलकाता में भी कल्याण सिंह को जनता का उत्साहवर्द्धक समर्थन प्राप्त हुआ। पंजाब के आतंकवाद ग्रस्त क्षेत्रों में भी प्रथम बार एक राजनीतिक दल ने वहाँ की जनता तक पहुँचाने की कोशिश की। जनता ने शेखावत का स्वागत किया। अधिकारियों ने उन्हें धन्यवाद दिया कि उनकी वजह से प्रशासन का नैतिक बल बढ़ेगा।

उपर्युक्त विधेयक संसद में पास नहीं हो सके। वास्तव में इस बिल को पेश करने वाले, आम जनता के विरोध के कारण इतना डर गए थे कि उन्हें अब यह अनुभव होने लगा था उनकी यह चाल कामयाब नहीं होगी और इसी कारण वे इस विधेयक पर बहस कराने का साहस नहीं जुटा सके। इस प्रकार एक बार फिर निरपेक्षवादियों की यह अधार्मिक चाल धर्म की शक्ति द्वारा समाप्त कर दी गई। इस प्रकार इस जनादेश यात्रा के मुख्य उद्देश्य 'लोकतंत्र रक्षानाय, धर्मचक्र प्रवर्तनाय' एक सफल प्रयोग सिद्ध हुआ।

सुराज यात्रा

पी०वी० नरसिम्हा राव ने जब यह महसूस किया कि लोकसभा के चुनावों में उनकी हार निश्चित है तब उन्होंने श्री आडवाणी के खिलाफ एक चार्जशीट दायर की जिसके उत्तर में श्री आडवाणी ने अपनी लोकसभा की सीट से इस्तीफा दे दिया और कहा कि जब तक उन पर लगे सभी आरोपों से वे दोषमुक्त नहीं हो जाते तब तक संसद में नहीं बैठेंगे। इस कार्य ने आडवाणी को और राजनीतिज्ञों से ऊँचा किया और संकट की इस घड़ी में पूरी भाजपा जिस प्रकार से अपने अध्यक्ष के समर्थन में खड़ी हुई, वह दूसरी राजनीतिक पार्टियों के लिए एक सबक था।

श्री आडवाणी ने इस लड़ाई को जनता तक ले जाने का निश्चय किया ताकि

जनता स्वयं सही या गलत का निश्चय करे। एक बार फिर भाजपा ने भ्रष्टाचार, जो कि उस समय ज्वलंत विषय था, को जनता के सम्मुख ले जाने का निश्चय किया। नेताजी सुभाषचन्द्र बोस के जन्मदिवस पर इस सुराज यात्रा को नया नाम 'स्वराज्य से सुराज तक' दिया गया।

इस यात्रा के उद्देश्य को समझाते हुए आडवाणी ने कहा :

"दिल्ली चलो (यह नारा नेताजी सुभाष चन्द्र बोस ने दिया था)। यह नारा देशभक्तों के लिए प्रेरणा का स्रोत था। उस समय दिल्ली चलो नारे का अर्थ था 'पूर्ण स्वराज' प्राप्त करना। यद्यपि पिछले 50 सालों से हमें स्वराज्य प्राप्त है, लेकिन तब भी स्वरांज हमसे दूर है। अगर इस स्वराज को लाने में भाजपा सहायक सिद्ध होती है। भाजपा को इस सुराज को लाने में समर्थन दें। उन्होंने कहा इस सुराज यात्रा द्वारा भाजपा आम जनता तक सुरक्षा और स्वदेशी की विचारधारा को ले जाएगी। उन्होंने यह भी कहा कि इस सुराज यात्रा द्वारा हिन्दुत्व की विचारधारा को भी आम जनता तक पहुँचाया जाएगा।"

और यह संदेश आम जनता तक पहुँचाया गया। 9 मार्च को 'इरनाकुलम' (त्रिवेन्द्रम) से आडवाणी ने यात्रा शुरू की, जो देश के विभिन्न राज्यों से गुजरते हुए लाखों लोगों में चेतना जागृत करती गई। जनता ने भारी उत्साह से आडवाणी का स्वागत किया और भ्रष्टाचार के विरोध में उन्हें पूर्ण समर्थन दिया। देश की आम जनता ने इस यात्रा के दौरान उन्हें समाज में एकता लाने के लिए, स्वदेशी अपनाने के लिए और अपनी सांस्कृतिक धरोहर पर गर्व करने के लिए पूर्ण समर्थन दिया।

इस उत्साही यात्री ने उत्तरी भारत के मैदानों की यात्रा के दौरान गर्मी को झेला और आम जनता में अपने विचार रखे। आडवाणी प्रातःकाल से देर रात तक जनता से सम्पर्क रखने में व्यस्त रहते थे। जनता भी, गर्मियों की दोपहर में उनका भाषण सुनने के लिए और स्वागत करने के लिए खड़ी रहती थी। जनता के लिए आडवाणी एक तीर्थ यात्री के समान थे। उस तीर्थ यात्री के समान जिसके पास दूरदृष्टि थी और जो जनता के हिंत के लिए और उनको एक संदेश देने के लिए यात्रा कर रहा था।

लखनऊ में इस यात्रा के समाप्त होने के साथ ही इस यात्रा का उद्देश्य भी पूरा हो गया। अब यह स्पष्ट हो गया था कि कांग्रेस तब तक की सबसे करारी हार की ओर जा रही है। जब वोट गिने गए, तब यह स्पष्ट हो गया कि जनता ने अपना निर्णय बदलाव के लिए दिया है। जनता ने सुराज को समर्थन दिया। इस प्रकार जनता ने झूठे धर्म-निरपेक्षवादियों को गलत करार दिया हालांकि ऐसा पहली या अंतिम बार नहीं हुआ था।

उपर्युक्त चार जनाभियानों मे से प्रत्येक ने अपने प्रकार से राजनीतिक जागरूकता पैदा करने के साधन के रूप में यात्रा के प्रयोग की प्राचीन भारतीय परम्परा को आगे बढ़ाया। विशेष रूप से राम रथ यात्रा ने छद्म धर्मनिरपेक्षता के खिलाफ चिरस्थायी योगदान किया जिससे भारत की राष्ट्रीय पहचान के ही मिटा दिए जाने का खतरा पैदा हो गया था और भारतीय राष्ट्रवाद की सच्ची परिभाषा हिन्दुत्व (सांस्कृतिक राष्ट्रवाद) को लोकप्रिय बनाने में बाधा पड़ रही थी। चूँकि श्री राम भारतीय सभ्यता के एक महानतम प्रतीक हैं, अत: कोई भी सच्चा देशभक्त अयोध्या में राम जन्मभूमि पर जो कि उनका जन्म स्थान है और जहाँ आक्रमणकारी मुगल बादशाह बाबर ने जानबूझ कर पहले स्थित एक मंदिर को एक मस्जिद का रूप दे दिया था, श्रीराम का मंदिर बनाने का विरोध नहीं कर सकता था। इसलिए भारतीय जनता पार्टी के लिए, जो हिन्दुत्व की पक्षधर है, यह स्वाभाविक था कि वह राम जन्मभूमि आंदोलन को अपना शक्तिशाली समर्थन देती। आडवाणी ने राम रथयात्रा के रूप में ऐसा किया, जो भारत के सामाजिक-राजनीतिक इतिहास में एक बड़ा मोड़ सिद्ध हुआ।

श्री लाल कृष्ण आडवाणी ने अपनी राम रथ यात्रा के दौरान स्पष्ट किया था—"भाजपा के अनुसार, यह मात्र एक मंदिर-निर्माण के लिए नहीं है। यह राष्ट्र की सांस्कृतिक पहचान को पुन: पुष्ट करने का स्वतंत्रता के बाद सबसे बड़ा जन आंदोलन है। यह एक पुनर्जीवित, संकल्पवान और आधुनिक भारत के लिए डायनेमो है।"

राम रथ यात्रा के माध्यम से भाजपा भारतीय राष्ट्रवाद और धर्मनिरपेक्षता के सही अर्थों पर एक जोरदार राष्ट्रीय बहस कराने में सफल हुई। आडवाणी ने अयोध्या आंदोलन के विरोधियों को इन शब्दों में चुनौती दी थी—"यदि अयोध्या विवाद मात्र एक मंदिर और एक मस्जिद का विवाद होता तो इतना असाध्य नहीं होता। जो लोग बाबरी मस्जिद के पक्ष में अभियान चला रहे हैं, उन्हें समझना चाहिए कि वे देश में एक मस्जिद या एक मंदिर में से किसी एक का चुनाव करने की बात नहीं कर रहे हैं, वे बाबर के मुकाबले राम को खड़ा कर रहे हैं। जिन्नाह के दो-राष्ट्र के सिद्धांत के फलस्वरूप पाकिस्तान बना। अब समय आ गया है कि इस सिद्धांत को सदा के लिए दफना दिया जाए और यह स्वीकार कर लिया जाए कि बस केवल एक भारत है और यह भी कि भारत और इसके सभी लोग, चाहे हिन्दू हों या मुसलमान, केवल राम के साथ अपनी पहचान बना सकते हैं, न कि बाबर के साथ, जो एक विदेशी आक्रांता था।"

भाजपा ने अयोध्या आंदोलन की शुरुआत धर्मनिरपेक्षता के सही अर्थों को जोरदार ढंग से प्रस्तुत करने के लिए की। श्री आडवाणी ने कहा—''भारत इसलिए धर्मनिरपेक्ष है क्योंकि यहाँ अधिसंख्या में हिन्दू रहते हैं। हमारा इतिहास और हमारी परम्परा धर्मतंत्र को स्वीकार नहीं करते। भारतीय राष्ट्रवाद की जड़ें उसी प्रकार हिन्दू लोकाचार में निहित हैं जिस प्रकार भारत के स्वतंत्रता संघर्ष के दौरान यह उपनिवेशवाद के विरुद्ध भी था। गाँधी जी ने ही राम राज्य को स्वतंत्रता आंदोलन के लक्ष्य के रूप में प्रस्तुत किया था। मुस्लिम लीग ने यह कहकर उनकी आलोचना की थी कि वे हिन्दू राज के हिमायती हैं। गाँधी जी की सभाओं में राम धुन का गान या गो रक्षा पर उनका जोर देना मुस्लिम लीग को अच्छा नहीं लगता था। लीग ने अपने एक वार्षिक अधिवेशन में 'वंदेमातरम्' को 'मूर्ति पूजा' का प्रतीक कहकर इसकी भर्त्सना करते हुए एक प्रस्ताव पारित किया था। इन सब बातों से स्वतंत्रता संघर्ष के नेताओं ने अपनी प्रेरणा के प्रमुख स्रोत के बारे में स्वयं को कभी दोषी महसूस नहीं किया था।''

50 वर्ष से भी अधिक समय पूर्व डॉ० श्यामा प्रसाद मुखर्जी ने इस हिन्दू विरोधी लक्षण का विशद् विवेचन किया था—''हमारे इस महान देश में भारत के बहुत से लोगों की हिन्दू शब्द से नाक भौं सिकुड़ती है।'' श्री आडवाणी ने इसी बात को निम्नांकित शब्दों में कहा था—''दुर्भाग्य से पिछले चार दशकों से धर्मनिरपेक्षता के नाम पर कांग्रेस पार्टी, कम्युनिस्ट पार्टियों, मुस्लिम लीग और कुछ अन्य पार्टियों के राजनेता चाह रहे हैं कि राष्ट्र अपने विशिष्ट व्यक्तित्व को नकार दे। वामपंथी विचारधारा के समर्थकों के लिए धर्म निरपेक्षता ऐसी प्रियोक्ति बन गई है, जिसके माध्यम से वे धर्म के प्रति, विशेष रूप से हिन्दुत्व के प्रति अपनी गहरी अरुचि पर पर्दा डालते हैं। इसी रवैये को भाजपा छद्म-धर्मनिरपेक्षता का नाम देती है।''

स्वर्ण जयंती रथ यात्रा

भारत अतीत के अनेक युगों से तीर्थयात्राओं का देश रहा है। आपको सारे देश में हिमालय के उन्नत शिखरों पर स्थित बद्रीनाथ, केदारनाथ और अमरनाथ से लेकर नीचे धुर दक्षिण में कन्याकुमारी तक ये प्राचीन स्थान मिलेंगे।

इन महान तीर्थयात्राओं में हमारी जनता को दक्षिण से उत्तर और उत्तर से दक्षिण की ओर किस चीज ने आकर्षित किया है? यह एक देश और एक संस्कृति की भावना ही है और इसी भावना ने हमें एक-दूसरे के साथ बाँधे रखा है। हमारे प्राचीन ग्रंथों में कहा गया है कि भारतभूमि उत्तर में हिमालय से लेकर दक्षिण सागर तक फैली हुई है।

भारत के बारे में यह विचार कि यह एक महान देश है जिसे लोग पुण्य भूमि मानते हैं युगों से चला आ रहा है और इसने हमें एकता के सूत्र में पिरोए रखा है चाहे हम अलग-अलग भाषाएँ ही क्यों न बोलते हों। यह रेशम की डोर का बंधन अब भी हमें अनेक प्रकार से इकट्ठा रखे हुए है।

यहाँ इस पर भी बल देने की आवश्यकता है कि यात्रा लोगों की राजनीतिक शिक्षा और संगठन का भी माध्यम रही है। हमारे ऋषि-मुनियों और समाज-सुधारकों को स्वाधीनता, राष्ट्र-कल्याण, शासक द्वारा उत्तरदायी शासन जैसे आदर्शों की सदा ही चिंता रही है।

जब नन्द राजाओं का शासन पतनोन्मुख था तो उसके अंतिम वर्षों में चाणक्य ने एक यात्रा आरम्भ की थी जिसका प्रयोजन प्रच्छन्न रूप से राजनीतिक था। एक ऐसे धर्म पर आधारित सुदृढ़ शासन की स्थापना करना जो बाहरी खतरों और आंतरिक अध:पतन का सामना कर सके। मध्यकाल में राजा शिवाजी के आध्यात्मिक गुरु रामदास स्वामी ने लोगों में 'हिन्दवी स्वराज' की भावना भरने के लिए एक साधन के रूप में इसका प्रयोग किया था।

स्वर्ण जयंती रथ यात्रा के चार उद्देश्य

स्वर्ण जयंती रथ यात्रा इस पवित्र परम्परा का अंग है। चूँकि इसमें भी राजनीतिक शिक्षा के लिए यात्रा के तरीके का प्रयोग किया गया है, जो हमारी सभ्यता के प्रमुख मूल्यों पर केन्द्रित है। आडवाणी ने अपनी राष्ट्रव्यापी यात्रा आरम्भ करने से पहले इस यात्रा के निम्नलिखित उद्देश्य परिभाषित किए थे :

अपने सभी शहीदों तथा स्वतंत्रता सेनानियों को श्रद्धांजलि अर्पित करके और हमारे गौरवशाली स्वतंत्रता संग्राम तथा गर्वयुक्त इतिहास के पन्नों का स्मरण करा कर भी मंद करती हुई राष्ट्र भक्ति की ज्वाला को पुन: प्रज्वलित करना;

स्वतंत्र भारत के प्रथम 50 वर्षों की सफलताओं, त्रुटियों और विफलताओं का लेखा-जोखा लेना;

देश के समक्ष आज विद्यमान महत्त्वपूर्ण मुद्दों और समस्याओं पर गंभीर बहस उत्प्रेरित करना; और

भारतीय जनता पार्टी के राष्ट्रीय पुनर्निर्माण के स्वप्न को विशेष रूप से स्वराज को सुराज में परिवर्तित करने की ओर ध्यान केन्द्रित करके उजागर करना।

यात्रा ने भारत के स्वतंत्रता आंदोलन के दौरान किए गए शूरवीरतापूर्ण संघर्षों एवं बलिदानों से परिपूर्ण सैकड़ों स्थानों के दर्शन करके जिनका श्री आडवाणी ने

'राष्ट्रभक्ति की तीर्थ यात्रा के केन्द्रों' के रूप में ठीक ही वर्णन किया था, अपना पहला उद्देश्य पूरा किया। स्वयं स्वर्ण जयंती रथ का नमूना ही इस आंदोलन के शहीदों और शूरवीरों के प्रति दर्शनीय प्रणाम को दर्शाता था। इस पर भारत माता का एक विशाल चित्र रखा हुआ था और चुनिंदा देशभक्तों के प्रतिनिधिस्वरूप (एक ओर) महात्मा गाँधी की डांडी यात्रा का दृश्य, लोकमान्य तिलक, सरदार वल्लभ भाई पटेल, डॉ॰ बी॰आर॰ अंबेडकर के चित्र और (दूसरी ओर) रानी झाँसी लक्ष्मीबाई, वीर पांड्या कट्टाबोम्मन, शहीद भगत सिंह, चन्द्रशेखर आज़ाद, अशफाकउल्ला खान, स्वातंत्र्यवीर सावरकर, नेताजी सुभाष चन्द्र बोस तथा डॉ॰ केशव बलिराम हेडगेवार के चित्र लगे हुए थे।

अगस्त क्रांति मैदान राष्ट्रव्यापी यात्रा शुरू करने के लिए एक उपयुक्त स्थान था। यहीं पर 8 अगस्त, 1942 को अखिल भारतीय कांग्रेस समिति का वह ऐतिहासिक सम्मेलन हुआ था, जिसमें 'भारत छोड़ो' का बिगुल बजा था। महात्मा गाँधी के नेतृत्व में हुए इस सम्मेलन में स्वतंत्रता आंदोलन के 'निर्णायक' चरण की शुरुआत का निश्चय किया गया था। इस घटना के अगले दिन ही कांग्रेस के सभी बड़े नेताओं को गिरफ्तार कर लिया गया था। किंतु यही घटना अंग्रेजी राज के अंत की शुरुआत बन गई थी।

स्वतंत्रता आंदोलन में इतना विशिष्ट स्थान रखने वाला अगस्त क्रांति मैदान देखने में एकदम साधारण सा लगता है। अपने बड़े नाम की तुलना में इसका आकार असाधारण रूप से बहुत छोटा है और 'कंक्रीट के जंगल' से घिरा है जिसे मुम्बई के नाम से जाना जाता है। मुम्बई अर्थात् एक ऐसा शहर, जहाँ भूमि सोने के भाव बिकती है और इसे पाने के लिए लोग सदैव उतावले रहते हैं। संक्षेप में कहें तो अगस्त क्रांति मैदान की यह कारुणिक दशा राजनीतिक एवं आर्थिक जगत् से जुड़े हमारे स्वार्थी विशिष्ट वर्ग की लूटमार के कारण राष्ट्रीय गौरव में आए ह्रास की सूचक है।

किंतु 18 मई को यहाँ माहौल राष्ट्रभक्ति से सिक्त था। उस दिन कार्यक्रम की शुरुआत अगस्त क्रांति के प्रतीक स्वरूप यहाँ खड़े इस स्तम्भ पर माल्यार्पण से हुई, जिसके ऊपरी सिरे पर क्रांति की ज्वाला स्वरूप कमल का फूल बना हुआ है, जो 'भारत छोड़ो' आंदोलन में शहीद हो चुके सैकड़ों लोगों की याद दिलाती है। हिंदी और मराठी के राष्ट्रभक्तिपूर्ण गीतों से वातावरण गूँज रहा था, बीच-बीच में भारतमाता एवं उन शूरवीर महिलाओं—पुरुषों के नामों की जय-जयकार होती थी जो हमारी आज़ादी के लिए लड़े। विशाल मंच के पृष्ठ भाग पर स्वतंत्रता संग्राम में भाग लेने वाले महान नेताओं के कलात्मक चित्र सुसज्जित थे।

इस उद्घाटन समारोह में उपस्थित जन समूह का उत्साह स्पष्ट दिखाई पड़ता था। मंच पर श्री अटल बिहारी वाजपेयी मौजूद थे, जिन्होंने इस उद्घाटन समारोह के अंत में स्वर्ण जयंती रथ यात्रा शुरू करने के लिए झंडी दिखाई। उनके अतिरिक्त महाराष्ट्र के तत्कालीन मुख्यमंत्री मनोहर जोशी और उपमुख्यमंत्री गोपीनाथ मुंडे, राजस्थान के तत्कालीन मुख्यमंत्री श्री भैरोसिंह शेखावत, दिल्ली के तत्कालीन मुख्यमंत्री श्री साहिब सिंह वर्मा, भाजपा की सहयोगी पार्टी समता पार्टी के अध्यक्ष श्री जार्ज फर्नांडिस, भाजपा के अखिल भारतीय महासचिव श्री प्रमोद महाजन एवं पत्नी श्रीमती कमला आडवाणी के साथ श्री आडवाणी स्वयं उपस्थित थे। उत्सुकता थी कि इस अवसर पर देश के सबसे लोकप्रिय जन नेता श्री वाजपेयी क्या कहेंगे? और स्वयं श्री आडवाणी अपनी यात्रा शुरू करने से पहले क्या कहेंगे?

वाजपेयी का उद्बोधन

श्री वाजपेयी ने अपने संक्षिप्त भाषण में कहा कि स्वतंत्रता की स्वर्ण जयंती एक अवसर है, इसे मनाने का भी और ईमानदारी से आत्मालोचन का भी; दुर्भाग्य से स्वतंत्रता आंदोलन में अग्रणी भूमिका निभाने वाली कांग्रेस न तो इसे मानने में रुचि रखती है, और न ही आत्मालोचन में। इसके बजाए इस स्वर्ण जयंती वर्ष में वह सत्ता हथियाने की मौकापरस्त राजनीति भर कर रही है। उन्होंने कहा कि भाजपा को दूर रखने की कांग्रेस और उसके साथ गठजोड़ करने वाली पार्टियों की नीति का दुष्परिणाम भारत को भुगतना पड़ा है। श्री वाजपेयी ने कश्मीर और उत्तर-पूर्व राज्यों में भारत की एकता, अखंडता और सुरक्षा के लिए पैदा हुए खतरों से जनता को आगाह कराया और एक होकर इनका मुकाबला करने की अपील की।

आडवाणी का उद्बोधन

श्री आडवाणी ने अपने भाषण की शुरुआत मुंबई और महाराष्ट्र के उन महान पुत्र-पुत्रियों को श्रद्धांजलि देते हुए की, जिनकी तपस्या ने अमर दीप के लिए तेल का काम किया जिससे स्वतंत्रता आंदोलन का पथ प्रशस्त होता रहा। शिवाजी महाराज से तिलक महाराज तक, दादाभाई नौरोजी से मैडम कामा तक, वीर सावरकर से बाबू गेनू तक और ज्योतिबा फुले से डॉ॰ बाबा साहब अंबेडकर तक महाराष्ट्र के सपूतों ने स्वतंत्रता संग्राम के प्रत्येक पहलू के लिए पर्याप्त प्रेरणा का संचार किया। श्री आडवाणी ने यह कहकर अपनी यात्रा का लक्ष्य स्पष्ट किया कि महात्मा गाँधी ने आह्वान किया था—'अंग्रेजों, भारत छोड़ो।' अब समय आ गया है कि हम सब मिल कर एक साथ यह उद्घोष करें—'भूख, भारत छोड़ो; भय, भारत

छोड़ो; भ्रष्टाचार भारत छोड़ो।' भारत की स्वतंत्रता के 50 वर्ष बाद भी ये शर्मनाक व्याधियाँ देश का पीछा क्यों नहीं छोड़ रही हैं, इसका सूक्ष्म विश्लेषण करते हुए उन्होंने इसका मूल कारण राष्ट्रीय पहचान एवं राष्ट्रीय मूल्यों में आई गिरावट को बताया, जिसके ज़िम्मेदार अब तक शासन करने वाले कांग्रेस और उसके सहयोगी दल रहे हैं।

प्रजा से ज्यादा राजा दोषी

यह पूरे राष्ट्र के मन में आशा का संचार था। जब 14-15 अगस्त, 1947 की मध्यरात्रि को भारत स्वतंत्र हुआ। यहाँ तक कि देश का विभाजन भी भारत के उज्ज्वल भविष्य की उम्मीद को मंद नहीं कर सकता था। लेकिन उसके बाद कई दशकों में यह उम्मीद और स्वतंत्रता के स्वप्न झूठे पड़ गए? यह एक कड़वा सच है कि इसके लिए प्रजा (आम जनता) और राजा (शासक) दोनों ही दोषी हैं, किंतु राजा का दोष प्रजा से ज्यादा है। भाजपा अध्यक्ष ने भारत की दुर्दशा के कारणों का विश्लेषण करते हुए कहा—''लोकतंत्र में आम जनता ही शासकों का चुनाव करती है। इसलिए समय आ गया है कि देश के नेतृत्व में परिवर्तन किया जाए। श्री आडवाणी ने कहा कि यदि लोकसभा चुनावों में भाजपा के बढ़ते जनाधार को संकेत माना जाए तो मुझे कोई संदेह नहीं है कि जनता अब सही दिशा में आगे बढ़ रही है। अब लोग केन्द्र में श्री अटल बिहारी वाजपेयी के नेतृत्व में भाजपा की सरकार बनाने के लिए प्रतिबद्ध दिखते हैं—लेकिन इस बार 1996 की भाँति न केवल 13 दिन के लिए बल्कि पूरे पाँच वर्षों के लिए।'' जब श्री आडवाणी ने सामने उपस्थित जनसमूह के मन की बात स्वयं कह दी तो स्वत: स्फूर्त करतल ध्वनि से वातावरण गूँज उठा।

यह समारोह समाप्त हुआ और इस दिन के बहुप्रतीक्षित क्षण अर्थात् स्वर्ण जयंती रथ यात्रा के प्रारम्भ का समय आ गया। नौ-गजी महाराष्ट्रीय साड़ी में पारंपरिक रूप से सजी महिलाओं ने श्री आडवाणी की आरती उतारी और फिर वे टाटा ट्रक पर विशेष रूप से बनाए गए स्वर्ण जयंती रथ पर सवार हो गए। उनके साथ ही श्री मुंडे, श्री महाजन एवं भाजपा के एक और महामंत्री तथा यात्रा के प्रथम चरण के संयोजक श्री वैंकेया नायडू भी रथ पर सवार हो गए। वहाँ उपस्थित हज़ारों व्यक्तियों द्वारा की जा रही जय-जयकार के बीच श्री वाजपेयी ने भाजपा का गौरव पूर्ण भगवा और हरा झंडा फहराया, जो कि दोपहर के सूरज की रोशनी में चमक रहा था और रथ को आगे बढ़ाने का संकेत किया। श्री आडवाणी उस समय रथ के ऊपर अग्र भाग में खड़े होकर अपार जनसमूह का अभिवादन स्वीकार कर रहे थे।

ठीक उसी समय रथ पर लगाए गए लाउडस्पीकर से यात्रा का उद्देश्य गीत बज उठा—'स्वर्ण जयंती वर्ष महान, करता है सब का आह्वान/भारत माँ की हम संतान, जन-जन को सुख मिले समान।' मोहम्मद अज़ीज द्वारा गाया गया यह गीत रवीन्द्र जैन द्वारा लिखा और संगीतबद्ध किया गया था, जो कि श्री आडवाणी के महत्त्वाकांक्षी अभियान के लिए अपने संदेश और बोल से ऊर्जा प्रदान कर रहा था।

यात्रा की उपलब्धियाँ क्या रहीं?

"अपनी आत्मा में चरमोत्कर्ष भाव का अनुभव कर तथा हृदय में गहन आह्लाद लेकर मैं 59 दिन की अपनी स्वर्ण जयंती रथ यात्रा पूरी कर कल, नई दिल्ली पहुँचा हूँ।" अपनी यात्रा समाप्त करने के दिन नई दिल्ली में आयोजित ठसाठस भरे प्रेस सम्मेलन में श्री आडवाणी ने संबोधित करते हुए ये शब्द कहे। उन्होंने आगे कहा—"अब यह लोगों को देखना है कि इस यात्रा ने आज के राष्ट्रीय जीवन में कितना योगदान किया है, परंतु जहाँ तक मेरा संबंध है, मैं यह अवश्य कहूँगा कि यह अत्यंत ज्ञानवर्द्धक और अत्यंत गौरवमय राष्ट्रभक्तिपूर्ण अनुभव रहा। सचमुच मैंने पहले जितने अभियानों में भाग लिया, उन सभी में से इसमें मुझे कहीं अधिक संतोष मिला।"

इस प्रकार भाजपा अध्यक्ष ने यात्रा से हुई उपलब्धियों को साफ-साफ सामने रख दिया। परंतु पार्टी और राष्ट्र को इससे क्या लाभ हुआ? इसी प्रेस सम्मेलन में उन्होंने छ: उपलब्धियाँ बताईं :

1. 'सांस्कृतिक राष्ट्रवाद की छवि' भारत की सच्ची राष्ट्रीय पहचान और हमारे राष्ट्रीय पुनर्जागरण की शक्ति बनकर उभरी।

जब तक किसी राष्ट्र को पहले अपनी 'राष्ट्रीय पहचान' का ज्ञान नहीं हो गया तब तक विश्व में कोई भी राष्ट्र न तो स्वतंत्रता प्राप्त कर पाया है और न ही एक स्वतंत्र देश के रूप में विकास की अपनी पूर्ण संभावनाओं को खोज पाया है, भारत भी अपनी राष्ट्रीय पहचान को बनाकर और उसे साहसपूर्वक प्रतिष्ठापित करने के बाद ही अपनी स्वतंत्रता प्राप्त कर सका था। भारत की पहचान उसके एकात्म सांस्कृतिक सिद्धांत में थी, है और सदा रहेगी, जिससे उसकी विविधताओं का पोषण होता है और फिर भी उन्हें एक समान समुदाय के सूत्र में बाँध रखता है, इसी सिद्धांत से भारत की पुरातन सभ्यता बनी रहती है और फिर भी वह आधुनिकीकरण की ओर सदा अग्रसर रहता है; यह सिद्धांत सार रूप में धार्मिक है और फिर भी जातीय भेदभाव रहित धर्मनिरपेक्ष के आदर्श लक्ष्य की उद्घोषणा करता है। भारत

की सच्ची पहचान मात्र भौगोलिक नहीं है, न ही इसका आधार आर्थिक या प्रशासनिक प्रणाली पर टिका है, जिसकी नींव अंग्रेजों के शासन में रखी गई थी। बल्कि यह पहचान तो युगों से चली आ रही उसकी संस्कृति और सभ्यता में निहित है। भले ही 1947 में भारत एक आधुनिक राष्ट्र-राज्य बना हो, परंतु सनातन काल से वह एक राष्ट्र रहा है।

भारत की इस पहचान को उपयुक्त नाम दें तो इसे 'सांस्कृतिक राष्ट्रवाद' कहा जाएगा। जब तक यह स्वीकार किया जाता है कि इसकी धर्मनिरपेक्ष और एकात्म आत्मा हिन्दू आचार-विचारों में निवास करती है तब तक इससे कोई सारभूत अंतर नहीं पड़ता कि चाहे इसे हिन्दुत्व या भारतीयता किसी भी नाम से पुकारें। हमारे स्वतंत्रता आंदोलन के महान नेताओं ने भारतीय राष्ट्रवाद की इस अद्वितीय प्रकृति को समझा था। उन्होंने इस समझ को शक्तिशाली ताकत के रूप में परिणत किया था, जिसने एक समान लक्ष्य प्राप्ति के लिए भारत के विभिन्न मतमतांतर वाले समुदायों में जागृति फैलाई, उन्हें प्रेरित किया और सक्रिय बनाया।

दुर्भाग्य से स्वतंत्रता के बाद कांग्रेस ने वोट बैंक की राजनीति के विचार से धर्मनिरपेक्षता के बारे में मिथ्या दृष्टिकोण के प्रभाव में आकर इस सच्चाई को नकारना शुरू कर दिया। एक राष्ट्र जो अपनी पहचान या जीवन के ध्येय के भाव को ही खो देता है, वह कभी भी सहीं ढंग से प्रगति नहीं कर सकता और पिछले 50 वर्षों में भारत का ठीक यही दुखद अनुभव रहा है।

भारतीय जनता पार्टी को गर्व है कि हमारे विरोधियों द्वारा हमारी हर तरह से आलोचना करने और हम पर सभी प्रकार के लांछन लगाने के बाद भी हमने भारत की सच्ची राष्ट्रीय पहचान के झण्डे को ऊँचा रखा। 'सांस्कृतिक राष्ट्रवाद' के हमारे दृष्टिकोण को न केवल जनता में लोकप्रियता हासिल होती जा रही है, बल्कि हाल में सर्वोच्च न्यायालय के एक स्पष्ट निर्णय के रूप में इस पर न्यायिक सील भी लग गई है।

1990 में अयोध्या में राम जन्मभूमि पर मंदिर निर्माण की माँग के समर्थन में यात्रा के रूप में 'सांस्कृतिक राष्ट्रवाद' को प्रस्तुत करने का हमारा पहला प्रयास था। अब स्वर्ण जयंती रथ यात्रा के माध्यम से मेरी पार्टी ने एक बार फिर इस मुद्दे पर विशाल स्तर पर जनता को शिक्षित करने का अभियान शुरू किया है और लोगों को स्मरण कराया है कि राष्ट्रवाद से भारत की एकता मज़बूत हो सकती है और भारत की चहुँमुखी प्रगति के लिए डायनेमो का काम कर सकती है।

2. स्वतंत्रता आंदोलन की विरासत को उसके सम्पूर्ण रूप में प्रस्तुत करना।

स्वर्ण जयंती रथ यात्रा केवल इसलिए प्रशंसनीय नहीं है कि इसके माध्यम से भारत की स्वतंत्रता की स्वर्ण जयंती विशाल स्तर पर मनाई गई, अपितु स्वतंत्रता आंदोलन की गौरवमय विरासत को भी सम्पूर्ण रूप में प्रस्तुत करने का यह अद्वितीय प्रयास किया गया।

भारत की स्वतंत्रता विभिन्न प्रकार के संघर्षों का संगम था जिसमें ऐसे महान नर और नारियों ने नेतृत्व प्रदान किया जिनकी विचारधाराएँ और रणनीतियाँ एक-दूसरे से बहुत अधिक भिन्न थीं और प्रायः एक-दूसरे से टकराती थीं। फिर भी वे सभी भारत की स्वतंत्रता और उसके बाद राष्ट्रीय पुनर्जागरण के हित के प्रति अपनी समान वचनबद्धता के कारण एक जुट थे।

स्वर्ण जयंती रथ यात्रा के दौरान सजग होकर हमने यह प्रयास किया कि स्वतंत्रता आंदोलन की विरासत की समानता के इस अनिवार्य रूप को प्रमुखतः लोगों के सामने रखा जाए। हमने लोगों से आग्रह किया कि वे सभी महान नेताओं की स्मृति के प्रति उनका अभिनंदन करें और यह भी कहा कि उनके अलग-अलग विचारों का तुलनात्मक अध्ययन करने की बात को विद्वानों और इतिहासकारों के लिए छोड़ दें। इस प्रक्रिया में मैंने पं॰ जवाहर लाल नेहरू, के॰ कामराज, गोपाल बंधु दास, वाई॰बी॰ चव्हाण, टी॰ प्रकाशम, वसंतदादा पाटिल, एस॰ निजिलिंगप्पा, ए॰के॰ गोपालन और प्रमोद दास गुप्ता जैसे कांग्रेस और कम्युनिस्ट पार्टियों के नेताओं को भी पूर्ण श्रद्धांजलि अर्पित की जिनके साथ हमारे गंभीर मतभेद थे परंतु फिर भी हमने भारत की स्वतंत्रता के संघर्ष में उनके आदर्शों और योगदान को सम्मानपूर्वक स्वीकार किया।

कुछ प्रेक्षकों ने टिप्पणी की है कि स्वर्ण जयंती रथ यात्रा के संबंध में भाजपा ने कांग्रेस पार्टी की विरासत को छीनने की कोशिश की है। मैं उनसे सहमत नहीं हूँ। मेरी पार्टी ने सभी भारतीयों की समान विरासत को अपने इस नवीनतम जन-कल्याण अभियान के माध्यम से सजीव करने का केवल प्रयास किया है। मैं मानता हूँ कि राष्ट्रभक्तिपूर्ण और जातिविहीन दृष्टिकोण सामने रखने से सभी पार्टियों में हमने एक राष्ट्रीय आम सहमति के आधार की नींव रखी है, जिसके बिना भारत के समक्ष विकास की जटिल चुनौतियों का मुकाबला सफलतापूर्वक नहीं किया जा सकता है। किंतु इस प्रकार की आम सहमति को वास्तविक रूप देने के लिए यह अत्यावश्यक है कि हमारे विरोधियों को अपने ऐसे रुख को छोड़ना होगा कि उन्हें भाजपा का विरोध करना ही है और यह भी कि वे स्वतंत्रता आंदोलन की समान विरासत का समारोह मनाने में इसी प्रकार रुचि दिखाएँ।

3. राष्ट्र के सामने प्रमुख मुद्दों पर एक गंभीर बहस की उत्प्रेरणा।

स्वर्ण जयंती रथ यात्रा के दौरान भाजपा ने तुरंत महत्त्व के और दीर्घकालीन महत्त्व के दोनों ही प्रकार के मुद्दों के प्रति अपना दृष्टिकोण प्रस्तुत करने का ईमानदारी से प्रयास किया है। ये मुद्दे हैं—भ्रष्टाचार को, विशेष रूप से उच्च पदों पर, जड़ से उखाड़ फेंकना; राजनीति को फिर से नैतिकता, आदर्शवाद, व्यावसायिकता के धरातल पर लाकर 'भारतीय राजनेता की कुरूप छवि' को बदलने की जरूरत; संतुलित विकास तथा और अधिक जवाबदेह प्रशासन प्राप्त करने के उद्देश्य से छोटे राज्यों का निर्माण करने के लिए दूसरे राज्य पुनर्गठन आयोग का गठन करना; केन्द्र-राज्य संबंधों का पुनर्गठन; चुनावी और न्यायिक सुधार; कृषि और रोजगार के विकास पर विशेष ध्यान देते हुए स्वदेशी तरीके पर आर्थिक विकास; कुशलता, उत्पादकता और विश्वजनीन प्रतिस्पर्द्धा बढ़ाने के समान लक्ष्य से प्रेरित होकर राष्ट्रीय क्षेत्र के अंतरंग भागों के रूप में सार्वजनिक और निजी दोनों क्षेत्रों की आवश्यकताओं पर विचार करना; कश्मीर उत्तर-पूर्व और अन्य स्थानों पर अलगाववाद और आतंकवाद को पाकिस्तान द्वारा 'अप्रत्यक्ष युद्ध' के रूप में लेना और इसके साथ सख्ती से निबटना; भूख और कुपोषण का मुकाबला करने के लिए उपाय करना और सभी स्तरों पर बेहतर शिक्षा की व्यवस्था करना।

इन तथा अन्य अनेक मुद्दों के बारे में व्यक्त किए गए विचारों को यदि एक साथ लिया जाए तो ये इस बात को रेखांकित करते हैं कि भारतीय जनता पार्टी ही एक ऐसी पार्टी है जिसके पास राष्ट्रीय पुनर्निर्माण की एक व्यापक योजना है। मैं कांग्रेस तथा अन्य सभी दलों के ईमानदार तथा देशभक्त व्यक्तियों से अपील करता हूँ कि वे उपर्युक्त राष्ट्रीय मुद्दों को प्रभावशाली ढंग से हल करने के लिए राजनीति और शासन में क्रांतिकारी परिवर्तन लाने हेतु भारतीय जनता पार्टी के साथ हाथ मिला कर सामूहिक प्रयास में जुट जाएँ।

4. 'सामाजिक समरसता' को बढ़ाने में एक लम्बी छलाँग।

सभी राज्यों में तथा सभी आयु वर्ग, श्रेणियों, जातियों और समुदायों के लोगों-वृद्ध एवं युवा, महिला एवं पुरुषों, निर्धन एवं धनवान, आदिमजातीय एवं गैर-आदिमजातीय, ग्रामीणों तथा नगरवासियों ने स्वर्ण जयंती रथ यात्रा के प्रति जो अपार प्रेम, स्नेह, देशभक्तिपूर्ण उत्साह और यहाँ तक कि भक्ति का भी प्रदर्शन किया; उससे मैं सचमुच अभिभूत हो गया। इस बात को अनुभव करके कि वे अपने राष्ट्रीय जीवन की एक महान घटना को स्मरण करने में हिस्सा ले रहे हैं उनके मुखमंडल प्रसन्नता से खिल उठते थे।

भारतीय जनता पार्टी का यह मत है कि भारत की जनता समाज में विद्यमान फूट डालने वाली प्रवृत्तियों और पहचानों को स्वेच्छा से खत्म कर देती है, जब उसके समक्ष कोई अधिक ऊँची एकता के सूत्र में बाँधने वाली पहचान और अधिक उच्च राष्ट्रीय आदर्श प्रस्तुत किया जाए। भारत की राष्ट्रीय मुक्ति एक ऐसा ही आदर्श था। भारत का राष्ट्रीय पुनर्निर्माण उतना ही शक्तिशील आदर्श है जिससे उनकी सामान्य पहचान जाग उठती है। स्वर्ण जयंती रथ यात्रा सांस्कृतिक राष्ट्रवाद के दर्शन में विद्यमान सामाजिक समरसता के संदेश का प्रचार करके इस चुनौती का सामना करने में सफल रही है। स्वर्ण जयंती प्रतिज्ञा का अभूतपूर्व स्वागत इस सफलता का प्रमाण है।

इस प्रसंग में, मैं इस बात से विशेष रूप से संतुष्ट हूँ कि अनेक स्थानों पर विशेषरूप से तटवर्ती कर्नाटक, केरल, तेलंगाना, मराठवाड़ा, गुजरात, मध्य प्रदेश में भोपाल, पश्चिम बंगाल तथा उत्तर प्रदेश के अनेक स्थानों पर काफी संख्या में हमारे मुसलमान भाइयों ने आकर स्वर्ण जयंती रथ यात्रा का अभिनन्दन किया। भोपाल में 13 जून को मैंने भारतीय मुसलमानों से जो अपील की थी जिसमें उनसे 'सांस्कृतिक राष्ट्रवाद' को समझने और अपने हिंदू भाइयों के साथ हृदय की एकता स्थापित करने के लिए कहा गया था, लोगों ने उसमें काफी रुचि दिखाई। इससे मेरे इस विश्लेषण की पुष्टि होती है कि मुस्लिम समुदाय अब यह समझने लगा है कि भारतीय जनता पार्टी जैसी एक ईमानदार पार्टी, 'जो सबके साथ न्याय, किसी का तुष्टीकरण नहीं' में विश्वास करती है और इसके विपरीत छद्म-धर्मनिरपेक्षतावादी विरोधी हैं, जिन्हें केवल मुस्लिम वोट बैंक में रुचि है, उन्हें मुसलमानों की भलाई में नहीं, सचमुच दोनों में कितना फर्क है।

तमिलनाडु के दंगापीड़ित दक्षिणी ज़िलों में 'दलित-तेवर' समुदाय के बीच भाईचारे के लिए हमारे आह्वान की सकारात्मक प्रतिक्रिया; बिहार और उत्तर प्रदेश में सभी जातियों के बीच मेलजोल का अभूतपूर्व दृश्य; गुजरात, मध्य प्रदेश और उड़ीसा में आदिमजातीय तथा गैर-आदिमजातीय लोगों के संयुक्त रूप से भाग लेने और पंजाब में बड़े पैमाने पर देखे गए हिन्दू-सिख मेलजोल; ये सब स्वर्ण जयंती रथ यात्रा की सामाजिक समरसता को बढ़ाने में महत्वपूर्ण सफलता के द्योतक हैं।

5. भ्रष्टाचार का मुकाबला करने के लिए भारी राष्ट्रव्यापी चेतना का सृजन।

भारतीय जनता पार्टी ने पहले जो यात्राएँ की हैं, स्वर्ण जयंती रथ यात्रा उनसे भिन्न हैं क्योंकि यह एक मुद्दे पर आधारित नहीं थी। यह स्वतंत्रता के प्रथम 50 वर्षों में भारत के कार्यों से संबंधित चिंताओं की बड़ी व्यापक तस्वीर थी। तथापि यदि

किसी एक प्रमुख मुद्दे ने स्वर्ण जयंती रथ यात्रा का संदेश लोगों तक फैलाने का काम किया, तो वह था भ्रष्टाचार का मुकाबला करने का भारतीय जनता पार्टी का आह्वान। यदि हमारे शहीदों और स्वतंत्रता सेनानियों के सपने आज चूर-चूर हो गए हैं तो उसका दोष प्रजा पर उतना नहीं है, जितना कि राजा पर है। पंडित जवाहरलाल नेहरू और लाल बहादुर शास्त्री की मृत्यु के बाद कांग्रेस नेतृत्व ने अन्य बातों के साथ-साथ भ्रष्टाचार के द्वार खोल कर राज्य तंत्र के अध:पतन को जल्दी लाने में मदद की। इस बीमारी ने पी०वी० नरसिंह राव के शासन के दौरान उग्र रूप धारण कर लिया।

स्वर्ण जयंती रथ यात्रा का प्रमुख विचार लोगों को—भूख, भय और भ्रष्टाचार के बंधन से मुक्ति दिलाने के लिए उसके खिलाफ 'दूसरा स्वतंत्रता संग्राम' आरंभ करने और उसमें विजय प्राप्त करने का आह्वान था। किंतु अपनी प्रत्येक सभा में मैंने इस स्पष्ट सच्चाई को रेखांकित किया कि जब तक पहले भ्रष्टाचार के कैंसर से मुक्ति नहीं दिलाई जाती तब तक भारत को भूख और भय के अभिशाप से मुक्त नहीं किया जा सकता। इस आह्वान के बहुत बड़े पैमाने पर किए गए स्वागत से मेरे इस विश्वास को और अधिक बल मिला है कि भारत की जनता ने पिछले 8-10 वर्षों में भ्रष्ट नेताओं और पार्टियों को चुनावी दंड देते समय किसी को बख़्शा नहीं है।

'आज स्वर्ण जयंती रथ यात्रा की समाप्ति पर', मैं इस बात को फिर दोहराना चाहता हूँ जो मैंने गत दो माह में अनेक बार कही है—"जब भारतीय जनता पार्टी सत्ता में आएगी तो वह उच्च पदों पर आसीन लोगों में भ्रष्टाचार का समूल नाश कर देगी, जिसका निम्न स्तरों पर इस बीमारी पर काबू पाने में निश्चय ही स्वस्थ प्रभाव पड़ेगा। हम इस बुराई को व्यापक रूप से हटाने के लिए कड़े से कड़ा कदम उठाने में हिचकिचाएँगे नहीं।"

6. तीन सूत्री स्वर्ण जयंती प्रतिज्ञा का भारी स्वागत इस बात का द्योतक है कि लोग भारत को एक महान राष्ट्र बनाने के लिए दो-तरफा परिवर्तन लाने को तैयार हैं।

स्वर्ण जयंती रथ यात्रा ने मेरी पार्टी के लिए बहुत अधिक सद्भावना अर्जित की है, जिसमें इसका विद्यमान जनसमर्थन कई गुना बढ़ गया है। इस ठोस लाभ और कांग्रेस तथा संयुक्त मोर्चा शिविरों की नकारात्मक घटनाओं से जो हमें लाभ पहुँचा है दोनों के आधार पर मैं विश्वास के साथ इस बात की पुष्टि कर सकता हूँ कि यदि आज लोकसभा के चुनाव हो जाएँ तो भारतीय जनता पार्टी और इसके साथियों को भारी बहुमत प्राप्त होगा जिससे कि श्री अटल बिहारी वाजपेयी पूरे पाँच वर्ष की अवधि के लिए देश के प्रधानमंत्री बन जाएँगे। पार्टी के अध्यक्ष के रूप में, मैं राष्ट्र

को आश्वस्त करना चाहता हूँ कि नेतृत्व में इस परिवर्तन से पिछली सरकारों की गलत नीतियों और कामों को पलटने तथा शासन प्रणाली में अत्यधिक आवश्यक सुधारों को लाने में काफी मदद मिलेगी। भारतीय जनता पार्टी की सरकार देश के राज्य तंत्र में लगे हुए अंग्रेजी के 'सी' अक्षर से आरंभ होने वाले इन चारों कैंसर के रोगों—भ्रष्टाचार, अपराधीकरण, जातिवाद और सांप्रदायिकता से कोई समझौता नहीं करेगी।

'किंतु मैं लोगों में ऐसा कोई भ्रम पैदा नहीं करना चाहता कि केवल नेतृत्व में परिवर्तन मात्र से ही (यद्यपि यह आवश्यक है) भारत एक महान राष्ट्र बन जाएगा। गत पाँच दशाब्दियों में और विशेष रूप से छठे दशक के मध्य के बाद भ्रष्टाचार और आचार नीति का अध:पतन हमारे सामाजिक जीवन के प्रत्येक क्षेत्र में फैल गया है। शनै:शनै: शासक और शासित दोनों ही यह समझने लगे हैं कि देशभक्ति और अनुशासन की—स्वतंत्रता आंदोलन के दौरान शायद कोई उपयोगिता रही हो किंतु अब इनकी कोई आवश्यकता नहीं है। इन उन्नतिकारक मूल्यों के अभाव में जो रिक्त स्थान हो गया था हम सबके दैनिक जीवन में उसकी पूर्ति स्वार्थ, बेईमानी और भ्रष्टाचार ने कर दी है। यह अवनति कानून बनाकर अथवा सरकारी कार्रवाई द्वारा दूर नहीं जा सकती।

जैसा कि मैं स्वर्ण जयंती रथ यात्रा के दौरान बल देकर कहता रहा हूँ कि अब स्वयं लोगों द्वारा मिल-जुल कर सुधार की कार्रवाई किए जाने की आवश्यकता है। नागरिकों में इस चेतना को पैदा करने और सक्रिय बनाने के लिए मैंने तीन सूत्री स्वर्ण जयंती प्रतिज्ञा करवाई जिसे लाखों लोगों ने बड़े उत्साह के साथ स्वीकार किया। इस प्रतिज्ञा की तीन निष्ठाएँ इस प्रकार हैं :

1. भारत की स्वतंत्रता की स्वर्ण जयंती के अवसर पर मैं संकल्प करता हूँ कि मैं न तो घूस लूँगा न ही दूँगा।
2. भारत की स्वतंत्रता की स्वर्ण जयंती के अवसर पर मैं संकल्प करता हूँ कि मैं जिस किसी व्यवसाय में लगा हूँ, मैं ईमानदारी, समर्पण और अनुशासन की भावना से काम करूँगा। एक नई कार्य संस्कृति की भावना से मैं हमेशा अपने संकुचित स्वार्थ से ऊपर उठ कर अपने देशभक्तिपूर्ण कर्त्तव्य को प्राथमिकता दूँगा।
3. भारत की स्वतंत्रता की स्वर्ण जयंती के अवसर पर मैं संकल्प करता हूँ कि मैं अपने जीवन में जो कोई भी निर्णय लूँगा, उसमें मैं जाति या धर्म के आधार पर कोई भेदभाव नहीं करूँगा, अपितु इसकी बजाय मात्र तर्कसंगतता और अपनी मातृभूमि के हितों से ही मार्गदर्शन प्राप्त करूँगा।

''भारतीय जनता पार्टी का यह दृढ़ मत है कि उपर्युक्त दो तरफा परिवर्तन—नेतृत्व में परिवर्तन और लोगों की मानसिकता में परिवर्तन—से ही भारत को एक शक्तिशाली, समृद्ध एवं स्वाभिमानी राष्ट्र बनने और उसे पूर्वनिर्धारित विश्वव्यापी गौरव फिर से प्राप्त करने में मदद मिलेगी। अत्यधिक महत्वाकांक्षी और अत्यधिक सफल इस स्वर्ण जयंती रथ यात्रा के रूप में इस जनशिक्षा अभियान की समाप्ति पर मेरी पार्टी परिवर्तन के सर्वप्रथम कार्य के लिए अपने आप को पुन: समर्पित करती है और अपने सभी प्यारे देशवासियों का आह्वान करती है कि वे हमारे दूसरे उद्देश्य की सफलता के लिए प्रयास करें।

21वीं सदी को, जिसमें अब केवल ढाई वर्ष शेष रह गए हैं, विद्वान इतिहासकारों और भविष्यवक्ताओं ने ठीक ही एशिया की शताब्दी होने की भविष्यवाणी की है। आइए, हम सब मिलकर इसे भारत की शताब्दी बनाने के लिए अथक परिश्रम करें, जो कि इस साक्षात्कार को सचमुच सार्थक करेगा, जिसकी स्वतंत्रता आंदोलन के सभी शहीदों, सेनानियों, कवियों और दार्शनिकों ने इतने उत्साह के साथ आशा की थी।''

यात्रा से भाजपा को भी लाभ हुआ कि उसने ऊपर से नीचे तक अपने पूरे तंत्र को सँवारा। 11वीं लोकसभा के चुनाव के जनादेश को ध्वस्त कर दिए जाने के फलस्वरूप पिछले वर्ष श्री अटल बिहारी वाजपेयी की सरकार द्वारा सत्ता छोड़ने के बाद भोपाल राष्ट्रीय कार्यकारिणी ने अपनी (16 जुलाई की) बैठक में नवीन सामाजिक और भौगोलिक क्षेत्रों में, विशेष रूप से भारत के दक्षिणी और पूर्वी राज्यों में, अपने आधार को विस्तार देने का संकल्प किया था। इस प्रयास में स्वर्ण जयंती रथ यात्रा ने बहुत बड़ी सफलता प्राप्त की, जैसा की विशेष रूप से पश्चिमी बंगाल, उड़ीसा, तमिलनाडु और आंध्र प्रदेश में यात्रा के प्रति लोगों के ज़बरदस्त उत्साह से सिद्ध होता है।

इन राज्यों में तथा अन्य सभी राज्यों में भी पार्टी के लिए काम करने वाले लाखों लोगों और सक्रिय कार्यकर्ताओं ने यात्रा को सफल बनाने के लिए पूरे समर्पण भाव और संकल्प के साथ अपने आपको लगा दिया। इससे जनवरी 1997 में (मुंबई के निकट) विरार में भाजपा के वरिष्ठ नेताओं की चिंतन बैठक में निर्धारित एक प्रमुख उद्देश्य की पूर्ति हो सकी, जिसमें पार्टी ने वर्ष 1997 को 'संगठन-वर्ष' मनाने का निश्चय किया था। इसमें कोई संदेह नहीं, जब कभी संसद के लिए चुनाव होंगे, उस समय पार्टी एक अच्छी स्थिति में होगी और यह स्थिति दिन प्रतिदिन बेहतर होते जाने की संभावना है।

अंत में, यह बात पूर्ण गर्व से कही जा सकती है कि स्वर्ण जयंती रथ यात्रा ने

भाजपा को पक्के तौर पर भारत की स्वतंत्रता आंदोलन का सच्चा उत्तराधिकारी और साथ ही राष्ट्रीय पुनर्निमाण का रचयिता बना दिया है। नि:संदेह, इससे इतिहास ने पार्टी पर विशाल उत्तरदायित्व डाल दिए हैं। स्वतंत्रता की स्वर्ण जयंती मनाने का इससे अच्छा और कोई तरीका नहीं हो सकता है कि पार्टी के नेता, सक्रिय कार्यकर्ता और समर्थक भविष्य की समुचित परिकल्पना और इच्छा शक्ति पैदा करें जिससे इन ऐतिहासिक उत्तरदायित्वों का सफलतापूर्वक निर्वाह किया जा सके।

कैसा वातानुकूलित आराम

यात्रा शुरू होने से कुछ दिन पहले अंग्रेजी के एक दैनिक ने प्रथम पृष्ठ पर समाचार का शीर्षक दिया था, जिसका मतलब था—''आडवाणी के लिए वातानुकूलित आराम की जोरदार व्यवस्था।'' बहुत से अखबारों का उद्देश्य स्वर्ण जयंती रथ यात्रा और इसकी विशेषताओं की मुख्य बातों पर ध्यान देने की बजाय, व्यर्थ की गौण बातों को प्रकाशित कर सस्ती प्रकार की सनसनी फैलाकर मशहूर होना था। परंतु इस कल्पना लोक के 'वातानुकूलित आराम' का अहसास पत्रकारों को स्पष्ट रूप से तब हुआ जब उन्होंने रथ पर चढ़कर श्री आडवाणी के साथ थोड़े से हिस्से में यात्रा की। इनमें से अधिकांश पत्रकार रथ में यात्रा या तो उनसे इंटरव्यू लेने या यात्रा का अनुभव लेने के लिए करते थे और तब वे सदैव यह प्रश्न करते थे कि 'आप दिन प्रतिदिन यह कष्ट कैसे झेल रहे हैं?'

रथ में यात्रा करना चाहे जो कुछ हो, ऐशो आराम की यात्रा यह कदापि नहीं थी। अधिकांश सड़कें ऊबड़खाबड़ थीं और इस प्रकार की सड़कों पर यात्रा करने से ही और यात्रा के दौरान भारी झटकों से ही स्पष्ट था, क्योंकि आखिर यह साधारण ट्रक था, जिसे रथ की शक्ल में बदला गया था और इसमें बस या कार की तरह के झटके दूर करने वाले 'शॉक एब्जार्बर' नहीं लगे थे। हालांकि इसके केबिन में लेटने के लिए बिस्तर तो था परंतु यात्रा के दौरान इस पर लेटने से उसी तरह का अनुभव होता था जिस तरह समुद्री तरंगों में चलती नाव में उलट-पुलट होने से होता है। इन 59 दिनों की यात्रा में वे कभी इस पर लेटे नहीं, सिवाय एक बार जब वे एक-दो घंटों के लिए पटना में अस्वस्थ होने पर इस बिस्तर पर लेटे थे। अन्यथा केबिन में रखी दो कुर्सियों में से एक कुर्सी पर बैठकर मुश्किल से ही नींद का एक झोंका पाँच-दस मिनट के लिए ले पाते थे क्योंकि उन्हें प्राय: हर दस मिनट बाद सड़क पर होने वाले स्वागत समारोहों के सिलसिले में केबिन से बाहर रथ पर बने आगे के हिस्से में आना पड़ता था।

नि:संदेह केबिन में यात्रियों और मेहमानों के लिए जलपान की सामग्री और

समाचार पत्र रहते थे। और हाँ, यह केबिन वातानुकूलित भी थी; यदि ऐसी व्यवस्था नहीं होती तो कोई भी इतने दिनों तक इतनी भीषण गर्मी में यात्रा नहीं कर सकता है। वास्तव में ऊबड़खाबड़ सड़कों के कारण ए॰सी॰ बार-बार खराब हो जाता था और रास्ते में इसे कम से कम चार बार बदलना भी पड़ा।

यदि श्री आडवाणी रथ में (वह भी कुर्सी पर बैठे-बैठे) औसत 5 से 10 मिनट की झपकी ले पाते थे तो हर रात उनके सोने की औसत भी लगभग 5 घंटे थी। 59 दिन की अपनी संपूर्ण यात्रा में निर्धारित रात्रि विश्राम के दिन केवल 7-8 ही पड़े। सामान्यतया प्रतिदिन श्री आडवाणी लगभग मध्य रात्रि को सोने जाते थे और अगले दिन प्रात: 7.00 बजे से उनके कार्यक्रम शुरू हो जाते थे, जिनमें अपना कार्यक्रम शुरू करने के पूर्व के कार्यक्रम भी शामिल थे, जैसे आगन्तुकों, स्थानीय पार्टी कार्यकर्ताओं से मिलने और प्रात: 8.30 बजे प्रेस सम्मेलन करना। बंगाल में यात्रा का इतना भव्य स्वागत हुआ कि भाजपा अध्यक्ष ने राज्य में पाँच दिनों तक की यात्रा में एक दिन भी यात्रा कभी मध्य रात्रि के बाद या दो बजे से पहले खत्म नहीं की। 23 जून को जब यात्रा कोलकाता पहुँची तो उन्होंने प्रात: 3.30 बजे जनसभा को संबोधित किया।

केरल तक आडवाणी जी को केबिन में बैठने का ज़रा भी मौका नहीं मिला। वे दिन भर सड़क किनारे होने वाले असंख्य समारोहों के लिए निरंतर खड़े रहे और अभिनंदन कार्यक्रमों में जुटे रहे और इस तरह का कार्यक्रम तीन दिन तक निरंतर चलता रहा, जिसका परिणाम यह हुआ कि जब यात्रा से बाहर निकले तो उनके पाँव सूजे हुए थे। डॉक्टर ने इसे 'खड़े होने का प्रतिफल' ठीक ही कहा।

रथ में उनसे पत्रकार पूछते—''क्या आप इतने दिनों तक इस बेआराम रथ पर यात्रा करते हुए और सुबह से मध्यरात्रि तक ढेर सारी जनसभाओं को संबोधित करते हुए थकान महसूस नहीं करते हैं? आपको इतनी सारी शक्ति कहाँ से मिलती है?'' आडवाणी जी सदैव सहज भाव से मुस्कारते हुए उत्तर देते—''ईश्वर की कृपा से मैं 70 वर्ष की आयु में भी ठीक तरह से स्वस्थ हूँ। इसके अलावा कवि कालिदास की सूक्ति है, जो मेरे सहयोगी श्री विष्णुकांत शास्त्री ने मुझे सुनाई थी 'क्लेश: फलेना हि पुनर्नवतनाविधते'।'' (अर्थात् शरीर पर चाहे जो कष्ट आते हों, यदि आपको अपने कार्यों का सुफल मिल जाता है तो सभी कष्ट मिट जाते हैं और शरीर में पुन: स्फूर्ति आ जाती है।)

इसके बाद वे फिर उसी मुसकान से आगे कहते—''हाँ, जब मैं प्रात: अंग्रेजी समाचार पत्रों में पढ़ता हूँ कि यात्रा का 'स्वागत फीका रहा' तो मैं जरूर थकान महसूस करता हूँ।''

भारत उदय यात्रा

श्री आडवाणी की 'भारत उदय यात्रा' की आलोचना न केवल हास्यास्पद है, अपितु अलोकतांत्रिक भी है। लोकसभा चुनावों के इस महासमर में किसी भी पार्टी को अपने ढंग से अभियान चलाने का अधिकार है, किंतु विपक्ष विशेष रूप से कांग्रेस ने, जिस तरह से भारत उदय यात्रा पर प्रतिक्रिया व्यक्त की है और इसे भारत सरकार के भारत उदय और साम्प्रदायिकता से जोड़ने की कोशिश की है, उससे पता चलता है कि वे स्वयं तो चाहे जैसे चुनावी अभियान चलाएँ परंतु भाजपा को उसके वैध अभियान से वंचित करना चाहते हैं। कांग्रेस भूल जाती है कि अपने शासन काल में उसने 'गरीबी हटाओ' या '20 सूत्री कार्यक्रमों' वाले भारत सरकार के कार्यक्रमों को लेकर ही अपना प्रचार किया था। कुछ नेता और कम्युनिस्ट जिस तरह से आडवाणी जी की यात्रा को 'साम्प्रदायिकता' की खाम ख्याली का नाम दे रहे हैं, वह तो और भी हास्यास्पद है। यह पूरी यात्रा विकास और पाँच साल के राजग के शासन की उपलब्धियों और अटलजी के नेतृत्व जैसे मुख्य मुद्दों पर हो रही है तो इसमें साम्प्रदायिकता की गंध कहाँ से आ सकती है? आज भाजपा में समाज के सभी वर्गों के लोग, जाने माने अल्पसंख्यक और समाज के दिग्गज भी शामिल हो रहे हैं, इससे विपक्ष की 'सेक्युलर फ्रंट' की हवा पहले ही निकल चुकी है, इसलिए इस बात से उनमें बौखलाहट पैदा हो गई है कि न तो अब उनके पास 'सेक्युलर' नाम की कोई चीज रह गई है और न ही कांग्रेस के पचास वर्षों की तुलना में भाजपा की 5 वर्षों की उपलब्धियों के सामने उनके पास कुछ कहने को रह गया है तो वे इस चुनाव अभियान का सामना करें तो कैसे करें? यह ठीक है कि विपक्ष, विशेष रूप से कांग्रेस की अपनी समस्या हो सकती है, परंतु भाजपा को चुनावी अभियान चलाने से रोकने का उन्हें कोई अधिकार नहीं है।

भारत उदय यात्रा पर उप-प्रधानमंत्री श्री लाल कृष्ण आडवाणी ने नई दिल्ली में अपनी यात्रा के मंतव्य को स्पष्ट किया :

चौदहवीं लोकसभा के चुनावों की रणभेरी बज चुकी है। भारतीय जनता पार्टी इन चुनावों में तीन यश प्रदान करने वाले शक्ति स्रोतों के साथ मैदान में उतर रही है। ये हैं—(1) मार्च 1998 से आज तक सरकार द्वारा किए गए अच्छे कार्यों के संतोष और गौरव के साथ; (2) आने वाले पांच वर्षों में भारत के सर्वांगीण और तीव्र विकास के लिए आवश्यक दिशा दृष्टि और कार्य योजना के साथ; (3) हमारे अभी तक के बेहतर कार्य निष्पादन और भविष्य के संकल्पों के प्रतीक प्रधानमंत्री श्री अटल बिहारी वाजपेयी के प्रेरणादायी नेतृत्व के साथ।

चौदहवीं लोकसभा के चुनावों की चार विशिष्टताएँ

हर लोकसभा चुनाव का अपने आप में महत्त्व होता है। परंतु इस लोकसभा चुनाव की चार विशिष्टताएँ अपने आप में स्पष्ट हैं। जिन्हें मैं आपके सामने उल्लेखित करूँगा। एक तरफ तो ये विशिष्टताएँ भारतीय लोकतंत्र में आती जा रही परिपक्वता की ओर इंगित करती हैं, वहीं दूसरी तरफ ये भाजपा को भारत में शासन के लिए नैसर्गिक राजनीतिक दल के रूप में स्थापित करती हैं।

कांग्रेस का घमंड चूर–चूर हुआ :

पाँच दशकों से भी अधिक समय तक कांग्रेस पार्टी दर्प से इस भ्रम में जीती रही कि अकेली वह ही भारत में शासन करने के योग्य है। इस भ्रम के साथ चल रहे अहंकार ने उसे यह भी भरोसा दिलाया कि केवल नेहरू परिवार ही भारत में शासन करने के लिए सक्षम है। श्री अटल जी के नेतृत्व में स्थायी और गतिशील प्रशासन देकर भाजपानीत राजग ने कांग्रेस के इस घमंड को चूर–चूर कर दिया। यह भारतीय लोकतंत्र के भविष्य को निर्धारित करने वाली एक बड़ी उपलब्धि है।

भाजपा के नेतृत्व में राजग सरकार के प्रति समर्थन लहर

यदि 1957 और 1962 में पंडित नेहरू की सरकार के पुनर्निर्वाचन को हटा दिया जाए तो देश में कभी भी ऐसी मौजूदा सरकार के प्रति समर्थन लहर और वातावरण कभी नहीं देखा गया जैसा कि आज दिखाई दे रहा है। यह पहला अवसर है जब शासन कर रही सरकार, अपने सुशासन के आधार पर पुन: जनादेश की माँग कर उसे प्राप्त करने जा रही है। श्रीमती इंदिरा गाँधी के नेतृत्व में 1971 में तत्कालीन सरकार का पुनर्निर्वाचन हुआ था, पर यह पुनर्निर्वाचन उनकी पिछली सरकार के कार्यों के आधार पर नहीं कहा जा सकता। यहाँ तक कि जो विशाल बहुमत उन्होंने 'गरीबी हटाओ' के नारे के आधार पर पाया था, वह शीघ्र ही सामाजिक और राजनीतिक असंतोष में गुम हो गया। उन्होंने अपने बचाव में लोकतंत्र को ही तिलांजलि देने की कोशिश की, जो अंतत: असफल सिद्ध हुई। तब से आज तक कोई भी कांग्रेस या कांग्रेस समर्थित सरकार अपने कामकाज के कारण पुनर्निर्वाचित होकर सत्ता में नहीं आई है (1984 के चुनाव असामान्य परिस्थितियों में हुए थे)।

इसके विपरीत, भाजपा के नेतृत्व में राजग सरकार 1999 में न केवल दुबारा चुनी गई अपितु आज भी पहले से बड़े जनादेश के साथ उसका वापस सत्ता में आना तय है। अभी तक की सरकारों के खिलाफ जनादेश उनकी असफलताओं के चलते

हुआ था; जबकि अब राजग सरकार के समर्थन में जो जनादेश मिलेगा वह उसकी सफलताओं के मद्देनज़र मिलेगा। एक अन्य उदाहरण लें—1998 में भारतीय मतदाता ने अस्थिरता के खिलाफ और बदलाव के लिए वोट दिया था। 1999 में मतदाता ने फिर अस्थिरता के विरुद्ध और सरकार को चलते रहने के लिए जनादेश दिया था। 2004 में भी मतदाता राष्ट्र की स्थिरता, सरकार की सफलताओं और विकास की इस प्रक्रिया को चलते रहने देने के लिए अपना जनादेश देगा।

भारतीयों के प्रिय नेता और संपूर्ण विश्व द्वारा सराहे गए स्टेट्समैन

नेहरू जी के कार्यकाल को अगर छोड़ दिया जाए तो किसी भी प्रधानमंत्री की लोकप्रियता उसके कार्यकाल के अंत में उसी स्तर पर नहीं रही जिस पर उसके पद्भार ग्रहण करते समय थी। इस तथ्य के विपरीत छः साल सत्ता में रहने के बावजूद श्री अटल जी की लोकप्रियता में न केवल वृद्धि हुई है वरन् उन्हें हर क्षेत्र के समीक्षकों ने भी सराहा है। उनकी यह सफलता कोई संयोग नहीं है। श्री अटल जी न केवल भारतीय जनसंघ और भाजपा की उच्च परंपराओं के प्रतिरूप हैं; परंतु भारतीय लोकतंत्र के सर्वोत्तम मूल्यों की भी जीती जागती मिसाल हैं।

2004 के चुनावों का मुख्य विषय : सुशासन से सर्वांगीण विकास

नेहरू जी के कार्यकाल को छोड़कर किसी अन्य चुनावों में विकास और सुशासन को शायद ही मुख्य मुद्दा माना गया होगा। (नेहरू जी का कार्यकाल निःसंदेह राष्ट्र और संस्थाओं के निर्माण के रूप में जाना जा सकता है, हालांकि उस वक्त कांग्रेस पार्टी के जन समर्थन के पीछे मुख्य कारण सफल स्वतंत्रता संग्राम था)। बाद के दशकों में राजनीतिक मोहभंग या कोई भावनात्मक मुद्दा ही चुनावों के मुख्य कारक के रूप में सामने आया। आज पहली बार पूरी तरह तनाव मुक्त वातावरण में चुनाव होने वाले हैं। स्वाभाविक रूप से मतदाता अपने विवेक का परिचय देकर विभिन्न विकल्पों पर विचार कर सकेंगे। परिणामस्वरूप पूरे देश में एक स्वस्थ वातावरण में बहस का माहौल गर्म हो गया है।

कांग्रेस के 50 वर्षों के कार्यकाल और पूरी तरह गैर कांग्रेसी अटल जी की सरकार के पाँच वर्षों के कार्यकाल की तुलना की जा रही है। केवल इसी बिंदु मात्र से 2004 के चुनावों के उच्च बौद्धिक स्तर की पहचान हो जाती है, जिसकी तुलना 1977 के चुनावों से ही की जा सकती है। यह 1977 के ही चुनाव थे जब भारतीय मतदाता ने लोकतंत्र की रक्षा की समझ दर्शायी थी। इसी तरह 2004 के चुनावों में भारतीय मतदाता सुशासन के आधार पर सर्वांगीण विकास के मुद्दे पर अपनी समझ का प्रदर्शन करेंगे।

मेरी पहले की यात्राओं से इस यात्रा का वैचारिक और भावनात्मक संबंध :

भविष्य के लिए भाजपा की दृष्टि और आने वाले पाँच वर्षों के लिए राजग के एजेंडे के प्रसार हेतु और साथ ही निर्णायक जनादेश प्राप्ति के लिए मैंने तय किया है कि मैं इस चुनाव प्रचार में अपनी भूमिका देश भर में एक यात्रा के माध्यम से निभाऊँगा। इस यात्रा का नाम 'भारत उदय यात्रा' होगा। जैसा कि नाम से ही स्पष्ट हो जाता है कि यह भारत की उभरती वास्तविकताओं और भविष्य में एक शक्तिशाली भारत निर्माण के संकल्प को स्पष्ट करता है। इस यात्रा के माध्यम से मैं जनता से अपील करूँगा कि वे श्री अटल बिहारी वाजपेयी जी के नेतृत्व में राजग की एक और चुनावी विजय सुनिश्चित करें। हम इस बार 1998 और 1999 से बड़ी जीत की कामना रखते हैं अर्थात् भाजपा के लिए सामान्य बहुमत और राजग के लिए दो तिहाई बहुमत, जिसकी आवश्यकता राष्ट्र के सम्मुख विद्यमान कई महत्त्वपूर्ण मसलों को हल करने के लिए है।

यह मेरी तीसरी प्रमुख यात्रा है। मेरी पहली यात्रा 'रामरथ यात्रा' 1990 में अयोध्या में राम मंदिर निर्माण के लिए जन भावनाओं की राष्ट्रव्यापी अभिव्यक्ति थी। मेरी दूसरी 'स्वर्ण जयंती रथ यात्रा' 1997 में भारत की स्वतंत्रता की स्वर्ण जयंती वर्ष में, स्वराज से सुराज तक देश को ले जाने के लिए भाजपा के संकल्प की अभिव्यक्ति के लिए की गई थी। मैं देखता हूँ कि मेरी इस यात्रा और पहले की यात्राओं में एक अंतर्निहित संबंध है। इन सभी यात्राओं के वैचारिक और भावनात्मक धागे प्रखर राष्ट्रवाद से ही बुने गए हैं।

भारत को विकसित राष्ट्र और महाशक्ति बनाने का विचार हर भारतीय की देश भक्ति को छू जाता है। फिर चाहे वो किसी भी जाति, धर्म, वर्ग अथवा क्षेत्र का हो, इस विचार से सौ करोड़ से भी ऊपर भारतीयों की समेकित ऊर्जा राष्ट्र को विकसित करने के लक्ष्य के लिए काम करने को प्रेरित होती है। यह सरकार और आम जनता में एक नई भागीदारी स्थापित करती है। इससे यह भी सुनिश्चित होता है कि भारत की राज्य संस्थाओं में सुधार हो और उन्हें अधिक जनोन्मुखी और विकासोन्मुखी बनाया जाए। यह भावना हमारे समाज के सभी उत्पादक वर्गों की ऊर्जाओं को भी मुक्त करती है, जिससे कि भारत अपने आपको गरीबी और पिछड़ेपन से एक ही पीढ़ी के रहते-रहते मुक्त कर सके। स्वाभाविक रूप से यह भावना युवा भारतीयों की आशाओं और आत्मविश्वास को हज़ारों गुना बढ़ाने वाली है। भारत एक महाशक्ति के रूप में पूरे विश्व का सम्मान अर्जित करेगा। यह अंतर्राष्ट्रीय मंच पर देश को उचित भूमिका निभाने का अवसर भी देगा। एक नई सदी और नई सहस्राब्दी में शांति, विकास, सहयोग और भाइचारे को बढ़ाने में भारत की भूमिका होगी।

नियति ने ही भारत के लिए यह भूमिका चुनी है। भारत अपनी अमूल्य सभ्यता संस्कृति और आध्यात्मिक परंपराएँ, अतीत की अपनी गौरवशाली उपलब्धियों, अपने वृहद् मानव-संसाधन के बल पर यह भूमिका निभाने के लिए पूरी तरह सक्षम है। किंतु यह सब तभी संभव होगा जब भारत घरेलू चुनौतियों को हल करके, विश्व में अपनी भूमिका निभाने के लिए एक महाशक्ति बनेगा। जब भारत हर दृष्टि से शक्तिशाली और सर्वांगीण रूप से विकसित राष्ट्र बनेगा। नियति ने इस लक्ष्य के लिए भारत की यात्रा को सुनिश्चित करने में भाजपा को चुना है।

और नि:संदेह हम इस निर्धारित कार्य को अवश्य पूरा करेंगे।

आडवाणी की यह यात्रा दो चरणों में हुई। सम्पूर्ण दूरी 7872 कि॰मी॰ थी। पहले चरण की यात्रा 10 मार्च से 26 मार्च 2004 तक कन्याकुमारी से अमृतसर (4125 कि॰मी॰) तक और दूसरे चरण की यात्रा 30 मार्च से 14 अप्रैल 2004 तक पोरबंदर से पुरी (3747 कि॰मी॰) तक। इस यात्रा में आडवाणी केरल, तमिलनाडु, कर्नाटक, महाराष्ट्र, आंध्र प्रदेश, मध्य प्रदेश, उत्तर प्रदेश, गुजरातं, राजस्थान, झारखंड, बिहार, छत्तीसगढ़, पंजाब, चंडीगढ़, हरियाणा और उड़ीसा आदि राज्यों से गुजरे। उनकी यात्रा उड़ीसा में जगन्नाथ पुरी में सम्पन्न हुई।

10 आडवाणी की ऊर्जा का रहस्य

श्री आडवाणी अपनी रथ यात्राओं के लिए काफी चर्चित रहे हैं। उनकी पहली महत्वपूर्ण रथ यात्रा को 'राम रथ यात्रा' के नाम से याद किया जाता है। यह 25 सितम्बर, 1990 को सोमनाथ से आरंभ हुई। इसके सात साल बाद 18 मई, 1997 में उनकी दूसरी चर्चित यात्रा 'स्वर्ण जयंती रथ यात्रा' के रूप में मुम्बई से आरंभ हुई थी। तीसरी चर्चित यात्रा 'भारत उदय यात्रा' भी ठीक सात साल बाद 10 मार्च 2004 को कन्याकुमारी से आरंभ हुई। इस प्रकार यात्राएँ करने वाले वे एक ऐतिहासिक राजनीतिज्ञ बन गए हैं।

श्री आडवाणी इस वर्ष (2004) 8 नवम्बर को 77 वर्ष के हो जाएँगे। इस उम्र में भी इतनी लम्बी यात्राएँ करने की ऊर्जा उन्हें कहाँ से मिलती है?

उनको नज़दीक से जानने वाले लोग कहते हैं कि स्वयं को 'फिट' रखने के लिए वे प्रतिदिन योग करते हैं, प्रात: लम्बी सैर करते हैं।

वरिष्ठ बीजेपी नेता जगदीश प्रसाद माथुर का इस बारे में कहना है—''वे प्रत्येक मौसम में प्रतिदिन एक घंटे सुबह की सैर करते हैं, चाहे बरसात ही क्यों न हो रही हो। दबाव और तनाव को वे अपने पास तक नहीं फटकने देते। उन्हें पढ़ना पसंद है और जब कभी वे विषादग्रस्त होते हैं तो चिंतन में खो जाते हैं अथवा अच्छी और प्रिय पुस्तकें पढ़ते हैं।''

आडवाणी वसा रहित और घर का बना भोजन करते हैं। उनके पारिवारिक सूत्र बताते हैं कि वे बहुत कम भोजन करते हैं—इतना जो उन्हें गतिशील रख सके।

दोपहर और सायं के भोजन में वे एक कटोरी दाल और एक या दो फुलके खाते हैं। नाश्ते में वे चाय या कॉफी के साथ मक्खन और जैम लगे दो टोस्ट स्लाइस खाते हैं। वे विशुद्ध शाकाहारी हैं। रात्रि को सोने से पूर्व वे एक गिलास दूध अवश्य पीते हैं। उन्हें मिठाई खाना भी पसंद है और भोजन के समय एक-आध टुकड़ा मिठाई नियमित खाते हैं।

11 आडवाणी राजनेता हैं या शिक्षक?

नेता वह होता है जो परिवर्तन देता हो। नेता जो कुछ कहता है अथवा करता है और किस प्रकार से वह आचरण करता है, उसी के अनुरूप सकारात्मक या नकारात्मक ढंग से लोगों की सोच और उनके व्यवहार में परिवर्तन आता है। स्वतंत्रता आंदोलन के दौरान भारत ने ऐसे अनेक नेता पैदा किए जो सकारात्मक परिवर्तन लाने के लिए शक्तिशाली कार्यवाहक बन सके। प्राय: जिन लोगों के सामने उन्होंने संबोधन किया, उनकी बुरी आदतों और गलत विश्वासों के बारे में नि:संकोच रूप से अपनी बात कही। उन्होंने समाज की बुराइयों की तरफ से आँखें मूँदें नहीं रखीं। इसके विपरीत उन्होंने अपने राजनीतिक अभियान में इन बुराइयों के खिलाफ समाज को शिक्षित किया। जब किसी 'अप्रिय' बात को कहने की आवश्यकता पड़ी तो उन्होंने इसे बड़े साहस से कहा क्योंकि राजनीति में उनका उद्देश्य लोकप्रिय बनना नहीं रहा, बल्कि परिवर्तन का उत्प्रेरक बनकर कार्य करना रहा जिससे वे उस परिवर्तन से देश को लाभ पहुँचा सके और इस प्रकार सभी वर्गों के लोगों को लाभ पहुँचे। यदि इस पर भी वे लोकप्रिय और प्रभावशाली बन जाते हैं तो इसके पीछे उनके सच की शक्ति और जिस लक्ष्य को लेकर चलते हैं, उसकी शक्ति होती है।

दुर्भाग्य से स्वतंत्रता के बाद और विशेष रूप से 1960 के दशक से भारतीय राजनीति के दृश्य में बड़ा ज़बरदस्त बदलाव आया है। कुछ प्रेरक अपवादों को छोड़कर, औसत राजनीतिक 'नेता' उपयुक्त अर्थों में एक नेता रहा ही नहीं। यहाँ तक कि वह नकारात्मक परिवर्तन का कार्यवाहक बन गया। स्पष्ट है कि इस प्रकार के राजनीतिक या सरकारी अधिकारियों में न तो क्षमता रही और न साहस रहा कि वे समाज में, यहाँ तक कि स्वयं अपनी राजनीति की बुराइयों और कुप्रवृत्तियों के बारे में नैतिक साहस का प्रदर्शन कर सकते।

आडवाणी की यात्रा की इस बारे में क्या भूमिका रही? यही आडवाणी राष्ट्रीय पुनर्निर्माण जैसे उच्च लक्ष्य के बारे में अपने श्रोताओं से बात कर रहे थे, अर्थात् वह

चाहते थे कि एक सुदृढ़, समृद्ध और स्वाभिमानी भारत का निर्माण हो, एक ऐसा भारत हो जहाँ कैंसर जैसी बीमारियाँ—अर्थात् भ्रष्टाचार, अपराधीकरण, जातिवाद और साम्प्रदायिक न रहे। तो क्या इसका अर्थ यह नहीं है कि वह आज के भारतीय समाज के बारे में कटु सत्यों को लोगों के सामने लाना चाह रहे थे? क्या इसका अर्थ यही नहीं है कि वे लोगों को अपनी अंतरात्मा में झाँकने को प्रेरित कर रहे थे और राजनीति में जो नकारात्मक बातें हैं, उनकी ओर ध्यान दिला रहे थे?

उनकी यात्राओं ने इन सभी प्रश्नों का उत्तर ऐसे ढंग से दिया है कि इससे सामान्यजन, मीडिया और राजनीतिज्ञ सभी आश्चर्यचकित रह गए हैं। जैसे ही यात्रा एक राज्य से दूसरे राज्य में आगे बढ़ती चली गई, राष्ट्रीय पुनर्निर्माण का संदेश आडवाणी अपने भाषणों में दे रहे थे, उसकी नवीनता समझ में आने लगी। लोगों के साथ उनकी अधिकांश रैलियाँ और सड़क किनारे आयोजित समारोहों में जो एक विषय तेजी से उभरा और कारगर ढंग से रखा गया, वह इस प्रकार था :

"क्यों, भारत अपनी अब तक की स्वतंत्रता के दौरान गरीबी, भूख, बीमारी, निरक्षता और बेरोजगारी की बुनियादी समस्याएँ नहीं सुलझा सका जबकि देश की अधिकांश जनसंख्या इनसे पीड़ित है? और ऐसा कैसे हुआ कि हम से छोटे और कम संसाधनों वाले जापान तथा इस्राइल जैसे देश पिछले 50 वर्षों में विश्व के राष्ट्रों की अग्रिम पंक्ति में जा बैठे हैं? इसका उत्तर आंशिक रूप में तो यही है कि भारत की सरकारों ने एक के बाद एक गलत नीतियाँ अपनाईं। आखिर जापान और इस्राइल में भी हमेशा ही अच्छी सरकारें नहीं रहीं। उनकी सफलता के पीछे आधारभूत कारण यही रहा है कि जब कि उनके समाज के सभी वर्गों में राष्ट्रीयता और अनुशासन की भावना छाई रही, वहाँ हमारे समाज में उनकी कमी होती रही। हमारे देश के पास न तो प्राकृतिक और न जन संसाधनों की कमी है। कमी है तो राष्ट्रभक्ति की और अच्छा काम करने की संस्कृति की।

नैतिक पतन को रोको

श्री आडवाणी इस विषय की विशद् व्याख्या अपने समाज में उन बुराइयों की और संकेत करते हुए करते हैं, जिनके बारे में सभी को अच्छी तरह पता है, परंतु औसत भारतीय राजनेता के भाषणों और अभियानों में जिनका उल्लेख शायद ही किया जाता है। उदाहरण के लिए, जैसे उन्होंने सरकारी कर्मचारियों का उदाहरण दिया, जो ईमानदारी से अपने कार्यालयों में आठ घंटे काम नहीं करते हैं, डॉक्टर बिना बात के परीक्षण और दवाइयों के जरिये रोगियों से पैसा वसूल करते हैं,

अध्यापक स्कूलों में पढ़ाते नहीं हैं बल्कि अपने विद्यार्थियों से प्राइवेट ट्यूशन पर पढ़ने की बात करते हैं, पुलिसकर्मी गरीबों और बेबस लोगों को डराते-धमकाते हैं और उनसे रिश्वत लेते हैं, उन सबसे बढ़कर वे भ्रष्ट राजनेता हैं, जो सत्ता का दुरुपयोग स्वयं को धनी बनाने के लिए करते हैं और लोगों के कल्याण की उन्हें कोई चिंता नहीं है। "हमारे समाज में नैतिक मूल्य बुरी तरह गिर गए हैं। जब तक हम इस पतन को नहीं रोकेंगे तब तक हम अपने शहीदों और स्वतंत्रता सेनानियों के सपनों के भारत को नहीं बना सकते और इस कार्य में हममें से प्रत्येक को अपने कर्तव्य का निर्वाह करना होगा।"

जिन लोगों को ऐसे राजनेताओं से लच्छेदार और साधारण किस्म के भाषण सुनने की आदत पड़ गई, जो सिर्फ अपनी पीठं थपथपाते रहते हैं और अपनी पार्टी का गुणगान करने में लगे रहते हैं एवं अपने विरोधियों पर दोषारोपण करने की आदत पड़ चुकी हैं, उनके लिए श्री आडवाणी का विचारोत्तेजक संदेश एक नया और प्रभावकारी संदेश है।

जब प्राय: बार-बार श्रोतागण भ्रष्ट राजनीतिज्ञों अथवा निष्क्रिय सरकार संबंधी उदाहरणों पर तालियाँ बजाते थे तो श्री आडवाणी इस बात को ठीक नहीं समझते थे कि इस तरह का दोष दूसरों पर ही डाला जाता रहे और श्रोताओं को थोड़ा-सा डाँटते थे—"आप पुलिस अथवा किसी अन्य की गलतियों या उनके गलत आचरण पर तालियाँ न बजाएँ। इस पर मुझे सोचना पड़ता है कि दूसरों के दोषों पर हँस कर अपनी तरफ से आँखें मूँद लेना चाहते हैं। अपने अंदर झाँक कर देखिए और अपनी आत्मा से पूछिए, क्या मैं अपना कर्तव्य ठीक तरह निभा रहा हूँ? यदि मैं विद्यार्थी हूँ तो क्या मैं ठीक तरह पढ़ रहा हूँ? यदि मैं दुकानदार हूँ तो क्या मैं ईमानदारी से दुकानदारी कर रहा हूँ अथवा मैं कभी-कभी पैसा बनाने के लिए ग्राहकों से धोखाधड़ी कर लेता हूँ? अगर मैं कारखाने में मज़दूर या प्रबंधक हूँ तो क्या मैं उच्च स्तर की गुणवत्ता और उत्पादन करने के लिए कोशिश करता हूँ? भारत की स्वतंत्रता की स्वर्ण जयंती ऐसा अवसर है जब हमें ईमानदारी से अपनी आत्मा में झाँक कर देखना होगा।"

राजनेता की कुरूप छवि को बदलें

श्री आडवाणी इस बात को नज़रंदाज नहीं करते हैं कि राजनीतिक वर्ग के लोगों को भी आम लोगों की तरह अपने अंदर झाँकने की जरूरत है और स्वयं को सुधारने की आवश्यकता है। वे कहते हैं कि 'भ्रष्टाचार ऊपर से नीचे की तरफ

फैलता है और फिर अपनी बात में और वृद्धि करते हैं जैसे कि वे स्वयं से ही कह रहे हों :

"इस बारे में समूची राजनीतिक प्रणाली दोषी है और मैं अपनी पार्टी को भी इससे अलग नहीं करता हूँ। आज एक ऐसी भावना लोगों में फैल रही है कि सभी राजनीतिज्ञ भ्रष्ट हैं। वास्तव में यह ख्याल ठीक है। परंतु यह ठीक इसी प्रकार फैलता रहा तो इससे लोकतंत्र ही खतरे में पड़ जाएगा। इसलिए भारतीय राजनेता की इस कुरूप छवि को बदलने की तुरंत आवश्यकता है। हमें लोगों को फिर से विश्वास दिलाना होगा कि सभी राजनेता एक जैसे नहीं हैं और हम इस ढंग से अपनी प्रणाली को ठीक करें कि ईमानदार और योग्य व्यक्ति ही राजनीति पर छा जाएँ।"

इसे समग्र दृष्टिकोण से देखा जाए तो अनेक बुद्धिजीवी, राजनेता और सामान्यजन चर्चा करते हैं कि—"आडवाणी राजनेता हैं या शिक्षक?"

12 मेरे सपनों का भारत

मेरे सपनों का भारत कैसा हो? इस विषय पर श्री आडवाणी के विचार :

"लार्ड मैकाले ने एक बार सनकी भाव से यह कहा था कि मिडलसैक्स की एक एकड़ भूमि आदर्श राज्य के किसी प्रदेश से अधिक अच्छी है।

अडिग राजनीतिज्ञ उनकी इस उक्ति से सहमत हो सकते हैं और स्वप्नदृष्टाओं का मज़ाक उड़ा सकते हैं। किंतु स्वतंत्र भारत को इस बात का अत्यधिक अहसास है कि विवेकानंद, श्री अरविंद, टैगोर और महात्मा गाँधी जैसे स्वप्नदृष्टाओं के सपनों से ही स्वतंत्रता संग्राम में राष्ट्र को प्रेरणा मिली और अंततोगत्वा हमने उन्हीं की सहायता से स्वतंत्रता प्राप्त की।

इन महान ऋषियों ने, प्रत्येक ने अपने अनुकरणीय तरीके से अपने सपनों के भारत का एक महान् तथा गौरवशाली भारत का, जिसे समस्त विश्व का आदर प्राप्त हो, वर्णन किया। मेरा यह मत है कि भारत के संविधान निर्माताओं ने उनके इन सपनों को संविधान की प्रस्तावना में संपुटित किया जो आज भी इस बात को इंगित करते हैं कि जब सभी भारतीय नागरिकों का;

सामाजिक, आर्थिक और राजनीतिक ***न्याय;***
विचार, अभिव्यक्ति, विश्वास, धर्म; और उपासना की ***स्वतंत्रता;***
प्रतिष्ठा और अवसर की ***समता***
प्राप्त करने के लिए,
तथा उन सबमें व्यक्ति की गरिमा और राष्ट्र की
एकता सुनिश्चित करने वाली ***बंधुता***
बढ़ाने के लिए . . . .।

एक राजनीतिक सक्रिय कार्यकर्ता के रूप में, मैं भविष्य के भारत के इस अलौकिक तथापि सुप्राप्य स्वप्न से अपने आपको पूर्णतया एकसात् करता हूँ। मैं इसे प्राप्त करने की कामना करता हूँ।"

भारत ! हिन्दुस्तान ! मातृभूमि ! इस नाम को लेते ही हमारे हृदयों में अथवा हमारे होंठों से इसके उच्चारण मात्र से हमारी नस तथा नाड़ियों में एक असाधारण विद्युत की धारा प्रवाहित होने लगती है, हमारी आत्मा में आह्लाद का कम्पन पैदा हो जाता है और हमारे उस स्रष्टा के प्रति अनायास धन्यवाद की भावना जाग उठती है जिसने हमें इस मनमोहक सौंदर्य से परिपूर्ण एवं रहस्यमय आंतरिक प्रयोजनयुक्त भूमि पर जन्म दिया है।

यह एक प्राचीन, शाश्वत और सदाबहार भूमि है जिसके पूर्व, पश्चिम और दक्षिण में तीन सागर पूजा-अर्चना के लिए इसके चरण पखार रहे हैं, उत्तर में नगाधिराज पवित्र हिमालय पर्वत विद्यमान है, असंख्य नदियाँ और नाले जिसे सिंचित कर रहे हैं, जिसमें विश्व की सबसे अधिक नानाविध जातियाँ एक विशाल राष्ट्रीय समुदाय के रूप में वास करती हैं, यह भूभाग एक विशेष सभ्यता का जन्मस्थान बना, जहाँ स्रष्टा ने अपनी ही सृष्टि को चुनौती देकर नर से नरोत्तम—नर (मानव) से समाज-सुधारकों, प्राचीनकाल के ऋषि-मुनियों से लेकर आधुनिक युग के कवियों तथा संत-देशभक्तों की लम्बी कतार ने अपने-अपने काल में तथा अपने-अपने विभिन्न तरीकों से इस सत्य की पुनः खोज करके उसकी फिर से पुष्टि की।

इसके इतिहास के विभिन्न चरणों में और अक्सर इसके प्रबुद्ध व्यक्तियों के जीवन में हमारे समाज ने उठकर हर चुनौती का सामना किया। भारत अपार समृद्धियुक्त, शांतिमय और दृढ़संकल्प का देश था। इसका वैभव और संस्कृति विश्व के लिए ईर्ष्या के विषय थे। सबसे अधिक महत्त्व की बात यह है कि इतिहास के उत्थान-पतन के बावजूद और बर्बर आक्रमणों और हमलों की परवाह न करते हुए, भारत ने अपना स्थान बनाए रखा। कवि मोहम्मद इकबाल ने अपनी मशहूर कविता 'हमारा देश' में लिखा—"दुनिया की अधिकांश पुरानी सभ्यताओं का नामोंनिशान मिट गया, किंतु कुछ बात है जो बाकी दौरे जहाँ हमारा।" उन्होंने आगे लिखा है किं 'कुछ बात जरूर है जिसकी वजह से हमारा देश अमर हो गया है।' कितना सच है यह।

13 मंत्री से उप-प्रधानमंत्री तक का सफर

श्री आडवाणी 1977 में पहली बार भारत के सूचना और प्रसारण मंत्री बनाए गए। 13वीं लोकसभा में वे पुनः गृहमंत्री मनोनीत किए गए। 1 जुलाई 2002 को उन्हें उप-प्रधानमंत्री बनाया गया। उप-प्रधानमंत्री बनाए जाने पर उन्होंने कहा कि उनकी नई नियुक्ति एनडीए को एक नई ताकत देगी।

इस नई नियुक्ति ने श्री आडवाणी को वाजपेयी सरकार में नम्बर दो की स्थिति प्रदान की। कुछ लोग इस नियुक्ति को श्री वाजपेयी के उत्तराधिकारी के रूप में देखते हैं। इसी मुद्दे पर टिप्पणी करते हुए सीपीआई के वरिष्ठ नेता हरकिशन सिंह सुरजीत ने कहा—''आडवाणी हिन्दुत्व दर्शन में विश्वास रखते हैं। उनकी नियुक्ति से भाजपा के समझौतावादी रुख का अंत हो जाएगा।''

श्री आडवाणी ने गृह मंत्री के रूप में अमेरिका, रूस, पकिस्तान आदि देशों के साथ-साथ शेष विश्व से अच्छे सम्बद्ध बनाने की दिशा में कार्य किया।

भारत-पाक संबंध

भारत-पाक संबंधों को सुधारने की दिशा में आगरा शिखर वार्ता हुई जो असफल हो गई। उसके बाद भी भारत इस दिशा में सतत् प्रयासरत रहा। इस बारे में आडवाणी के कुछ वक्तव्य :

''पहले पाकिस्तान को आतंकवादियों को सहायता देने से रोकना चाहिए। पाकिस्तान आतंकवादियों को न धन संबंधी सहयोग दें और न ही उन्हें बार्डर को पार करने की इजाजत दी जाए। ये सब कदम उठाए जाने चाहिए, क्योंकि वे आतंकवादी, जिन्होंने भारत में आतंक फैलाया था, उन आतंकवादियों को पाकिस्तान ने शरण दी।''

''मुझे याद है कि पहले पाकिस्तानी नेताओं ने कहा था कि जो कुछ भी भारत में हो रहा है उससे उनका कोई वास्ता नहीं है। लेकिन जब मुशर्रफ सत्ता में आने के बाद आगरा आए और हाल ही में काठमाण्डू में हुए सार्क सम्मेलन में उन्होंने

कहा कि जो कुछ भी जम्मू-कश्मीर में हो रहा है वह आतंकवाद नहीं है, यह जम्मू-कश्मीर के नागरिकों के लिए स्वतंत्रता संग्राम है।

इसलिए वे उनका साथ देने से नकारता नहीं है। उन्होंने कहा ये मेरा कर्तव्य है कि मैं उस स्वतंत्रता संग्राम की तरफ ध्यान दूँ . . .।''

''केवल नैतिक समर्थन ही नहीं। कोई भी व्यक्ति बार्डर को पार नहीं कर सकता लेकिन पिछले वर्ष (सन् 2003) तीन-चार महीनों में सैकड़ों लोगों ने बार्डर को पार किया है और यह सब बिना पाकिस्तान के समर्थन के सम्भव नहीं था।''

और इसलिए हम यह कहते हैं कि इस सबको रोकना चाहिए।''

''लोगों को यह पता है कि एक समय ऐसा था जब कश्मीर के लोग पाकिस्तान में प्रशिक्षण लेने, हथियार लेने और वित्त की व्यवस्था के लिए जाते थे। आज ऐसा नहीं है।

वर्तमान में जो लोग पाकिस्तान, अफगानिस्तान और दूसरे इस्लामिक देशों से जम्मू-कश्मीर में मिशनरी के रूप में आते हैं उन्हें जेहाद के नाम पर अपने साथ मिला लिया जाता है।''

''जहाँ तक की कश्मीरी नागरिकों और भारतीय नागरिकों का संबंध है ये हर सरकार का कर्तव्य होना चाहिए कि जनता की हर न्यायिक शिकायत को दूर किया जाए और मैं यह कह सकता हूँ कि वर्तमान सरकार इस संबंध में हर तरह के कार्यों से जुड़ी हुई है। यहाँ तक कि कश्मीर के संबंध में हमने कुछ वरिष्ठ अफसरों की नियुक्ति की है, जो जम्मू-कश्मीर के भिन्न-भिन्न भागों में जाकर उनकी शिकायतों को सुनें और दूर करें।''

''विश्व में कौन-सा ऐसा देश विशेषकर विकासशील देश है, जहाँ पर इस तरह की समस्याएँ नहीं होतीं और हम उन्हें उतनी ईमानदारी से सुलझाते हैं जितना कि हम कर सकते हैं। लेकिन यह हज़ारों निष्कपट बेकसूर लोगों, जो कि आतंकवादियों द्वारा बमबारी के दौरान, रेलों को रोकने और ऐसी घटनाओं के दौरान मारे जाते हैं, के साथ न्याय नहीं है।

और ये सब बातें अपनी चरम सीमा पर हैं जब हम भारत की दहलीज़ को पार करके भारत की संसद पर आक्रमण करने वाले आतंकवादियों की बात करते हैं। 13 दिसंबर, 2001 की घटना थी जिसने भारत सरकार को सोचने पर मज़बूर कर दिया।

यह बात बिल्कुल सही है कि वे पाँच आतंकवादी जिन्होंने संसद भवन पर आक्रमण किया था, वे पाकिस्तानी ही थे।''

"मैं भी ऐसा व्यक्ति हूँ जो कि भारत सरकार का सदस्य है और मैं ऐसी सरकार को, जो कि इस प्रकार के महत्त्वपूर्ण मुद्दों का चुनाव के दृष्टिकोण से निर्णय लेती है, गैरज़िम्मेदार सरकार मानता हूँ।

और इस प्रकार मैं केवल यही कहूँगा कि प्रत्येक महत्त्वपूर्ण निर्णय में केवल चुनाव ही महत्त्वपूर्ण स्थान नहीं रखते जैसा कि हम आतंकवाद के संबंध में ले रहे हैं।"

"हम जम्मू-कश्मीर के नागरिकों की न्यायिक शिकायतों को दूर करने के लिए जो कुछ करना चाहिए, वह सब कर रहे हैं और हम इस पथ पर अग्रसर रहेंगे।"

"जनरल मुशर्रफ ने संयुक्त राज्य अमेरिका से आतंकवाद के विरुद्ध हाथ मिलाया तो पाकिस्तान पर जोर डाला गया कि वह तालिबान का बोझ़ उठाना छोड़ दे।

मुझे यह समझ में नहीं आता कि आतंकवाद के खिलाफ लड़ाई में उसे (अमेरिका को) आतंकवाद केवल पश्चिम में ही क्यों नज़र आता है, उसे पूर्व में आतंकवाद नज़र क्यों नहीं आता। आतंकवाद, आतंकवाद है। एक आतंकवाद अच्छा नहीं है, क्योंकि वह तालिबान में हो रहा है। एक आतंकवाद अच्छा है, क्योंकि वह कश्मीर में हो रहा है।"

भारत-अमेरिका संबंध

वाजपेयी सरकार के दौरान भारत-अमेरिका संबंधों में काफी गरमी आई। पोखरण-2 के बाद लगे प्रतिबंध समाप्त हुए वहीं व्यापार और सामरिक महत्त्व के अनेक समझौते हुए। इस संबंध में श्री आडवाणी के कुछ वक्तव्य :

"विभिन्न नेताओं श्री पॉवेल, अटार्नी जनरल एशक्रोक्ट की मेरे साथ हुई वार्तालाप के आधार पर मैं यह कह सकता हूँ कि भारत जो अपने स्तर पर कार्य कर रहा है, विशेषकर अमेरिका के दृष्टिकोण से उसको विश्वास है कि पाकिस्तान अपने वर्तमान क्रियाकलापों को छोड़ देगा।"

"वो 20 आतंकवादियों के नाम जो पाकिस्तान को दिए गए हैं, अगर पाकिस्तान उनके खिलाफ कोई कार्यवाही नहीं करता तो ये हर देश का कर्तव्य बनता है कि वो उन आतंकवादियों को उस देश को सौंप दे, जहाँ पर कि उन आतंकवादियों ने कोई अपराध किया हो। उनमें से 14 भारतीय हैं। इन 20 आतंकवादियों में से 15 आतंकवादियों को 'रेड कॉर्नर' नोटिस भेजा गया। अब हमें यह देखना है कि पाकिस्तान अपनी राज्य नीति को आतंकवाद के खिलाफ किस प्रकार प्रयोग में लाता है। उनका जम्मू-कश्मीर राज्य के बारे में अपना ही

दृष्टिकोण है। मेरा अपना अलग दृष्टिकोण है। हम उन पर विचार-विमर्श कर सकते हैं। हम अपने मतभेदों को कम करने की कोशिश कर सकते हैं?''

''यह संयुक्त राज्य को निश्चित करना है कि वह पाकिस्तान को एक आतंकवादी राज्य घोषित करना चाहता है या नहीं। हमने पहले इसकी माँग की थी। और इन दिनों जब पाकिस्तान पर वांशिगटन डी॰सी॰ द्वारा दबाव डाला जा रहा है तो पाकिस्तान ने भारत के संसद भवन पर हुए आक्रमण के लिए अपने दो आतंकवादी संगठनों को उत्तरदायी माना।

पाकिस्तान की ओर से पहली प्रतिक्रिया यह थी कि यह कार्य स्वयं भारतीय एजेन्सियों ने किया है और दूसरी प्रतिक्रिया पाकिस्तान के विदेश मंत्री की ओर से थी। उन्होंने कहा कि इन दो संगठनों का नाम इसलिए दिया गया है क्योंकि भारत जम्मू-कश्मीर में चल रहे स्वतंत्रता संग्राम की मानहानि चाहता है और इस बात से लेकर वर्तमान परिस्थिति में अगर पाकिस्तान ने इन दो संगठन के नेताओं को गिरफ्तार किया तो निश्चित ही उसने ये वाशिंगटन के दबाव में आकर किया है।''

''मेरे विचार से वाशिंगटन इसमें एक मुख्य भूमिका निभा सकता है। आखिरकार ये भारत और पाकिस्तान के लिए ही नहीं, ये अमेरिका के राष्ट्रपति ने कई बार घोषित किया है कि वे केवल तालिबान के खिलाफ ही कदम नहीं उठा रहे है, जिसने 11 सितम्बर को अमेरिका पर आक्रमण किया था बल्कि इसलिए उठा रहे हैं क्योंकि आतंकवाद एक बुराई है जिसे जड़ से उखाड़ कर फेंकना चाहिए।''

''हमने विश्व के आतंकवाद के विषय में तथा संयुक्त राज्य अमेरिका और भारत मिलाकर किस प्रकार आतंकवाद का सामना, व इस बुराई को समाप्त कर सकते हैं, इस विषय में राष्ट्रपति बुश से बातचीत की।''

''जब उन्होंने जैश-ए-मौहम्मद व लश्कर-ए-तैय्यबा के नेताओं को गिरफ्तार किया, जो कि भारतीय संसद पर आक्रमण के लिए उत्तरदायी थे, हमने उनके इस सही कदम का स्वागत किया।''

''जब जनरल मुशर्रफ छः माह पहले दिल्ली आए थे। उन्हें प्रधानमंत्री वाजपेयी ने आमंत्रित किया था।

जब वे दिल्ली आए तो मेरा पहला प्रश्न यह था—''आप दिल्ली कितने वर्षों के बाद आए हैं?'' उन्होंने कहा—''मैं 54 वर्ष के बाद आया हूँ।'' तब मैंने कहा—''ये कैसी विडम्बना है कि आप दिल्ली में पैदा हुए तथा दिल्ली ही 54 वर्षों के उपरांत आ रहे हैं। जबकि मैं भी कराची में पैदा हुआ हूँ तथा 54 वर्ष में एक बार वहाँ गया हूँ। यह एक ऐसी स्थिति है जिसे हमें मिलकर बदलना चाहिए और

हम इसे बदल सकते हैं।'' मैंने कहा—''वाजपेयी की सरकार के साथ परिस्थितियों को बदलने के अवसर अधिक हैं लेकिन न्यूनतम आवश्यकता है कि आतंकवाद को समाप्त किया जाए। यह न्यूनतम आवश्यकता है कि हम प्रतिज्ञा लें कि जम्मू-कश्मीर के मुद्दे पर किसी प्रकार का युद्ध नहीं होने देंगे। हम इस मुद्दे को बातचीत से हल करेंगे।''

पड़ोसी देशों के साथ सद्भाव

कांग्रेस और अन्य पार्टियों ने पोखरन-2 परीक्षण के बाद सरकार की आलोचना की। उन्होंने कहा—''सरकार ने राजनयिक रूप से देश को अलग-थलग कर दिया है। देश ने इस कथन को गलत साबित कर दिया। विश्व भर के देशों ने महसूस कर लिया है कि भारत अपनी सुरक्षा के लिए आवश्यक कदम उठा कर रहेगा। सभी देश हमारे साथ आपसी संबंधों को मज़बूत करने में लगे हैं। हमारे सभी पड़ोसी देशों के साथ हमारे संबंधों में बहुत सुधार हुआ है। श्री लंका के साथ व्यापार-समझौता, अनिश्चित काल के लिए नेपाल के साथ पारगमन संधि का विस्तार, कोलकाता-ढाका बस सेवा का उद्घाटन—यह कुछ उदाहरण हैं जिनसे पता चलता है कि सरकार ने मित्रता का एक नया वातावरण बनाने के लिए कितना कुछ किया है।''

कश्मीर में सामान्य स्थिति

साथ ही साथ, कश्मीर सामान्य स्थिति के मार्ग पर बढ़ रहा है। एक दशक के बाद पहली बार फिर से मंदिरों में घंटियों और खड़तालों की आवाज़ सुनने को मिल रही हैं, पर्यटक लाखों की संख्या में घाटी में आ रहे हैं, फिल्मों का छायांकन फिर से शुरू हो गया है, 12 वर्षों के बाद पूरी घाटी में तहसील और ज़िला मुख्यालयों में हमारा राष्ट्रीय ध्वज फहरा रहा है। इसी प्रकार उत्तर-पूर्व में भी जहाँ सरकार ने हिंसा और आतंकवाद को समाप्त करने के लिए कड़े-से-कड़े कदम उठाए हैं, वहाँ इन क्षेत्रों में विभिन्न प्रकार के समूहों से बातचीत भी शुरू की है।

14 क्या कहते हैं आडवाणी

कुछ वक्तव्य

''20वीं सदी पश्चिमी देशों की थी, लेकिन 21वीं सदी में दुनिया में भारत का वर्चस्व तय है।''

''प्रवासी भारतीयों को दोहरी नागरिकता का अधिकार देना हमारे लिए गौरव का विषय है।''

''भारत के नाम से 'विकासशील देश' के पुछल्ले को निकाला जाना चाहिए, जो पश्चिमी देशों ने इसके साथ जोड़ दिया है।''

''भाजपा किसी एक व्यक्ति की पार्टी नहीं है। इसकी उपलब्धियों में अन्य लोगों का भी योगदान रहा है।''

''अल्पसंख्यक अब वोट बैंक बनना नहीं चाहते।''

''भारत सन् 2020 से पहले सुपर पावर और विकसित देश बन जाएगा।''

बीजेपी ही सुधार सकती है भारत–पाक रिश्ते

उपप्रधानमंत्री लाल कृष्ण आडवाणी का मानना है कि भारत और पाकिस्तान के बीच संबंधों को बेहतर करना बहुत आसान नहीं है। साथ ही उनका कहना है कि दोनों देशों के बीच यदि संबंध मधुर होंगे तो केवल बीजेपी के नेतृत्व में चलने वाली सरकार के शासनकाल के दौरान ही हो सकेंगे। आडवाणी ने विभिन्न मुद्दों पर अपने विचार रखते हुए देश के विकास और विश्व में भारत को सुपर पावर बनाने के लिए वाजपेयी सरकार को ज़बरदस्त बहुमत मिलने की आवश्यकता पर बल दिया।

भारत और पाकिस्तान के बीच संबंधों को लेकर आडवाणी ने 1990 की एक पुरानी घटना का उल्लेख किया कि जब वे बीजेपी के अध्यक्ष थे और ब्रिटेन के हाईकमिश्नर सर बेरिंग्टन उनसे दिल्ली में मिलने के लिए आए थे। सर बेरिंग्टन ने कहा कि जिस प्रकार अमेरिका और चीन के संबंधों में निक्सन के शासन के दौरान

परिवर्तन हुआ था उसी प्रकार वे मानते हैं कि भारत और पाकिस्तान के बीच संबंधों में मधुरता भाजपा की सरकार के दौरान ही आ सकती है।

आडवाणी ने बताया कि सर बेरिंग्टन का कहना था कि भाजपा के शासन में पाकिस्तान के साथ कोई समझौता होने पर भारत का बहुसंख्यक समाज यह दोष नहीं देगा कि भाजपा ने पाकिस्तान के साथ भारत के हितों की बलि चढ़ा दी। इसलिए उन्होंने बेनजीर भुट्टो के विरोध के बावजूद पाकिस्तान में सैनिक शासन आने पर भी वाजपेयी को आग्रहपूर्वक मुशर्रफ से बात करने पर जोर दिया था।

जनतंत्र की मज़बूती सबसे बड़ी उपलब्धि

आज़ादी के बाद भारत में जनतांत्रिक प्रक्रिया मज़बूत हुई है, यही हमारी सबसे बड़ी उपलब्धि है। उप-प्रधानमंत्री लाल कृष्ण आडवाणी ने नई दिल्ली में दूसरे प्रवासी भारतीय सम्मेलन के एक सत्र में यह बात कही। उन्होंने कहा कि दुनिया में भारत के समान आर्थिक-सामाजिक विकास वाला कोई भी देश नहीं है, जो जनतांत्रिक संस्थांओं, प्रशासन और जनतांत्रिक जीवन-शैली के प्रति अपनी प्रतिबद्धता मज़बूत करता हो।

आडवाणी ने कहा कि अगर 20वीं सदी पश्चिम के खाते में गई तो 21वीं सदी में भारत का प्रभुत्व रहेगा। सन् 2020 तक भारत को विकसित देश बनाने की दिशा में गंभीर प्रयास चल रहे हैं। जनतंत्र के प्रति प्रतिबद्धता के कारण ही भारत की विकास प्रक्रिया अधिक समृद्ध और अधिक मानवीय रही है। उन्होंने कहा कि जनतंत्र और विकास के बीच भारतीय तालमेल को समझने की जरूरत है। चूँकि दुनिया जनतंत्र और विकास के सही मॉडल की खोज में है, भारतीय अनुभवों से कुछ सबक लिया जा सकता है। उप-प्रधानमंत्री ने कहा कि कुछ साल पहले तक आम भारतीयों में ऐसी धारणा नहीं थी। पिछले कुछ सालों में उनका अपने देश पर भरोसा बढ़ा है। दुनिया में भारतीयों का सम्मान बढ़ा है। अब उनमें भरोसा पैदा हुआ है कि भारत आर्थिक महाशक्ति बन सकता है।

आडवाणी के मुताबिक, जनतंत्र को शांति-प्रक्रिया को बढ़ावा देने और विवादों को दूर करने का जरिया बनाया जा सकता है। भारत में ऐसा ही हुआ है। जम्मू-कश्मीर में अक्टूबर, 2002 में चुनावों के सफल आयोजन से राज्य अब शांति और विकास के पथ पर आगे बढ़ रहा है। हालांकि सीमा पार आतंकवाद के खिलाफ भारत की लड़ाई के कारण ही ऐसा मुमकिन हुआ है। कश्मीर में पर्यटन फिर से शुरू हो गया है। पिछले साल (2003) कश्मीर घाटी में डेढ़ लाख पर्यटक आए। डल झील और गुलमर्ग में पर्यटकों की चहलकदमी फिर से रौनक बढ़ रही है।

परिवार विशेष शासन की गारंटी नहीं

उप-प्रधानमंत्री लाल कृष्ण आडवाणी ने देश के विकास के लिए विपक्ष, खासतौर पर कांग्रेस को नकारा घोषित करते हुए भारत को सुपर पावर की श्रेणी में खड़ा करने के लिए एनडीए को ज़बरदस्त बहुमत देने की अपील की।

आडवाणी ने कहा कि उन्हें राहुल और प्रियंका गाँधी के राजनीति में आने से कोई खतरा या परेशानी नहीं है। उन्होंने यह भी कहा कि यह बिलकुल उचित नहीं है कि किसी परिवार विशेष का होने के नाते ही उन्हें देश पर शासन करने का अधिकार मिल ज़ाए।

आडवाणी ने कांग्रेस पर ज़बरदस्त हमला करते हुए देश के पिछड़ेपन और कमज़ोरियों को आज़ादी के बाद के कांग्रेस के 50 वर्ष के शासनकाल को ज़िम्मेदार ठहराया और कहा कि जहाँ भाजपा का ग्राफ उठा है वहीं कांग्रेस और नीचे चली गई है। वह पिछले छ: वर्षों में संसद में विपक्ष की भूमिका भी ठीक से नहीं निभा सकी है। जबकि वाजपेयी सरकार ने इन वर्षों में न केवल देश को प्रगति की राह पर तेजी से आगे बढ़ाया है, बल्कि विश्व में भी भारत का सम्मान बढ़ाया है।

आडवाणी का कहना है कि वे भारत को केवल आर्थिक शक्ति के तौर पर सुपर पॉवर बनते नहीं देखना चाहते बल्कि प्रत्येक क्षेत्र में भारत को विकसित देशों की श्रेणी में खड़ा करना चाहते हैं। वैसे भीड़ यदि वोटों का पैमाना हो सकती है तो आडवाणी का केरल के विभिन्न संसदीय क्षेत्रों में 'कमल' खिलाने का सपना इस बार (2004 में) साकार हो सकता है।

आडवाणी ने ईसाई धर्म मानने वाले अल्पसंख्यकों को बार-बार विश्वास दिलाने की कोशिश की कि भाजपा उन्हें 'वोट बैंक' की नज़र से नहीं देखती, बल्कि उन्हें समाज के महत्त्वपूर्ण वर्ग मानते हुए अन्य वर्गों के समकक्ष रखती है।

उन्होंने कहा कि आज़ादी के वक्त देश के नेता भारत का बँटवारा नहीं चाहते थे, लेकिन बँटवारा होने के बाद मुस्लिम और हिन्दू तनाव और बढ़ गया। इसी तनाव को दूर करने के लिए श्री अटल बिहारी वाजपेयी ने तीन बार पाकिस्तान की तरफ दोस्ती का हाथ बढ़ाया।

विदेशी मूल मुद्दा है, पर निजी आलोचना गलत

कांग्रेस अध्यक्ष सोनिया गाँधी के विदेशी मूल का मुद्दा उठाने को व्यक्तिगत आलोचना मानने से इंकार करते हुए उप-प्रधानमंत्री लाल कृष्ण आडवाणी ने कहा कि यह एक राजनीतिक आलोचना है और इसलिए वह जायज है।

आडवाणी ने कहा कि कई देशों में इस तरह के कानून हैं कि विदेशी मूल का कोई भी व्यक्ति प्रधानमंत्री और राष्ट्रपति समेत प्रमुख संवैधानिक पदों पर नहीं रह सकता है। हालांकि उन्होंने कहा कि विदेशी मूल के मुद्दे के अलावा कांग्रेस अध्यक्ष पर अगर अन्य व्यक्तिगत आक्रमण किए जाते हैं तो वह गलत है। आडवाणी ने कहा कि वे शुरू से कहते भी आए हैं और उनका यह दृढ़ विश्वास है कि निम्नस्तरीय आलोचनाएँ नहीं होनी चाहिए।

इसके अलावा, उन्होंने सोनिया गाँधी के इस आकलन को गलत बताया कि गठजोड़ की राजनीति एक अस्थायी दौर है। यह पूछे जाने पर कि एक तरफ वे वंशवाद का विरोध करते हैं और दूसरी तरफ मेनका गाँधी और उनके बेटे को भाजपा में शामिल करते हैं तो उन्होंने कहा कि इसका वंशवाद से कोई लेना-देना नहीं है। आडवाणी ने सवालिया लहज़े में कहा कि मेनका पिछले कई वर्षों से एनडीए सरकार में शामिल थीं और जब उन्हें मंत्री बनाया जा सकता है तो पार्टी में शामिल क्यों नहीं किया जा सकता है?

वाजपेयी सरकार के छः वर्ष पूरे होने पर आडवाणी ने गर्व और संतोष प्रकट करते हुए कहा कि सरकार ने पिछले पाँच सालों में देश में सड़कों का जाल बनाकर दिखाया और अब अगले पाँच साल में नदियों को आपस में जोड़ने का काम पूरा कर दिखाने के लिए जनता वाजपेयी को फिर से प्रधानमंत्री चुनें।

उन्होंने कहा कि इस दौरान सरकार ने दशकों की निराशा और अवसर गँवाने के इतिहास को बदल डाला है। न केवल महान उपलब्धियाँ हासिल की गई हैं बल्कि सुनहरे भविष्य की नींव भी डाली गई है। अपने शासनकाल में एनडीए सरकार ने भारत की आत्मा में एक नई जान फूँक दी है।

अयोध्या में राममंदिर निर्माण को भारतीय जनता पार्टी के एजेंडे का हिस्सा बताते हुए आडवाणी ने विश्वास व्यक्त किया कि चुनाव के शीघ्र बाद इस दिशा में कोई न कोई हल निकल जाएगा। उप-प्रधानमंत्री ने कहा कि राम मंदिर निर्माण, समान नागरिक संहिता और धारा 370 समेत किसी भी मुद्दे को बीजेपी ने त्यागा नहीं है और ये सब पहले की ही तरह बीजेपी के एजेंडे में पूरी तरह से शामिल हैं।

आरएसएस मुसलमानों के खिलाफ नहीं

उप-प्रधानमंत्री लाल कृष्ण आडवाणी ने आरएसएस की विचारधारा को लेकर स्पष्ट करते हुए कहा है कि आरएसएस हिन्दुत्व की बात तो करता है लेकिन यह मिथ्या प्रचार है कि वह मुसलमानों के खिलाफ है। उनका कहना है कि मुस्लिम विरोध आरएसएस के चिंतन का हिस्सा नहीं है।

उनकी भारत उदय यात्रा को लेकर अल्पसंख्यकों, विशेष रूप से मुस्लिम और ईसाई बहुल क्षेत्रों में जाने पर आरएसएस द्वारा कथित रूप से आलोचना की ओर ध्यान आकर्षित किए जाने पर उन्होंने कहा कि वे बचपन से ही स्वयंसेवक हैं और जानते हैं कि आरएसएस क्या सोचता है इसलिए वे ऐसा कुछ नहीं करेंगे जो कि आरएसएस के मूल संस्कारों के खिलाफ हो। आडवाणी का यह भी कहना है कि उनके और वाजपेयी के बीच मतभेद पैदा कराने की कोशिश करने वालों को अब तक मुँह की खानी पड़ी है और भविष्य में भी उनके हाथ कुछ नहीं लगने वाला है। एक जनसभा में राहुल और प्रियंका के चुनाव लड़ने के बारे में की गई टिप्पणी को लेकर आडवाणी ने फिर दोहराया कि उन्हें 'इन बच्चों' से कोई विरोध नहीं है लेकिन वे वंशवाद के खिलाफ हैं। सोनिया के विदेशी मूल के मुद्दे के बारे में उन्होंने कहा कि भाजपा चाहे न चाहे, विदेशी मूल का मुद्दा पूरे देश में रहेगा।

भारत-पाक प्रत्यार्पण संधि

आगरा शिखर वार्ता से एक दिन पूर्व श्री आडवाणी पाकिस्तानी राष्ट्रपति परवेज़ मुशर्रफ से मिले।

आडवाणी : ''चार दिन पहले ही मैं टर्की से लौटा हूँ। आपका तो बचपन टर्की में बीता है। आप टर्की भाषा अच्छी तरह बोल लेते हैं।''

मुशर्रफ : ''हाँ, मेरे पिता की वहीं नियुक्ति थी, अत: मेरा बचपन वहीं बीता।''

आडवाणी : ''लेकिन मैं टर्की क्यों गया, आप नहीं जान सकते। मैं ही बता दूँ; मैं वहाँ टर्की के साथ प्रत्यार्पण संधि पर हस्ताक्षर करने गया था। अब मुझे आश्चर्य होता है कि यह संधि मैंने क्यों की? इससे हमें क्या लाभ होगा? न तो भारत से टर्की को अपराधी जाते हैं, न टर्की से भारत आते हैं। यदि हमें प्रत्यार्पण संधि की आवश्यकता थी तो वह आप से थी—भारत और पाकिस्तान के बीच। क्यों न हमारे बीच प्रत्यार्पण संधि हो?''

मुशर्रफ : ''हाँ, क्यों नहीं? इसमें कठिनाई क्या है?''

बाद में मुशर्रफ समझे कि कठिनाई क्या है? उनका पहला उत्तर था—''क्यों नहीं?'' श्री आडवाणी यह सुनकर बोले—''आपका उत्तर सुनकर मुझे बहुत खुशी हुई क्योंकि यदि आप भारत के साथ प्रत्यार्पण संधि पर हस्ताक्षर करते हैं और कल को दाऊद इब्राहिम को भारत को सौंप देते हैं। तो आप कल्पना नहीं कर सकते कि

भारत की जनता इससे कितनी प्रभावित होगी। भारत की जनता को लगेगा कि आप एक अलग तरह के पाकिस्तानी नेता हैं।''

यह सुनकर मुशर्रफ ना-नुकुर करने लगे और बोले—''नहीं-नहीं, मैं आपको बताना चाहता हूँ कि दाऊद इब्राहिम पाकिस्तान में नहीं है।''

सत्ता से पहले के दिन

''जब मैं पीछे के दिनों को याद करता हूँ तो असंतुष्ट हो जाता हूँ। 1998 में, जब हमारी सरकार सत्ता में आई तो मैं मंत्री नहीं बनना चाहता था। इस निर्णय के बारे में मैंने गम्भीरतापूर्वक सोचा था। अब जब मैं मुड़कर देखता हूँ तो अनुभव करता हूँ कि 1998 से पहले, मैं एक खुश आदमी था। एक संतुष्ट आदमी था। अब मैं हरगिज़ संतुष्ट नहीं हूँ।''

15 कराची से फील गुड तक

अटल जी और आडवाणी ने एनडीए की गठबंधन सरकार को पाँच वर्षों तक सफलतापूर्वक चलाकर भारतीय लोकतंत्र में एक इतिहास बनाया है। इनके कार्यकाल में देश ने चहुँमुखी उन्नति की। इनके सुनहरे कार्यकाल की प्रशंसा में गढ़ा गया शब्द 'फील गुड' उनके पूरे कार्यकाल की उपलब्धियों को बयाँ कर देता है। आइए, इस फील गुड पर एक विस्तृत नज़र डालें।

धन्यवाद उसको जिसने भी ये दो शब्द बनाए 'फील गुड'। अखबारों, पत्रिकाओं या टी०वी० पर अगर शब्दों की आवृत्ति की बात करें तो मुझे नहीं लगता कि कोई ऐसा और शब्द मिलेगा जिसे 'फील गुड' से भी ज्यादा बार दुहराया गया होगा।

बात सिर्फ अखबारों, पत्रिकाओं या टी०वी० तक ही सीमित नहीं है बल्कि अब आम संबोधनों और ग्रीटिंग करते वक्त भी हाय, हैलो, गुड मार्निंग, गुड इवनिंग, या फिर गुड नाइट की जगह 'फील गुड' ने ले लिया है।

वैसे जब सब कुछ मन मुताबिक होता है तो 'फील गुड' होना कोई बुरी बात नहीं है। राजनीतिक हल्कों में राजनीतिक पार्टियों के बीच बहस का मुद्दा बना यह शब्द बलि का बकरा बनता जा रहा है। 'फील गुड' को नाकाम करने के लिए हालांकि कुछ पार्टियों ने 'फील गुड' के खिलाफ 'फील बैड' का भी नारा दिया पर अफसोस फील बैड का नारा फील गुड की चमक को नाकाम करने के लिए काफी नहीं है। विपक्षी पार्टियों की फील गुड की चमक को नाकाम करने की मंशा पूरी होती प्रतीत नहीं होती और न ही फील गुड फैक्टर की चमक इतनी फीकी है की यह कमज़ोर पड़ जाए।

आज भाजपा या फिर एनडीए सरकार के ऊपर तरह-तरह के आरोप लग रहे हैं कि फील गुड फैक्टर का प्रयोग चुनावी माहौल के मद्देनज़र जनता को रिझाने के लिए हो रहा है। पर वास्तव में अगर फील गुड जैसा माहौल देश में उत्पन्न हो गया है तो फिर इसे जनता तक सूचित करने में क्या हर्ज़ है।

अगर ऐसा माहौल दूसरी पार्टी की सरकार में बना होता तो वो उसे जनता तक नहीं पहुँचाती? फिर भाजपा क्यों न करे फील गुड फैक्टर की बात?

आज से लगभग पाँच साल पहले जब अटल बिहारी वाजपेयी के नेतृत्व में राजग सरकार बनी तो देश की परिस्थितियाँ बिल्कुल भिन्न थीं। हालांकि उसके पहले एक साल से भी अटल जी के नेतृत्व में ही राजग सरकार बनी थी पर कुछ करने का मौका नहीं मिल पाया था जिसमें वे जनता की आशाओं को पूरा कर सकते। शायद यही कारण था कि वाजपेयी सरकार के गिरने के बाद दुबारा जनता ने उनके नेतृत्व में राजग सरकार बनने का रास्ता साफ किया ताकि राजग सरकार अगले पाँच सालों में देश का बहुमुखी विकास कर सके।

अगर हम आँकड़ों या वास्तविकता के यथार्थ में जाएँ तो मालूम पड़ेगा कि सब कुछ हमारे साथ सकारात्मक रूप में हो रहा है। पाँच दशक में पहली बार कुल निर्यात 50 अरब डॉलर से अधिक हुआ है। कांग्रेस शासन में यह 30 अरब डॉलर पर अटका था। विश्व व्यापार संगठन के वर्ष 2002 के आँकड़ों के अनुसार वाणिज्य क्षेत्र में भारत के निर्यात में 15 फीसदी की बढ़ोतरी हुई है। भारत दूसरे स्थान पर है जबकि 22 फीसदी की बढ़ोतरी दर्ज कराने वाला चीन पहले स्थान पर है। यह खेल सिर्फ आँकड़ों का नहीं है।

फील गुड फैक्टर आज एक वास्तविकता है। बात चाहे रसोई गैस की हो या राशन की, विदेशी भंडार की हो या निर्यात की, रोजगार की हो या खेती की, सड़क यातायात की हो या रेल यातायात की; आज कोई ऐसी जगह नहीं है जहाँ भारत नहीं चमक रहा है।

विस्तार से चर्चा करने पर मालूम पड़ेगा की सचमुच भारत आज प्रगति पथ पर अग्रसर होते हुए विश्व मानस पर एक अमिट छाप छोड़ रहा है।

बारी-बारी से हम उन सभी चीज़ों पर चर्चा करेंगे जिससे ये साफ झलकता है कि यस, इण्डिया इज शाइनिंग।

रसोई गैस

पिछले छः साल के बीजेपी कार्यकाल में तीन करोड़ सत्तर लाख परिवारों तक गैस पहुँची। लेकिन कांग्रेस के विगत पचास साल के कार्यकाल में मात्र तीन करोड़ परिवारों तक ही रसोई गैस का कनेक्शन पहुँच पाया। गैस कनेक्शन लेना अपने आप में एक बड़ी उपलब्धि मानी जाती थी तथा उसके लिए बड़े लोगों अथवा नेताओं के चक्कर काटने पड़ते थे, पर आज स्थिति बिल्कुल भिन्न है।

मकान

इंदिरा आवास परियोजना के अंतर्गत मात्र छः साल में 70 लाख से भी अधिक मकानों का निर्माण हो चुका है। इतना ही नहीं कांग्रेस सरकार की आवास ऋण की ब्याज दर को 14 प्रतिशत से घटाकर 7 प्रतिशत कर दिया गया है।

रोज़गार

सरकार ने भारत के युवाओं का पूरा ख्याल रखा। रोज़गार युवाओं की पहली प्राथमिकता होती है। लिहाजा राजग सरकार ने 2000-01 में 73 लाख, 2001-02 में 78 लाख 2002-03 में 82 लाख तथा 2003-04 में 93 लाख युवाओं को रोज़गार मुहैया कराया है।

सड़क यातायात

सड़क यातायात में तो राजग सरकार ने अभूतपूर्व सफलता हासिल की है। चारों तरफ देश में सड़क क्रांति है। स्वर्णिम चतुर्भुज सड़क परियोजना तो भारत को एक नई छवि देने में एक मिसाल साबित होगी। पिछले 6 वर्षों में 5 हज़ार कि॰मी॰ चार लेन के महामार्ग का निर्माण हुआ। इतना ही नहीं अब प्रधानमंत्री ग्रामीण सड़क योजना के तहत गाँव-गाँव में 15 साल तक टिकने वाली सड़कों का निर्माण कराया जा रहा है तथा इसके ऊपर खर्च किए जाने वाले कुल 60 हज़ार करोड़ राशि में से अब तक 12 हज़ार करोड़ रुपये खर्च किए जा चुके हैं।

किसान

ऐसा पहली बार हो रहा है जब सभी किसान अपने आपको सुरक्षित महसूस कर रहे हैं। किसानों को कृषि चैनल के माध्यम से नवीनतम जानकारियाँ दी जा रही हैं तथा उनके लिए ब्याज दर को 15 प्रतिशत से घटाकर 9 प्रतिशत कर दी गई है। देश भर में अनाज का भरपूर भण्डार है। किसानों को कहीं भी उचित और अधिकतम मूल्य पर अनाज बेचने की आज़ादी है। किसानों की क्रय शक्ति बढ़ गई है तथा वे अब उपभोक्तावाद संस्कृति का मजा ले रहे हैं।

शिक्षा

शिक्षा के क्षेत्र में भी नए-नए प्रयास किए गए। सूचना प्रौद्योगिकी से शिक्षा को नया आयाम मिला तथा भारतीय सूचना प्रौद्योगिकी संस्थान खोले गए। इस बार

पारित बजट में एम्स के छः नए मेडिकल कॉलेज खोलने का फैसला लिया गया। सर्वशिक्षा अभियान के दौरान अटल सरकार ने 16 हज़ार करोड़ रुपये खर्च का प्रावधान किया। उच्च शिक्षा जो कि नीचे तबके के लोगों की पहुँच से दूर थी अब उनके पहुँच में हो गई है। उच्च शिक्षा के लिए मात्र दो प्रतिशत ब्याज दर पर ऋण उपलब्ध है, उन सभी गरीब लेकिन होनहार छात्रों का सपना साकार हो रहा है जो कभी पैसों की कमी के कारण अपनी आगे की पढ़ाई नहीं कर पाते थे। इतना ही नहीं एम०बी०ए० शिक्षा का मक्का समझे जाने वाले आईआईएम की फीस साढ़े तीन लाख से घटाकर 35 हज़ार करने का माननीय मुरली मनोहर जोशी का फैसला इस बात का परिचायक है की सरकार अब चाहती है की मैनेजमेंट शिक्षा पर संभ्रांत घरों के लड़कों का कब्जा न हो। हैरानी की बात तो यह है कि सरकार के इतने अच्छे फैसले का कुछ स्वार्थपरक लोग विरोध कर रहे हैं।

रेलवे

जब सड़क यातायात में इतनी ज़ोरदार प्रगति हो रही हो तो भला रेलवे इस प्रगति से अछूता कैसे रहता। अटल सरकार ने राष्ट्रीय रेल विकास योजना के लिए 15,000 करोड़ बजट का अतिरिक्त प्रावधान कराया। सभी राज्यों की राजधानियों को जोड़ने के लिए सम्पर्क क्रांति एक्सप्रेस की शुरुआत की गई। पिछले छः सालों में दो सौ नई गाड़ियाँ चलाई गईं। कम्प्यूटराइज्ड रिजर्वेशन सुविधा की बाढ़ आ गई और आज यह सुविधा छोटे-छोटे शहरों में भी उपलब्ध है। इंटरनेट के द्वारा रिजर्वेशन तथा क्रेटिड कार्ड से बुकिंग की सुविधा अब आसानी से उपलब्ध है।

टेलीफोन और मोबाइल

अगर विकास की बात की जाए और टेलीफोन क्रांति की बात न हो तो ये जायज नहीं होगा।

वाजपेयी सरकार की सबसे बड़ी उपलब्धि की चर्चा हो तो वह सूचना क्षेत्र है। अगर आँकड़ों पर गौर करें तो चौंकाने वाले हैं। जहाँ पिछले पचास सालों में मात्र 2.3 करोड़ फोन कनेक्शन लगे वहीं महज छः सालों में 4.75 करोड़ नए फ़ोन कनेक्शन लगे। मोबाइल की दुनिया ने तो तहलका ही मचा दिया; सभ्रांत परिवारों की वस्तु समझा जाने वाला मोबाइल आज एक आम आदमी की पहुँच में है। दुकानों पर बैठने वाला दुकानदार हो या हल चलाने वाला किसान या फिर स्कूल और कॉलेज जाने वाला छात्र; आज मोबाइल सभी व्यक्तियों का ज़िन्दगी का अभिन्न

हिस्सा बन गया है। मात्र 6 वर्षों में 2.2 करोड़ मोबाइल कनेक्शन लिए गए। कभी 16 रुपये प्रति मिनट आउटगोइंग दर आज घटकर दो रुपए प्रति मिनट हो गई है। इनकमिंग जिसके पहले पैसे लगते थे अब फ्री हो गई है।

दलित उत्थान

समाज के दलित वर्गों का भी भारत सरकार ने खासा ख्याल रखा। अपने कार्यकाल के दौरान सरकार ने 4,39,000 अनुसूचित लोगों को 1022 करोड़ का रियायती ऋण प्रदान किया। साथ ही गरीब दलित को 5 प्रतिशत ब्याज पर ऋण की सुविधा प्रदान की।

आदिवासी क्षेत्र की सभी जनजातियों के विकास हेतु सरकार ने राष्ट्रीय अनुसूचित जनजाति आयोग का गठन कर आदिवासियों के उत्थान के प्रति अपनी वचनबद्धता को दुहराया। 43 नई जातियों को जनजाति सूची में शामिल किया गया। विभिन्न प्रकार की जनजातीय परियोजनाओं में कुल 1087 करोड़ रुपये खर्च किए गए।

अटल सरकार के खिलाफ अल्पसंख्यक विरोधी का आरोप लगाने वालों के लिए इससे बड़ा तमाचा क्या हो सकता है कि अल्पसंख्यकों के लिए राजग सरकार ने अनेक तरह की योजनाओं को चलाए। जहाँ उच्च शिक्षा पर 150 करोड़ की योजना शुरू की गई वहीं एक लाख अठासी हज़ार अल्पसंख्यक परिवारों को 500 करोड़ रुपये का ऋण दिया गया।

इंटरनेट और ई गवर्नेंस

आज चारों तरफ इंटरनेट का जाल बिछा हुआ है महज कुछ साल पहले देश में मात्र दो लाख इंटरनेट कनेक्शन थे जो अब बढ़कर चालीस लाख से अधिक हो गए हैं। आज सभी सरकारी और गैर सरकारी जानकारी इंटरनेट पर उपलब्ध है चाहे वो परीक्षा परिणाम हो या रोजगार संबंधी जानकारी सब कुछ इंटरनेट के जाल में सिमटा है। सरकार ने ई गवर्नेंस के माध्यम से आम जनता का प्रशासन से सीधा संपर्क जोड़ा। ई गवर्नेंस के माध्यम से राजस्व रिकार्ड सहित विकास कार्य का लेखा-जोखा आम जनता के लिए उपलब्ध है।

जम्मू कश्मीर में लोकतांत्रिक सरकार

जम्मू-कश्मीर में चुनाव को लेकर तमाम अटकलें लगाई जा रही थीं तथा ऐसी उम्मीद की जा रही थी कि वहाँ लोकतांत्रिक सरकार का गठन करना अत्यंत

मुश्किल काम है। तमाम आतंकवादी धमकियों के बावजूद अटल सरकार ने जम्मू-कश्मीर में विदेशी पर्यवेक्षकों की मौजूदगी में शांतिपूर्वक मतदान संपन्न कराकर विश्व के सभी देशों का मुँह बंद कर दिया।

आज कश्मीर की आवाम चैन की नींद सो रही है। आतंकवादी घटनाओं में कमी आई है। शांति प्रस्ताव के लिए कभी जेठमलानी तो कभी के सी॰ पंत और अरुण जेटली के नेतृत्व में कमेटी बनाकर समस्या के निदान के लिए हल निकाला। शांति को स्थायित्व देने के लिए अंतर्राज्यीय परिषद् की बैठक की।

हुर्रियत नेताओं से विभिन्न दौर की बातचीत जारी है जिसके ठोस नतीजे निकल रहे हैं। एक बार फिर कश्मीर देशी तथा विदेशी सैलानियों के आर्कषण का केन्द्र बना हुआ है।

उत्तर-पूर्व में शांति

पिछले कई सालों से उत्तर पूर्व को भारतीय मुख्य धारा से बिल्कुल दरकिनार कर दिया गया था। किसी भी सरकार ने उत्तर पूर्व के विकास पर समुचित खर्च नहीं किया पर अटल सरकार ने उत्तर पूर्व की सभी समस्याओं का निदान करने का समुचित प्रयास किया। बोडो समस्या उत्तर पूर्व की सबसे गंभीर समस्या थी जिसका समाधान सरकार ने निकाला। बोडो उग्रवादियों ने हथियार डाल दिए। उल्फा के खिलाफ उचित कार्यवाही के लिए सरकार ने भूटान तथा म्यांमार से समझौता किया।

अपने कार्यकाल के दौरान अटल सरकार ने सिक्किम को जोड़कर आठ राज्यों की अंतर्राज्यीय परिषद् बनाई।

अंतर्राज्यीय परिषद् द्वारा पारित काम को सुचारु रूप से चलाने के लिए परिषद् को 450 करोड़ रुपये का विशेष पैकेज दिया गया। उत्तर पूर्व के छात्रों को रोजगार मुहैया कराने के लिए 329 करोड़ की परियोजना बनाई गई।

मित्र राष्ट्रों के साथ संबंध

विश्व के सभी बड़े तथा पड़ोसी देशों के साथ अपने संबंधों को भारत ने इन पाँच वर्षों में एक नए आयाम तक पहुँचाया। विश्व की तमाम बड़ी कम्पनियाँ आज भारत में पैसा निवेश करने के लिए उत्सुक हैं। पाकिस्तान के साथ मधुर संबंध स्थापित करने की दिशा में भारत ने अप्रत्याशित सफलता हासिल की। पहले लाहौर बस यात्रा, फिर आगरा शिखर वार्ता और आखिरकार इस्लामाबाद में हुई बैठक ने भारत-पाकिस्तान संबंधों को सामान्य स्तर पर लाने में सहायता की।

पूर्व एशिया के देशों के साथ सम्पर्क स्थापित करने के लिए सड़क तथा वायुमार्ग का जाल बिछाया गया।

विदेशी मुद्रा भंडार

किसी जमाने में एक-एक विदेशी मुद्रा के मोहताज भारत के पास आज विदेशी मुद्रा का भरपूर भंडार है। फरवरी 2004 तक भारत के पास कुल 4,50,000 करोड़ रुपये का विदेशी मुद्रा भंडार है जो कि अपने आप में एक रिकॉर्ड है।

इन तमाम उपलब्धियों के अलावा भाजपा ने कुछ बड़े फैसले भी इस कार्यकाल के दौरान लिए। मसलन प्रिंट मीडिया में विदेशी निवेश, बैंकिंग, पेट्रोलियम में विदेशी निवेश, विमानन सेवा में डिसइन्वेस्टमेंट इत्यादि और ये सभी फैसले निश्चित रूप से भारत के लिए लाभदायक साबित हो रहे हैं। भारत उदय सचमुच भारत को बुलंदियों पर ले जा रहा है। तीसरी दुनिया के सबसे बड़े देश के रूप में भारत इसकी अगुवाई कर रहा है। अब भारत की बात को छोटे देश क्या अमेरिका भी नज़रअंदाज करने की हिम्मत नहीं जुटा पाता।

विश्व व्यापार में भारत तीसरी दुनिया की आवाज़ों को उठा रहा है और उसे सुना जा रहा है।

ऐसी स्थिति में फील गुड सचमुच एक सुखद अहसास है। यह सच है कि फील गुड का अहसास चुनाव के पहले किया जा रहा है लेकिन अगर ऐसा माहौल वास्तव में बना है फिर क्यों न हो फील गुड की बात।

चलता रहेगा फील गुड का जादू यदि—

मानसून फिर मेहरबान हो जाए।
आम चुनाव के बाद राजनीतिक स्थिरता रहे।
देश में शांति का माहौल हो और निवेश बरकरार रहे।
ब्याज दरें न बढ़ें।
शेयर बाज़ार में मज़बूती बनी रहे।
विदेशी मुद्रा भंडार भरा रहे।
सरकार के आर्थिक सुधार कार्यक्रम जारी रहे।

फील गुड सफर के साथी

मानसून मेहरबान : देश के अधिकांश हिस्सों में अच्छी वर्षा से उपज बढ़ी। नतीजा किसानों की क्रय शक्ति का बढ़ना।

महँगाई पर काबू : मुद्रास्फीति की दर में ज्यादा उतार-चढ़ाव नहीं आया, कभी भी यह दर 6 फीसदी से ऊपर नहीं पहुँची।

करों में भारी कटौती : सीमा शुल्क और उत्पाद शुल्क में कमी से वस्तुएँ लोगों की पहुँच तक आई हैं।

सस्ता ऋण : उपभोक्ता ऋण सस्ता और शर्तें आसान हुईं, ब्याज दर 8 से 10 फीसदी तक गिरी जो 1990 में 16 फीसदी तक थी। लोगों ने जमकर खरीदारी की।

फील गुड बन सकता है फील ग्रेट

अभी तो सिर्फ फील गुड है। अगर हम थोड़ा-सा धीरज रखें तो फील ग्रेट बन सकता है अगर ये सब सच हो जाए :

टेलीकॉम : 2006 तक टेलीकॉम इंडस्ट्री 24.9 बिलियन डॉलर की हो जाएगी।

अर्थव्यवस्था : 2010 तक जीडीपी दुगुनी बढ़कर एक खरब डॉलर होने की उम्मीद। 2050 तक भारत—चीन व अमेरिका के बाद सबसे बड़ी अर्थव्यवस्था।

रोज़गार : 2004 में जॉब मार्केट 50 प्रतिशत बढ़ सकता है। आईटी और सॉफ्टवेयर में एक लाख, आउटसोर्सिंग में 1.5 लाख, बैंकिंग व फाइनेंस सेवा में 30 हज़ार, टेलीकॉम में 30-35 हज़ार और अन्य संगठित क्षेत्र में 40 हज़ार रोज़गार की उम्मीद।

निर्यात : दवा निर्यात 2010 तक पाँच गुना बढ़कर 25,000 करोड़ रुपये, कपड़ा निर्यात 50 अरब डालर, आटो पार्ट्स 15 अरब डॉलर होने की उम्मीद।

एक नज़र अब तक के लोकसभा के चुनाव नतीजों पर

1952

पहला आम चुनाव, नेहरू के नेतृत्व में कांग्रेस को 489 में से 364 सीटें मिलीं।

संयुक्त सोशलिस्ट पार्टी को 12 और भारतीय जनसंघ को 3 सीटों से संतोष करना पड़ा।

1957

एक बार फिर नेहरू प्रधानमंत्री बने।

कांग्रेस की सीटों में इजाफा हुआ, संख्या बढ़कर 371 तक पहुँची।

भारतीय कम्युनिस्ट पार्टी विपक्षी पार्टी के रूप में उभरी। उसे 27 सीटों पर जीत प्राप्त हुई।

1962

लगातार तीसरी बार कांग्रेस को सत्ता प्राप्त हुई। सीटों की संख्या में कमी, 371 से घटकर 361 सीटें मिलीं। जबकि कम्युनिस्ट पार्टी को 29 सीटें हासिल हुईं।

स्वतंत्र पार्टी को 18 तथा भारतीय जनसंघ को 14 सीटें मिलीं।

1967

कांग्रेस का नेतृत्व इस बार युवा इंदिरा गाँधी के हाथ में था।

कांग्रेस को मात्र 283 सीटें ही मिलीं।

भारतीय जनसंघ को 35 तथा स्वतंत्र पार्टी को 44 सीटें प्राप्त हुईं।

1971

समय से पूर्व चुनाव हुए।

कांग्रेस को 342 सीटें मिलीं।

1977

इस चुनाव ने कांग्रेस को उसकी हैसियत से रूबरू करा दिया।

कांग्रेस को पहली बार हार का मुँह देखना पड़ा।

कांग्रेस को मात्र 154 सीटें प्राप्त हुईं।

1980

जनता पार्टी का अंदरूनी कलह उभरा।

श्रीमती गाँधी के नेतृत्व में कांग्रेस को एक बार फिर भारी बहुमत, 352 सीटें प्राप्त।

1984

श्रीमती गाँधी की मृत्यु। राजीव गाँधी के नेतृत्व में चुनाव। कांग्रेस ने 415 सीटें जीतकर इतिहास रचा।

1989

किसी भी दल को बहुमत नहीं मिला।

कांग्रेस को 197 सीटें मिलीं।

जनता दल को 142 सीटें मिलीं, विश्वनाथ प्रताप सिंह के नेतृत्व में सरकार का गठन।

1991

मध्यावधि चुनाव। चुनाव प्रचार के दौरान राजीव गाँधी की हत्या।
कांग्रेस को 232 सीटें मिलीं, जबकि भारतीय जनता पार्टी को 120 सीटें मिलीं।

1996

कांग्रेस का सबसे बुरा प्रदर्शन।
मात्र 140 सीटों से संतोष करना पड़ा।
भारतीय जनता पार्टी 161 सीटें जीतकर सबसे बड़े दल के रूप में उभरी।
वाजपेयी के नेतृत्व में पहली बार भाजपा सरकार बनी, पर 13 दिन तक चली। फिर देवगौड़ा और गुजराल की सरकार बनी जो ज्यादा दिन तक नहीं चलीं और मध्यावधि चुनाव कराने पड़े।

1998

फिर त्रिशंकु संसद।
भारतीय जनता पार्टी 182 सीटें लेकर सबसे बड़ी पार्टी बनी।
अटल के नेतृत्व में बनी सरकार।
13 महीने सरकार चली फिर अल्पमत में आने के कारण अटल सरकार का पतन।

1999

फिर अटल जी के नेतृत्व में भाजपा गठबंधन को लोगों ने पसंद किया। गठबंधन को 298 सीटें हासिल हुईं।

16 क्या कहते हैं आडवाणी के सितारे

उत्तर प्रदेश शुरू से ही देश की राजनीति का गढ़ रहा है। उत्तर प्रदेश ने ही देश को सबसे ज्यादा प्रधानमंत्री दिए हैं। आज़ादी के करीब 56 वर्षों में से लगभग 46 वर्षों तक उत्तर प्रदेश का आदमी ही केन्द्र पर राज करता रहा है। अपवाद के रूप में करीब 10 वर्षों तक ही उत्तर प्रदेश से बाहर का कोई आदमी दिल्ली की गद्दी पर बैठ सका है। लेकिन पी॰वी॰ नरसिम्हा राव को छोड़कर कोई भी गैर उत्तर प्रदेश वाला पाँच साल का अपना कार्यकाल पूरा नहीं कर सका है। इमरजेंसी के खिलाफ जनता लहर पर सवार होकर दिल्ली की गद्दी सँभालने वाले मोरारजी देसाई को जब पार्टी की अंदरूनी कलह के कारण इस्तीफा देना पड़ा तो उत्तर प्रदेश के चरण सिंह को ही वह गद्दी मिली। यह अलग बात है कि कांग्रेस ने उनकी सरकार गिरा दी, पर बाद में हुए नए चुनावों ने उत्तर प्रदेश की इंदिरा गाँधी को ही फिर से प्रधानमंत्री के पद पर प्रतिष्ठित किया। बेशक नरसिम्हा राव उत्तर प्रदेश के नहीं थे, लेकिन उन्हें यह सत्ता उत्तर प्रदेश के नेहरू-गाँधी परिवार की कृपा से ही मिली थी।

उत्तर प्रदेश से सर्वाधिक प्रधानमंत्री

यह सही है कि उत्तर प्रदेश देश की सबसे बड़ी आबादी वाला राज्य होने के कारण लोकसभा में सबसे ज्यादा प्रतिनिधित्व रखता है। उत्तरांचल राज्य के गठन से पहले उत्तर प्रदेश की लोकसभा में 85 सीटें थीं जो अब घटकर 80 रह गई हैं। लेकिन वे अब भी सबसे ज्यादा हैं। 1947 से लेकर 1977 तक उत्तर प्रदेश के आदमी का इसलिए केंद्र पर शासन रहा चूँकि एक ही पार्टी (कांग्रेस) के सांसद वहाँ सबसे ज्यादा चुनकर आते रहे हैं। भाजपा की सरकार भी केन्द्र में इसलिए बन सकी क्योंकि उसने उत्तर प्रदेश के मतदाताओं का दिल जीता। सोनिया गाँधी चाहे कहीं से चुनाव लड़ें, लेकिन वे उत्तर प्रदेश की ही मानी जाएँगी। इस तरह पी॰एम॰ के लिए दौड़ में उत्तर प्रदेश आज भी सबसे आगे है।

भारत के लिए यह बहुत ही अच्छी बात है कि वह उत्तर प्रदेश की एनलार्ज कॉपी नहीं बना है। उत्तर प्रदेश के ढंग पर अगर भारत का विकास होता तो हमारी गणना आज लैटिन अमेरिका के बनाना रिपब्लिक देशों सरीखी जर्जर और दयनीय हो जाती। भारत ने उत्तर प्रदेश को प्रतीकात्मक प्रतिष्ठा और राजकाज में प्रतिनिधित्व देकर अपने को निरापद रखा है। उत्तर प्रदेश के मनोविज्ञान में कहीं यह छिपा हुआ है कि हम ही भारत हैं। हम सबसे बड़े और सबसे ताकतवर हैं। हमारी भाषा हिन्दी ही सर्वश्रेष्ठ है और समूचे भारत में वही चलनी चाहिए। हम ही भारत को भारत बनाते हैं। हमारे उत्तर प्रदेश में ही राम और कृष्ण की जन्मस्थली है। भारत की पहचान के प्रतीक हिमालय और गंगा भी यहीं हैं। देश की सबसे बड़ी आबादी के पवित्र धर्मस्थल अयोध्या, काशी और मथुरा भी उत्तर प्रदेश में हैं। यहीं सूर, तुलसी और कबीर जैसे कालजयी कवि हुए और उत्तर प्रदेश ने ही प्रेमचन्द, निराला और जयशंकर प्रसाद जैसे यशस्वी साहित्यकार देश को दिए। वे मानते हैं कि भारत की एक और पहचान ताजमहल भी हमारे यहाँ है।

हमने ही मुगलों की संस्कृति को अपने में मिलाकर देश को गंगा-जमुनी तहजीब दी। उत्तर प्रदेश वाले समझते हैं कि हमने ही 1857 के पहले विद्रोह का मार्ग प्रशस्त किया, जब मेरठ में मंगल पांडे ने मुँह से छीले जाने वाले कारतूसों में गाय और सूअर की चर्बी के अंदेशे में अंग्रेजों को चुनौती दी। आज़ादी के आंदोलन में प्रमुख भूमिका निभाने का दावा भी उत्तर प्रदेश वाले सबसे ज्यादा करते हैं। कांग्रेस के आंदोलन का एक बड़ा केन्द्र इलाहाबाद का आनन्द भवन बना। देश के किसान आंदोलन को निर्णायक मोड़ देने में भी उत्तर प्रदेश की प्रमुख भूमिका रही है। इस तरह से उत्तर प्रदेश वाला गर्व के एक कल्पना लोक में गोते लगाता रहता है, जबकि वास्तविक जीवन में वह और राज्यों के लोगों से कहीं पीछे रह जाने के सहज बोध के कारण एक तरह की हीनताग्रंथि से ग्रस्त है। इस पृष्ठभूमि में जब उसका कोई आदमी प्रधानमंत्री बनता है तो उसे अपनी तमाम हीनताओं से मुक्ति का छद्म आभास होता है।

लेकिन देश के किसी भी प्रधानमंत्री ने अपने आपको उत्तर प्रदेश तक ही केन्द्रित नहीं किया। प्राय: सभी प्रधानमंत्रियों के सरोकार बुनियादी तौर पर राष्ट्रीय ही रहे। उन्होंने उत्तर प्रदेश की राजनीतिक महत्वाकांक्षा का इस्तेमाल किया और उत्तर प्रदेश को उतना ही दिया जितना उसका वाजिब हक बनता है। यही नहीं, उन्होंने ऐसा भी कोई काम नहीं किया, जिससे दूसरे राज्यों को लगे कि वे उत्तर प्रदेश को बढ़ावा दे रहे हैं। उत्तर प्रदेश के इन प्रधानमंत्रियों ने अपना कोई एजेंडा भी नहीं चलाया।

भारत को हमेशा एक ऐसे पी०एम० की दरकार रहेगी जो प्रदेश से ऊपर उठाकर न केवल सोचे, बल्कि अपने आचरण से भी ऐसा दिखाए, क्योंकि भारत न तो उत्तर प्रदेश और न बिहार है। न तमिलनाडु है और न उड़ीसा। भारत न कश्मीर है और न कन्याकुमारी। वह न सोमनाथ है और न अयोध्या। भारत 28 (राज्य) से अधिक धमनियों वाला एक ऐसा हृदय है कि उसमें एक भी धमनी यदि बंद या बर्बाद हो जाए तो वह काम करना बंद कर देगा। इसलिए पी०एम० तो वही होगा जो सबको भाएगा।

यदि उपर्युक्त दृष्टिकोण से देखें तो कराची में जन्मे श्री आडवाणी का प्रधानमंत्री बनना संदिग्ध है। यदि इसी थ्योरी पर आगे चलें तो हो सकता है कि श्री आडवाणी प्रधानमंत्री बन तो जाएँ लेकिन अपनी सरकार को पूरे पाँच वर्षों तक न चला पाएँ। और वे इसके अपवाद भी हो सकते हैं।

इसी संदर्भ में आइए उनकी जन्मकुंडली पर नज़र डालें :

आडवाणी की जन्म कुण्डली

नाम	:	श्री लाल कृष्ण आडवाणी
लिंग	:	पुरुष
जन्मतिथि	:	08-11-1927 (मंगलवार)
जन्म समय (मानक)	:	09:13:00 (इष्टकाल 04:55:23 घटी)
देश/विभाग	:	पाकिस्तान
जन्म स्थान	:	कराची
अक्षांश	:	024:53 उत्तर
रेखांश	:	067:00 पूर्व
मानक रेखांश	:	082:30 पूर्व
स्थानिक समय संस्कार	:	-01:02:00
युद्ध/ग्रीष्म समय संस्कार	:	+00:00:00
स्थानिक जन्म समय	:	08:11:00
साम्पातिक काल	:	11:16:20
सूर्योदय (स्थानिक)	:	06:12:51
सूर्यास्त (स्थानिक)	:	1/:10:28
सूर्योदय (मानक)	:	07:14:51

सूर्यास्त (मानक)	:	18:12:28
तिथि	:	चतुर्दशी
पक्ष	:	शुक्ल
शालिवाहन शक् सम्वत्	:	1848-1849
विक्रम सम्वत्	:	1983-1984
योग	:	सिद्धि
सूर्य राशि (पाश्चात्य)	:	वृश्चिक
लग्न-लग्नाधिपति	:	वृश्चिक-मंगल
राशि-राशि स्वामी	:	मेष-मंगल
नक्षत्र-चरण	:	अश्विनि 2
नक्षत्रस्वामी	:	केतु
दशा का भोग्यकाल	:	केतु 3 वर्ष 10 माह 16 दिन

(विंशोत्तरी दशा/महादशा)

घात चक्र	
राशी	मेष
माह	कार्तिक
तिथि	1, 6, 11
वार	सूर्य
नक्षत्र	मध्य
योग	विषकुंभ
करण	बव
प्रहर	1
चन्द्र	1
स्त्री चन्द्र	1

अवकहड़ा चक्र	
वर्ण	क्षत्रिय
हंसक	अग्नि
वश्य	चतुष्पद
नक्षत्र	अश्विनि
चरण	2
वर्ग	सिंह
अक्षर	चे
योनि	अश्व
गण	देव
युंज	पूर्व
नाड़ी	आद्य
अयन	दक्षिण
गोल	दक्षिण
ऋतु	हेमंत

निरयण ग्रह स्पष्ट							
ग्रह	राशी	अंश	दिशा	नक्षत्र	पद	राशी	नक्षत्र
लग्न	वृश्चिक	17:06:15	–	18 ज्येष्ठा	1	मंगल	बुध
सूर्य	तुला	21:54:10	–	16 विशाखा	1	शुक्र	गुरु
चन्द्र	मेष	05:56:51	–	01 अश्विनि	2	मंगल	केतु
मंगल	तुला	16:05:58	मार्गी	15 स्वाति	3	शुक्र	राहु
बुध	तुला	26:42:56	वक्री	16 विशाखा	3	शुक्र	गुरु
गुरु	मीन	01:00:54	वक्री	25 पूर्वा भाद्रपद	4	गुरु	गुरु
शुक्र	कन्या	05:54:09	मार्गी	12 उ॰ फाल्गुनी	3	बुध	सूर्य
शनि	वृश्चिक	14:24:16	मार्गी	17 अनुराधा	4	मंगल	शनि
राहु	वृष	26:13:55	वक्री	05 मृग	1	शुक्र	मंगल
केतु	वृश्चिक	26:13:55	वक्री	18 ज्येष्ठा	3	मंगल	बुध
यूरेनस	मीन	07:11:35	वक्री	26 उ॰ भाद्रपद	2	गुरु	शनि
नेपच्यून	सिंह	06:11:09	मार्गी	10 माघ	2	सूर्य	केतु
प्लूटो	मिथुन	24:10:17	वक्री	07 पुनर्वसु	2	बुध	गुरु

राहु व केतु के स्पष्ट मान दिए गए हैं।

लग्न कुंडली

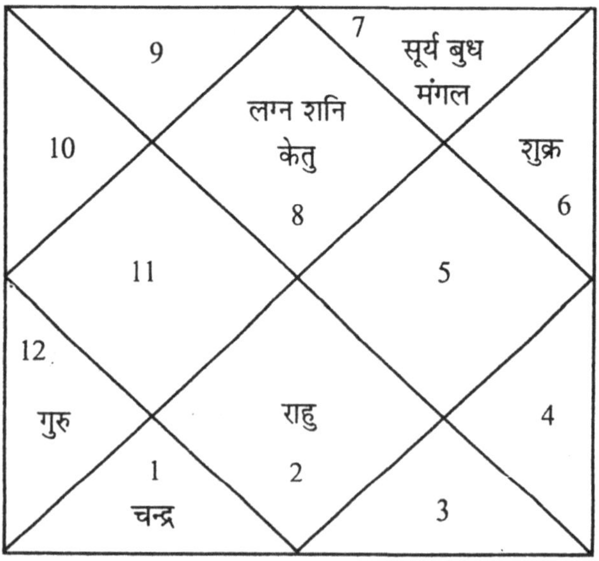

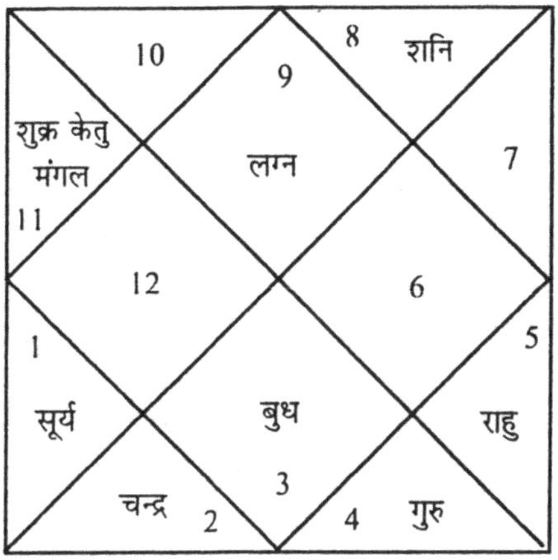

नवमांश

चन्द्र कुंडली

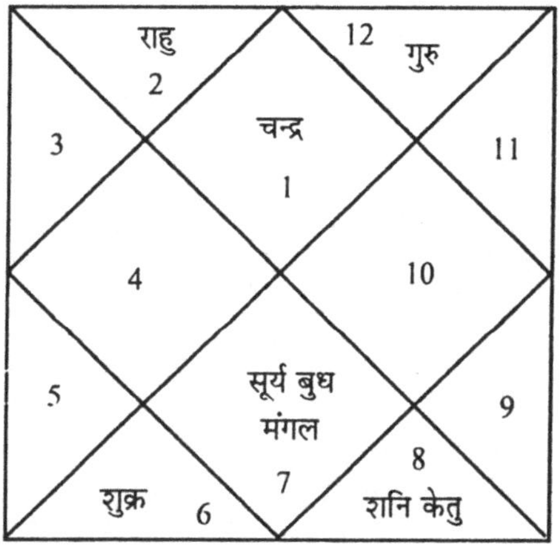

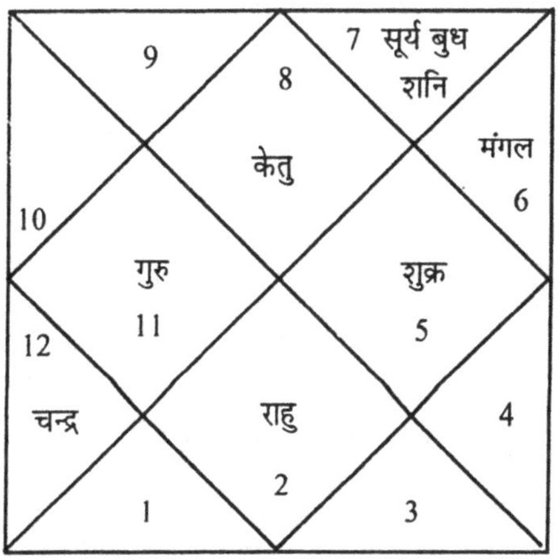

निरयण भाव चलित

विंशोत्तरी दशा (प्रत्यंतर)

राहु-मंगल	गुरु-मंगल	गुरु-शनि	गुरु-बुध	गुरु-केतु
से	24-09-1992	12-11-1994	24-05-1997	30-08-1999
तक 24-09-1992	12-11-1994	24-05-1997	30-08-1999	06-08-2000
मंगल 20-09-91	गुरु 07-01-93	शनि 07-04-95	बुध 20-09-97	केतु 20-09-99
राहु 25-11-91	शनि 08-05-93	बुध 16-08-95	केतु 08-11-97	शुक्र 16-11-99
गुरु 16-01-92	बुध 27-08-93	केतु 09-10-95	शुक्र 24-03-98	सूर्य 03-12-99
शनि 15-03-92	केतु 12-10-93	शुक्र 11-03-96	सूर्य 04-05-98	चंद्र 01-01-00
बुध 09-05-92	शुक्र 20-02-94	सूर्य 27-04-96	चंद्र 12-07-98	मंगल 20-01-00
केतु 01-06-92	सूर्य 28-03-94	चंद्र 13-07-96	मंगल 30-08-98	राहु 11-03-00
शुक्र 04-08-92	चंद्र 02-06-94	मंगल 06-09-96	राहु 02-01-99	गुरु 26-04-00
सूर्य 23-08-93	मंगल 17-07-94	राहु 23-01-97	गुरु 21-04-99	शनि 19-06-00
चंद्र 24-09-92	राहु 12-11-94	गुरु 24-05-97	शनि 30-08-99	बुध 06-08-00

गुरु–शुक्र		गुरु–सूर्य		गुरु–चंद्र		गुरु–मंगल		गुरु–राहु	
से	06–08–2000		06–04–2003		24–01–2004		24–05–2005		30–04–2006
तक	06–04–2003		24–01–2004		24–05–2005		30–04–2005		24–09–2008
शुक्र	16–01–01	सूर्य	21–04–03	चंद्र	04–03–04	मंगल	14–05–05	राहु	10–09–06
सूर्य	04–03–01	चंद्र	15–05–03	मंगल	02–04–04	राहु	04–08–05	गुरु	05–01–07
चंद्र	24–05–01	मंगल	02–06–03	राहु	14–06–04	गुरु	19–09–05	शनि	22–05–07
मंगल	20–07–01	राहु	15–07–05	गुरु	18–08–04	शनि	12–11–05	बुध	24–09–07
राहु	14–12–01	गुरु	23–08–03	शनि	04–11–04	बुध	30–12–05	केतु	15–11–07
गुरु	22–04–02	शनि	09–10–03	बुध	12–01–05	केतु	20–01–06	शुक्र	09–04–08
शनि	24–09–02	बुध	20–11–03	केतु	10–02–05	शुक्र	16–03–06	सूर्य	22–05–08
बुध	10–02–03	केतु	06–12–03	शुक्र	30–04–05	सूर्य	02–04–06	चंद्र	04–08–08
केतु	06–04–03	शुक्र	24–01–04	सूर्य	24–05–05	चंद्र	30–04–06	मंगल	24–09–08

शनि-शनि	शनि-बुध	शनि-केतु	शनि-शुक्र	शनि-सूर्य
से 24-09-2008	27-09-2011	06-06-2014	15-07-2015	15-09-2018
तक 27-09-2011	06-06-2014	15-07-2015	15-09-2018	27-08-2019
शनि 16-03-09	बुध 15-02-12	केतु 30-06-14	शुक्र 25-01-16	सूर्य 03-10-18
बुध 19-08-09	केतु 11-04-12	शुक्र 06-09-14	सूर्य 22-03-16	चंद्र 01-11-18
केतु 22-10-09	शुक्र 23-09-12	सूर्य 26-09-14	चंद्र 27-06-16	मंगल 21-11-18
शुक्र 23-04-10	सूर्य 11-11-12	चंद्र 29-10-14	मंगल 04-09-16	राहु 12-01-19
सूर्य 17-06-10	चंद्र 02-02-13	मंगल 23-11-14	राहु 25-02-17	गुरु 28-02-19
चंद्र 17-09-10	मंगल 28-03-13	राहु 23-01-15	गुरु 27-07-17	शनि 22-04-19
मंगल 21-11-10	राहु 24-08-13	गुरु 16-03-15	शनि 27-01-18	बुध 10-06-19
राहु 03-05-11	गुरु 03-01-14	शनि 19-05-15	बुध 09-07-18	केतु 30-06-19
गुरु 27-09-11	शनि 06-06-14	बुध 15-07-15	केतु 15-09-18	शुक्र 27-08-19

ग्रह दृष्टि विचार

सूर्य युति मंगल

सूर्य तथा मंगल का योग आपको एक सशक्त शरीरवान बनाता है तथा बड़ी मात्रा में शक्ति प्रदान करता है।

सूर्य युति बुध

सूर्य तथा बुध का योग आपको अच्छी गणितीय योग्यताएँ प्रदान करता है। आप की स्मरणशक्ति अच्छी होगी। आप ऐश्वर्य प्रेमी हैं तथा कला और साहित्य में आपकी विशेष रुचि है।

सूर्य युति प्लूटो

यह भाव आप को उन्नति की ओर अग्रसर तथा सुधारने के लिए प्रेरित करता है। किसी भी कठिनाई को झेलने के उपरांत आप स्वयं को पुनः शक्तिवान बनाने की योग्यता रखते हैं।

चंद्र युति नेपच्यून

चंद्रमा तथा नेपच्यून का योग आपको व्यक्तिगत लोकप्रियता प्रदान करता है। आप यात्रा-प्रेमी होंगे। आप कल्पनाशील तथा कलात्मक योग्यताएँ रखने वाले हैं।

मंगल युति प्लूटो

मंगल तथा प्लूटो का यह भाव आपको आत्मविश्वास, शारीरिक तथा मानसिक शक्तियाँ देता है। आप अत्यंत महत्वाकांक्षी हैं तथा महान सफलता प्राप्त करने की योग्यता रखते हैं।

बुध युति गुरु

बुध तथा बृहस्पति का यह भाव आपको आशावादी तथा तत्त्वज्ञान के दृष्टिकोण की ओर झुकाता है। आप बौद्धिक क्षमता तथा उद्यम में पूर्ण तथा नियमित हैं।

बुध युति प्लूटो

बुध तथा प्लूटो का भाव आपको श्रेष्ठ निरीक्षण शक्ति प्रदान करता है। आप में अच्छी मर्मभेदी तथा अनुभव शक्ति विद्यमान है। आप एक अच्छे नीतिवादी तथा अच्छे विवेचक हो सकते हैं।

गुरु युति यूरेनस

बृहस्पति तथा यूरेनस के योग के कारण आप लोक-हितैषी, दार्शनिक तथा धार्मिक प्रवृत्ति वाले होंगे। आप स्वभाव से आशावादी तथा अपनी विशिष्ट सोच के

स्वामी हैं। स्वतंत्रता प्रेमी हैं और यात्रा करना भी आपको प्रिय है।

गुरु युति प्लूटो

बृहस्पति तथा प्लूटो का यह भाव संकेत करता है कि आप एक सम्मानित तथा बात के धनी व्यक्ति हैं। आप में संगठन शक्ति तथा मार्गदर्शन करने की प्रचुर योग्यताएँ हैं। आप दूसरों को प्रभावित करने में समर्थ हैं।

शनि युति यूरेनस

यह भाव आपके एकाग्रचित्त होने की योग्यता को और बढ़ाएगा। आप अपने कार्य के प्रति गंभीर तथा नियमित होंगे। आप लक्ष्यप्राप्ति के इच्छुक तथा खोजपूर्ण होंगे। आप महान ज़िम्मेदारी लेने में भी सक्षम होंगे। आपका आदर किया जाएगा।

❑❑❑